世界文學
經典名作

聖經文學花園

林郁　主編

本書係由梁工教授名著
《聖經文學導讀》Ⅰ、Ⅱ冊
重新排版編輯的最新版本

關於本書

《聖經》是猶太教和基督宗教（包括天主教和基督教）的經典，包括《舊約全書》和《新約全書》兩大部分。《舊約全書》原為猶太教的經典。基督宗教繼承了該經典，並繼續發展出自己的經典《新約全書》。

《舊約全書》和《新約全書》中所說的「約」，指的是上帝與人所立的盟約，藉著約上帝彰顯慈愛和憐憫，為要使人得著恩典和福氣。猶太人認為他們是上帝的選民，上帝曾與其祖先亞伯拉罕、雅各等人立約，最後又在他們的民族英雄摩西帶領下，在西奈山和上帝立約，領受當遵守的十誡。上帝應許以色列人（以色列人和猶太人只是不同的稱呼，都是指上帝的選民）要把迦南賜給他們為產業，但他們卻屢次違背上帝，不斷犯罪，因此他們遭受到外族的壓迫和蹂躪，甚至亡國。猶太人相信只要堅守上帝的約，不再犯罪，上帝就會拯救他們讓以色列復興。

基督宗教承續猶太教這種「約」的概念，認為整部《聖經》記載的是攸關全人類的「救贖史」，上帝不只拯救猶太人，而是要拯救因人類始祖亞當和夏娃犯罪而沈淪的全體人類。上帝派祂的獨生愛子──無罪的耶穌降世為人，為沈淪的人類獻出自己的寶血，替人類贖罪。藉著耶穌基督做中間橋樑，上帝恢復和人類的關係，與人類訂立了新的盟約——新約。

《新約》告訴我們，不分民族、種族、性別、老少、地位、貧富，任何人只要信仰耶穌基督，罪過就能得到赦免，可以享受與上帝和好的平安，並且活出不再一樣的人生。

全世界有宗教信仰的人口估計超過二十五億人，其中基督教信徒達十五億之多。《聖經》是譯本最多、流傳最廣、影響最大、最受重視的基督教經典。兩千多年來，它不僅引導基督徒的精神生活，而且一直廣泛地影響著世俗社會。

在世界文學史上，從來沒有一部名著能和《聖經》相提並論。它是世界上刊印量最大、流傳最廣、讀者最多、影響最深遠的一部著作，尤其對西方各國的文明發展影響更是難以估計，可以說是西方國家的民俗、道德、法律以及哲學、宗教、藝術的根基。

目錄

一座神奇的文學迷宮

——聖經文學巡禮

在世界文學的廣袤天地中，有一座神奇的迷宮：登堂入室，一幀奇異的景象紛至沓來，令人眼花繚亂，目不暇給——

蒼莽太初，上帝命天地萬物從空虛混沌中井然而現；

西奈山下，亞衛❶與「子民」在驚雷烈焰中莊重「立約」；

狂濤駭浪裡，約拿於魚腹之內頌詩朗朗；

高天大地之間，約伯和上帝論辯聲聲；閃光的雲霧裡，以西結被神靈送往巴比倫河畔；

但以理的異象中，「亙古常在者」展開案卷，開始了最後的審判；

……………………

❶ 亞衛（Jahweh）：希伯來上帝的名字。又譯爲「耶和華」、「雅赫維」等。據希伯來文原著，正確發音就是「亞衛」。

——這就是希伯來人創作的聖經❷文學。

希伯來人的來龍去脈

希伯來人即古代猶太人（或古代以色列人）。

希伯來人的歷史發端於遙遠的傳說時代，終止於公元二世紀羅馬帝國統治時期。以「以色列——猶大」王國的建立及其淪亡爲界，這部歷史可分爲王國建立之前、王國時期和王國淪亡之後三個階段。

1 王國建立之前

希伯來人是閃族的一支，閃族（Semite）是上古阿拉伯人、阿卡德人、迦勒底人、亞述人、希伯來人等西亞民族的統稱，傳說是挪亞長子閃的後裔。

據考，希伯來人最初游牧於阿拉伯半島西南部地區。公元前三千紀末，他們離開半島，到美索不達米亞南部的名城烏爾一帶居住。公元前三、二千紀之交，傳說中的第一代族長亞伯拉罕率家族向西北遷徙，越過幼發拉底河，經由敘利亞草原，逐漸進入迦南地區（即巴勒斯坦）。

---

❷ 除《聖經在西方》、《聖經在中國》兩篇外，本書所論「聖經」皆指希伯來聖經，即基督教聖經（《新舊約全書》）中的《舊約全書》。因「舊約全書」之名出自基督教，而非希伯來人自謂，故本書未予採用。

他們被迦南土著居民稱爲「希伯來人」，意謂「來自河（幼發拉底河）那邊的人。」

按聖經的說法，亞伯拉罕百歲生子以撒，以撒又生雙胞胎以掃和雅各，雅各長大後改名以色列。雅各與四個妻妾先後生養了流便、利未、猶大、約瑟等十二個兒子，他們的子孫成爲以色列民族的十二支派。雅各晚年因迦南鬧飢荒而舉家遷往埃及，這時約瑟已在埃及宮廷做宰相。一般史家認爲，約瑟做宰相時正是喜克索斯人統治埃及時期（約公元前一七一〇～前一五八〇年）。雅各家族到埃及後，在尼羅河三角洲的歌珊地區安居下來。

希伯來人在歌珊生活勞動、繁衍生息約四百年。到埃及第十九王朝時，他們的處境急劇惡化。當時在位的法老拉美西斯二世在尼羅河三角洲大興土木，構建皇城，以期建成東進亞洲的軍事基地。他處心積慮地虐待希伯來人，強迫他們擔負沉重的勞役，動輒毒打、屠戮他們，甚至制定一條殘忍的法律：凡希伯來人的新生男嬰必須溺死。

法老的壓迫激起希伯來人的強烈反抗。約公元前十三世紀中葉，他們在利未人摩西的率領下逃出埃及，強渡紅海，在西奈曠野輾轉近四十年，最終返回迦南。此間，摩西在西奈山頒布——「十誡」，制定了猶太教的基本教義，並設立行政長官，頒發律法條文，將鬆散的十二支派聯合成統一的希伯來民族。摩西去世後，約書亞率眾西渡約旦河，一度占領迦南全境。

此後進入長達二百年的士師時期。士師（意謂「審判者」）平時是地方性的民事審判官，戰時是百姓的軍事首領。這是一個分裂而混亂的時期，希伯來人沒有統一的民族領袖。他們在士師領導下與當地的迦南人和四鄰的非利士、摩押、米甸、亞捫、亞瑪力人進行了多次爭戰，最後在迦南立穩腳跟。《士師記》中記載了當時的十二位士師，最著名的是底波拉、耶弗他和參孫。

2 王國時期

王國時期又可分爲前後兩階段。前一階段，「以色列——猶大」王國建立，掃羅、大衛、所羅門先後稱王，希伯來民族不斷走向統一和強盛；後一階段，王國分裂爲南北兩朝，北朝以色列和南朝猶大相繼滅亡於亞述和新巴比倫。

公元前十一世紀下半葉，在抗擊海上強敵非利士人的戰爭中，以色列民衆推舉便雅憫人掃羅做第一任國王（前一〇二八—前一〇一三年在位）。

嚴格地講，掃羅只是士師時期和王國時期之間的一個過渡性人物。他在軍事方面做出不少貢獻，最後在抵抗非利士人的戰場上壯烈身亡。

掃羅死後，猶大百姓在希伯崙立大衛爲本部族的王；數年後，掃羅之子伊施波設被殺，南北各支派又共同擁戴大衛爲統一王國的領袖（約前一〇一三—前九七三年）。

大衛定都耶路撒冷，使之成爲全國的政治、宗教和文化中心；降伏摩押、以東、亞瑪力、亞捫、亞蘭等鄰族，將王國疆域擴張到自黎巴嫩山至埃及邊界、從地中海沿岸到約旦河東的廣大地區；並多方面進行了國家機構和內政的建設，如設立宰相、元帥、史官、書記、祭司長等官職。

大衛去世後，其子所羅門繼位。所羅門（約前九七三—前九三三年在位）大力發展經濟和貿易，在京都建成宏偉的亞衛聖殿和豪華的皇宮，使希伯來民族繁榮昌盛，威揚四海。

然而，因歷史和現實的種種矛盾，早在所羅門統治末期，以色列十二支派就明顯分爲南北兩大集團。所羅門一死，聯合王國遂分裂爲猶大和以色列南北兩朝。猶大仍以耶路撒冷爲都；以色列數易京城，最後建都山城撒瑪利亞。

分國後，兩朝相互敵視，長期內戰不斷，嚴重削弱了彼此的國力。在民族危機與日俱增之際，自公元前八世紀中葉起，一批被稱爲「先知」的愛國志士登上希伯來的政治舞台，展開一場影響深遠的先知運動。先知們的言論被後人輯錄整理，編入聖經正典，即「先知文學」。

但先知們畢竟無法左右時局的發展，北朝以色列除在暗利（前八八七—前八七六年）和耶羅波安二世（前七八五—前七四五年）秉政時有過迴光返照外，二百年中每況愈下，最後終在公元前七二二年陷落於亞述人的鐵蹄之下。

此後，南朝猶大又慘淡經營一百三十多年，此間新巴比倫王國迅速勃興。公元前五九七年，新巴比倫王尼布甲尼撒二世圍攻猶大京都耶路撒冷，前五八六年將其徹底攻陷，擄走俘虜數萬人，其中包括王室要員、軍隊首領、祭司、技工、歌手等大批猶大精英，造成著名的「巴比倫之囚」事件。

至此，政治上獨立自主的「以色列——猶大」王國徹底淪亡。

3 王國淪亡之後

被擄的猶大人在巴比倫囚居了近半個世紀。新巴比倫對猶大俘虜比較寬容，允許他們聚居一地，享有一定的自由，還可保留本族的風俗習慣與宗教信仰。

隨著歲月的流逝，一些人放棄亞衛崇拜，改奉巴比倫的神明；但多數人仍堅信亞衛必眷顧、拯救其子民，每逢安息日便集於一處，重溫先知的教訓，彼此安慰勸勉。

其中亦不乏以西結、第二以賽亞❸一類思想家，他們於沉痛的民族災難中，嚴峻地思索苦難、救贖、神人關係等重大課題，將亞衛最終由地區性的民族神擢升爲普世性的宇宙神。

公元前五三八年，波斯大帝居魯士戰勝巴比倫，成爲西亞地區新的霸主。他把被囚者放回耶路撒冷，讓他們建立傀儡政權，爲他遠征埃及作準備。

回鄉者在尼希米、以斯拉等領導下，重新修建了耶路撒冷聖殿，恢復了聖殿的崇拜活動，編修、整理了各種歷史文獻，使猶太教於此時期發展完備。

普遍認爲，最早被確定爲聖經的「摩西聖經」，就是在這時形成定本的。

公元前三三二年，馬其頓王亞歷山大擊敗波斯，占領西亞。此後，希伯來人又處於希臘人的奴役之下。不久，亞歷山大病歿，帝國的版圖被他的幾個將軍瓜分，巴勒斯坦先由托勒密王朝占領，後又成爲塞琉古王朝的領土（前一九八年）。

塞琉古王朝強制推行希臘文化，激起希伯來人的強烈不滿和頑強反抗。公元前一六八年，耶路撒冷祭司馬提亞及其三個兒子猶大・馬卡比、約拿單、西門率衆起義，一度建成神權政體「馬卡比（揮錘者）王朝」。

公元前六四年，羅馬大將龐培東征，又使巴勒斯坦成爲羅馬帝國的行省。羅馬人實行更野蠻的統治和更橫暴的掠奪，致使反抗的烈火此伏彼起，連綿不斷。

---

❸第二以賽亞：《以賽亞書》第 40 至 66 章的作者。因這部分與前 39 章風格迥異，故名。

公元前五三年、前四年、公元六年、六十六年，不同規模的武裝起義先後爆發。儘管大批起義者被釘死在十字架上，更多的人被賣爲奴，鬥爭的火焰仍不止息。公元一三五年，由巴爾・科巴領導的最後一次大起義又遭鎮壓，至此，希伯來民族的歷史全部結束。

希伯來遺民（自「巴比倫之囚」後漸被稱爲猶太人❹）被迫流散於西亞、北非、歐洲和世界其它地區。

希伯來的全部歷史給人留下兩點深刻的印象：

其一，這是一部輾轉流徙、動蕩不安的歷史。希伯來人經歷了一連串的大規模遷徙：最初從阿拉伯半島遷到烏爾；亞伯拉罕時，從烏爾遷到迦南；雅各時，從迦南逃荒到埃及；摩西時，又

---

❹歷史上的猶太人有四種主要稱謂：希伯來人、以色列人、猶大人、猶太人。「希伯來人」（Hebrew）特指古代（公元一三五年流散之前）的猶太人或以色列人，最初是迦南土著居民對他們的稱呼，意謂「來自河那邊的人」。「以色列」（Israel）乃古今猶太人的統稱，含「他與上帝摔跤」之意。典出於《創世紀》第32章：雅各與化身爲人的上帝摔跤，勝之，被易名爲「以色列」。其後，雅各的子孫便被稱爲「以色列人」。「以色列人」有時也特指分國時期的北國人，這時，南國人被稱爲「猶大人」。「猶大」（Judah）本意爲「受贊美的」，在聖經中有多種指代，主要的如：(1)雅各的第四個兒子，(2)雅各第四子的後裔（猶大支派），(3)分國時期的南國人（含猶大支派和便雅憫支派）。此外在《新約聖經》中還指稱耶穌的十二門徒之一，於「最後的晚餐」出賣耶穌者。「猶太人」（Jew）是「猶大」一詞的希臘文與拉丁文譯名。最初是希臘、羅馬人對希伯來人的蔑稱，始用於「巴比倫之囚」事件之後。公元二世紀後逐漸世界通用，漸無貶義。

從埃及返回迦南；猶大亡國時，被擄至巴比倫；波斯時期，又回到耶路撒冷；最後，羅馬人統治時，由巴勒斯坦流散到地中海沿岸諸國和其它地區。

正是在四處流徙的過程中，希伯來人與兩大文明古國——埃及和巴比倫發生了密切的交往，從而爲他們繼承中東遺產並集其大成提供了必要的文化條件。

其二，這是一部戰亂不息、災難深重的歷史。自出埃及時起，一千五百來年，希伯來人很少過上安定日子。除大衛、所羅門執政的部分年代外，他們始終都在與異族抗爭。出埃及時，與法老較量；士師時期，與迦南及鄰近諸族爭戰；分國後，南北兩國相繼亡於亞述和新巴比倫；此後數百年，又先後遭到波斯、希臘和羅馬的奴役。

多災多難使他們飽嘗了亡國之痛，也使他們砥礪出頑強、堅韌、不屈不撓的民族性格，從而爲其文學創作注入深邃的思想和強勁的生命力。

希伯來文化與聖經文學

在交織著希望、追求、抗爭、挫敗、掙扎與哀嘆的漫長歲月中，希伯來人創造了光輝燦爛的民族文化。在宗教、文學、法律、倫理學等方面，他們尤其取得舉世矚目的重大成就。其文化遺產因薈萃於希伯來聖經、《次經》、《僞經》和「死海古卷」中而流傳迄今。

聖經是希伯來文化的主要代表。全書三十九卷，在紀元前的一千多年中陸續寫作，於「巴比倫之囚」後五、六百年中分批編成。

公元一世紀末，傳世的聖經最後定型。這時，一批因發生爭議而未收入聖經的著作仍在巴勒斯坦、埃及和散居各地的猶太人中流傳。它們後來被匯集成冊，即爲《次經》（聖經後典）。《次經》共十五卷，較重要的作品有《托比傳》、《猶滴傳》、《所羅門的智慧》、《便西拉的智慧》、《馬卡比傳一書》、《馬卡比傳二書》等。

《僞經》意謂「聖經的僞仿作品」，有《馬卡比傳三書》、《馬卡比傳四書》、《以諾書》、《十二族長遺言》、《禧年書》、《所羅門的詩篇》、《摩西升天記》等。它們大多假托聖經人物之名寫就，內容一般是聖經故事的再創作，形成於紀元前後的二、三百年間，因未收入聖經和《次經》而被編成《僞經》。其實《僞經》之「僞」並不含貶義，它所收的各卷亦有很高的文獻價值。

「死海古卷」（亦稱「庫姆蘭古卷」）是一九四七至一九五六年在死海西北岸庫姆蘭地區陸續發現的大量古文獻的匯集。其中除希伯來聖經、《次經》、《僞經》的抄本和注釋外，還有庫姆蘭社團的《會規手冊》、《會衆守則》、《聖殿古卷》和多種文學作品。

庫姆蘭社團是猶太教艾賽尼派的一支，據考，於公元二世紀撤離巴勒斯坦時，將這批文獻藏匿於庫姆蘭山區的岩洞裡。

「聖經」的英文譯名是 Bible。Bible 最初譯自希臘文 Bibos，意思是「書」，（更確切地說，是指當時用以書寫的「紙草」。）而無「聖」或「經」之意。希伯來文聖經原先並無書名，它的希伯來名稱《妥拉、納畢姆、紀士賓姆》是後人追加的，意思是「律法書、先知書、作品集」。這個名字有時也縮寫爲《塔納克》，含義同上。

從這個希伯來名稱可看出，聖經起初並不是一部統一的書，而是三部書的合集。這三部書是陸續編在一起的：先有律法書（成於公元前五世紀中葉），其次是先知書（成於前三世紀），末後才編出作品集（公元一世紀）。全書的成書下限是公元九〇年。

當時猶太教召開著名的詹尼亞（Jammia）會議，研究聖經正典的篇目構成，一個權威性的猶太拉比❺亞吉巴決定將尚有爭議的三卷書（《以斯帖記》、《雅歌》、《傳道書》）編入正典——至此，全部聖經最後定型。

希伯來聖經編訂成型後，律法書、先知書和作品集自然成爲它的三大部類。其中先知書又分爲「前期先知書」和「後期先知書」兩類——前一類重在記述「以色列——猶大」王國興衰的歷史，後一類才是先知言論的匯集。

十六世紀宗教改革後，一些基督教新教學者對希伯來聖經重加分類，由三分法改爲四分法：律法書和作品集維持不變，但將先知書分爲「歷史書」和「先知書」兩類。這一分類更切合各卷的實際，因而逐漸被世人普遍接受。

本書也贊成四分法，只是從文學特點出發，對個別經卷的歸屬作了適當的調整。具體劃分如下：

(1)律法書——又稱「摩西五經」，即聖經開頭的五卷書：《創世記》、《出埃及記》、《利

❺拉比（rabbi）：意謂「師長」、「夫子」，原爲猶太人對老師的尊稱，後專指猶太教內執行教規、律法並主持宗教儀式者。

未記》、《民數記》、《申命記》。書中記載了希伯來人的遠古神話，關於族長亞伯拉罕、以撒、雅各的傳說，創國英雄摩西的非凡業蹟，以及與這些文學故事交織出現的猶太教的教義、教規，希伯來人的民事法律、倫理規範等。

(2)**歷史書**——包括《約書亞記》、《士師記》、《撒母耳記》上、下、《列王紀》上、下、《歷代志》上、下、《以斯拉記》、《尼希米記》十卷書。它們記述了自約書亞攻入迦南，經以色列、猶大王國的建立、興盛、分裂、衰亡，直到以斯拉、尼希米重建聖殿、復興故國時期的歷史概況。

(3)**先知書**——先知書習慣上指四大先知和十二小先知書，但其中的《但以理書》和《約拿書》分別具有啓示文學和小說的特點，應歸入作品集中，因此，這部分實際是指其餘十四卷書：三大先知書——《以賽亞書》、《耶利米書》、《以西結書》，和十一小先知書——《何西阿書》、《約珥書》、《阿摩司書》、《俄巴底亞書》、《彌迦書》、《那鴻書》、《哈巴谷書》、《西番雅書》、《哈該書》、《撒迦利亞書》、《瑪拉基書》。它們是生活於「巴比倫之囚」前後數百年的先知們，就當時的現實問題發表的各種政論。

(4)**作品集**——這一類是歷代文學作品的匯集，共十卷書。有抒情詩集《詩篇》、《哀歌》、《雅歌》、哲理詩集（亦稱「智慧文學」）《箴言》、《約伯記》、《傳道書》，小說《路得記》、《約拿書》、《以斯帖記》，和啓示文學《但以理書》。

法國浪漫派詩人雨果曾說：「正像整個大海都是鹽一樣，整部聖經都是詩。」這句話高度評價了聖經的文學價值。我們看到，除散布於部分經卷中的典章、律例、族譜、名冊外，聖經中的確到處都有詩意盎然的優美章節，有時整卷書都是藝術性很高的文學作品，比如《詩篇》和《以斯帖記》。

就文類考察，聖經文學可分爲——神話、傳說、史詩、小說、抒情詩、智慧文學、先知文學、啓示文學和戲劇等主要類型。

收錄於「摩西五經」中的神話、傳說和史詩是聖經文學的早期收獲。主要內容有創世造人、伊甸樂園、洪水方舟神話，希伯來族長亞伯拉罕、以撒、雅各和約瑟的傳說，以及摩西率領以色列人出埃及的宏偉史詩。它們記錄了希伯來人對宇宙生成、人類起源等問題的原始理解，及其對本民族古史的依稀回憶和對出埃及事件的生動描述。因筆錄成文前，曾在民間長期傳誦，它們大都達到較高的藝術水平。俄國大文豪列夫·托爾斯泰曾對約瑟傳說嘆爲觀止。

史傳文學和小說是聖經敘事文學的體現者。史傳文學見於歷史書各卷，小說即作品集中的《路得記》、《約拿書》和《以斯帖記》。史傳文學以獨特的歷史觀記下以色列、猶大王國盛衰沉浮的全部歷史，塑造了約書亞、參孫、大衛、所羅門等叱咤風雲的民族英豪；小說則以曲折的情節、完整的結構和嫻熟的筆法，刻畫出路得、約拿、以斯帖等藝術形象，成功地表達了博愛觀念和愛國主義思想。

聖經詩歌的成就尤爲顯著。它們可分爲抒情詩和智慧文學兩大類，分別以《詩篇》、《哀歌》、《雅歌》、《箴言》、《約伯記》、《傳道書》爲代表。除此六卷詩歌書外，聖經其它各卷幾乎也都有散篇詩作。

內容上，聖經詩歌從諸多側面展示了希伯來人的精神風貌：他們對祖國的熱愛和對敵族的仇恨，對人生哲理的思考和對宇宙奧秘的探索，對太平社會的嚮往和對甜美婚姻的追求，以及對民族之神亞衛的籲求、祈禱、懺悔、感恩、稱頌和贊美。

藝術上，聖經詩歌以平行體、貫頂體、氣納體等獨特的格律，在世界詩壇上可謂別具一格，獨樹一幟。

聖經中還有篇幅可觀的政論文，即占全書四分之一以上的先知文學與啓示文學。自公元前八世紀中葉起，在內憂外患日益嚴重的歷史關頭，一批被稱爲先知的仁人君子（如阿摩司、何西阿、彌迦、以賽亞、耶利米等。）挺身而出，連續發表詩文相間、情文並茂的演說，向全社會慷慨陳辭，要求統治者停止作惡，呼籲國民警惕強敵。這些演說成爲聖經文學的瑰麗篇章。

從希臘塞琉古王朝至羅馬統治時期，民族復興的希望日趨渺茫，這時，另一類政論文——啓示文學應運而生。啓示文學的側重點不在儆戒現世，而在「啓示」未來——以對未來的絢麗幻想，撫慰掙扎於慘痛現實中的苦難同胞。啓示文學作品多見於《次經》和《僞經》，只有《但以理書》一卷收入聖經。這批書卷構成希伯來文學的又一奇觀。

以上文類，本書都設專篇予以評述。其中史傳文學、先知文學，尤其抒情詩和智慧文學，除概述其全貌外，還精選了典範之作另文講析，以求讀者對聖經文學有更多的了解。

聖經文學中沒有能直接搬上舞台的戲劇腳本——即如古希臘的《被縛的普羅米修斯》、《伊狄帕斯王》、《美狄亞》之類，但卻有戲劇體傑作《約伯記》。古今不少學者指出，《雅歌》也是戲劇體作品。本書未列專文討論戲劇，只在評介《約伯記》時，分析了它的戲劇體結構，評介

《雅歌》時，介紹了學者們的有關論點。

聖經文學的特徵和地位

聖經文學是希伯來人創作的民族文學，具有鮮明的民族氣質和民族風格。它們生動地展現了希伯來民族的全部歷史和希伯來文化的基本特色，爲後人提供了認識希伯來人思想性格的寶貴資料。

聖經文學形象地說明：希伯來民族史是一部多災多難的歷史，希伯來人在曠日持久的戰爭磨難和深重的亡國之痛中，表現出了強烈的愛國主義精神、同仇敵愾的戰鬥激情和堅韌不拔的頑強意志（《哀歌》、《以斯帖記》等書所示）；他們不僅英勇不屈、敢於鬥爭，而且嚮往世俗幸福，憧憬美滿的婚戀生活（如《雅歌》、《路得記》所示）；他們又是一群聰慧睿智、見微知著的人，樂於探求，並善於總結人生和社會的經驗（如《箴言》、《傳道書》所示）；同時，他們之中還湧現出若干目光長遠、胸襟開闊的偉大哲人，能於弱國寡民的逆境中闡揚出某種「世界大同」的社會理想（如《第二以賽亞書》、《約拿書》所示）；最後，宗教在他們的漫長歷史中發揮了重大而複雜的作用。

因聖經由猶太教的祭司、文士們編纂成書，成書前後直接應用於猶太教的崇拜活動，聖經文學必然會與宗教結下不解之緣。除個別特例外，聖經各書之中，神蹟的描寫和頌神之語舉目可見，不少篇章本身就是聖殿唱詩用的歌詞（如《詩篇》中的多數詩歌）。宗教是希伯來民族史上極其複雜的文化現象。

對聖經文學中的宗教成分應進行辯證的、歷史的分析：即肯定其團結民眾，從事愛國鬥爭時所發揮的進步功能，又否定其壓抑健全人性的消極作用，特別是抵制它對當今社會的不良影響；在藝術上，既應承認它對作品抒情性及藝術感染力的強化，又要看到它對人物塑造、情節安排、主題選煉等的束縛。（如《士師記》、《列王紀》所載的事件大多是以色列人「犯罪——受罰——悔過——得救」的四部曲，顯得雷同呆滯，枯燥乏味。）

本書專載「上帝形象」一篇，試圖從解析上帝形象入手，對聖經文學中的宗教問題進行若干粗淺的探討。

聖經文學取得了顯著的藝術成就。其中許多作品（如神話、傳說、史詩、早期抒情詩和早期智慧文學等）屬人民口頭創作，它們雖經猶太教文人一再修訂，仍未磨滅民間文學清新、質樸、優美、健康的藝術情致。這類作品富於美麗的想像，常以比喻、擬人、對照、誇張等筆法，繪出形象生動的感人畫面。比如對以色列人出埃及時聲威的描寫：

滄海看見就奔逃，
約旦河水也倒流。
大山踴躍如山羊，
小山跳動如羊羔。——（《詩篇》114：3·4）

意大利詩人但丁曾稱，這首詩能使人快樂得發抖。

聖經文學的另一類作品（如先知文學和啓示文學）出自文人手筆，它們亦以鋒利的語言、飽滿的熱情、絢爛的幻想和多變的辭章，成爲千古不朽的文學傑構。因上帝形象幾乎遍布所有書卷，聖經文學又從整體上顯示出某些神話性質，表現出堂皇宏偉、威嚴神奇的美學風格。

聖經文學是世界古典文學的主要收獲之一，它和約略同時的中國文學、印度文學、希臘文學比肩而立，共同構成世界文學的四大台柱。

聞一多先生在其名文《文學的歷史動向》中說：

> 人類在進化的途程中蹣跚了多少萬年，忽然這對近世文明影響最大最深的四個古老民族——中國、印度、以色列、希臘——都差不多猛抬頭，邁開大步。約當紀元前一千年左右，在這四個國度裡，人們都歌唱起來，並將他們的歌記錄在文字裡，給流傳到後代。在中國，《三百篇》裡最古的部分——《周頌》和《大雅》；印度的《黎俱吠陀》（Rig-Veda）；《舊約》裡最早的《希伯來詩篇》；希臘的《伊利亞特》（Iliad）和《奧德賽》（Odyssey）——都約略同時產生。
>
> 再過幾百年，四處思想都醒覺了，跟著是比較可靠的歷史記載的出現。從此，這四個文化，在悠久的年代裡，起先是沿著各自的路線分途發展，不相聞問；然後，慢慢地隨著文化勢力的擴張，一個個地胳臂碰上了胳臂，於是吃驚、點頭、招手、交談；日子久了，也就交換了觀念、思想與習慣。

> 最後，四個文化慢慢地都起著變化，互相吸收，融合；以至總有那麼一天，四個的個別性漸漸消失，於是文化只有一個世界的文化。這是人類歷史發展的必然路線，誰都不能改變，也不必改變。

這段話，精闢地概括了世界書面文化形成、發展的基本脈絡：公元前一千年左右，中國、印度、希伯來、希臘四種古文化率先產生，形成各具特色的四大體系；它們逐漸浸潤、滋養鄰近民族，擴大自己的影響範圍；繼而相互間碰撞、交流、融匯；最後，終將匯合成一種統一的世界文化。

這段概括也完全適用於世界文學。如果說整個世界文學是一座巍峨的大廈，那麼支撐這個大廈的就是四根台柱：中國文學、印度文學、希伯來文學和希臘文學。中國、印度、希臘文學分別體現了東亞、南亞和歐洲的文學風貌，希伯來文學則集蘇美、巴比倫、埃及、腓尼基、迦南等民族文學之大成，成爲中東文學模式的典型代表。

聖經文學的「台柱」地位具體表現爲：它一經形成，便通過基督教的聖經和伊斯蘭教的《古蘭經》，對東、西方文學，尤其是對西方中世紀、近現代文學產生了無可比擬的巨大影響。這是個一言難盡的話題。

本世紀初，一位名叫麥克非的美國人說：「假如每一個大城市中的聖經都被銷毀了，僅僅從各城市公共圖書館的書架上，收集其它書籍引用過的聖經字句，就仍能把聖經的主要部分重新拼湊起來。幾乎所有偉大的作家都曾在自己的著作中談到聖經對他們的影響。」這話並不過分。

歐美無數作家、詩人都曾從聖經中取材，創作出傑出的文學作品。後世許多文學名著可將其原型追溯到聖經神話。（如 T．S．艾略特的《荒原》，便表現了現代人「喪失樂園」的悲哀。）馬克思、恩格斯也經常引用聖經文學中的典故，論證當時的現實問題。關於這些，本書將在末後幾篇中予以探討。

馬克思在談到希臘藝術時曾說，希臘神話是希臘民族童年時代的產物，也只能是那個時代的產物——那時候，人類藉助想像征服自然力、支配自然力，把自然力形象化。「隨著這些自然力之實際上被支配，神話也就消失了。」但這並不妨礙希臘神話至今仍能「給我們以藝術享受」以及顯示出永久的魅力」。

與此相仿，我們完全可以斷言，由古希伯來人集體創作的、具有顯見的神話特質的聖經文學，也必將如同希臘神話一樣——「顯示出永久的魅力」。

聖經文學的壯麗開篇——神話

目前世界各國都通行每周七天（工作日六天，休息日一天）的計時制度。這一制度是怎樣得來的？——原來，得自一個古老的聖經神話：太初，上帝在六天中造出天地萬物，在第七天休息。上帝規定第七天是「安息日」，只能休息不能工作，於是便有了周六之後的星期天……從這件事可看出，聖經神話對後世發生了多麼廣泛而深遠的影響！

概說

神話是人類童年的世界觀，是人類文明之樹最早結出的碩果。在各族文學發展史上，神話大都占有居先的位置。希伯來文學也不例外。

希伯來神話的精華匯聚於全部聖經之首——《創世記》第一至十一章中。《創世記》的希伯來文名稱是《起初》（B'reshith），這是全書頭一句話（「起初，上帝創造天地。」）的第一個詞。希臘文七十士譯本將其譯爲《來歷》（Genesis），意思是「來歷」、「根源」、「產生」、「發生」等。它們都表明，《創世記》說的是世界形成之初的事。

那麼，世界形成之初發生了哪些事呢？聖經依次記述了萬物始創、伊甸園、該隱殺弟、洪水方舟、巴別塔等神話故事。

「萬物始創」即上帝六天造出世間萬物，在第七天休息的故事。

「伊甸園」說上帝將人類始祖亞當、夏娃安置在美麗的伊甸園中，他們卻因偷吃禁果被逐出樂園。

「該隱殺弟」的大意是：亞當、夏娃被逐出樂園後，生了該隱和亞伯兩個兒子。哥哥該隱是莊稼漢，弟弟亞伯是牧羊人。一天，兩人一同獻祭，哥哥奉上農產品，弟弟獻出頭生的羔羊。但上帝只接受了弟弟的禮物，而未接納哥哥的。該隱十分惱怒，就動手打亞伯，把他殺死。上帝爲此而懲罰該隱，罰他四處漂泊。

接下去是「洪水方舟」神話：上帝看到人類的罪惡越來越大，就發起大洪水毀滅人類。他惟獨對「義人」挪亞開了恩，讓他帶上家人進入方舟，免遭水患之害。

最後是「巴別塔」的故事：古時候，天下人的語言和口音都一樣。他們要建造一座通天的高塔，以便揚名四海；他們燒磚建塔，越建越高。上帝發現後，又驚又怒。心想，人們說一樣的語言，交流思想很方便；現在能建成這樣的高塔，以後就沒有什麼事做不成了。於是，他使天下人口音發生混亂，語言彼此不通。這樣一來，人們只好停止建塔，分散到世界各地。建塔和發生語言混亂的地方叫作「巴別」（即「變亂」之意）。

編訂聖經的猶太拉比們將上述神話煞費苦心地連綴起來，是爲了告訴讀者：宇宙萬物和人類始祖都是上帝創造的；人類始祖原被安排在其樂融融的伊甸園中，後來卻因偷吃禁果而犯罪，遭到「失樂園」的懲罰。

人類被逐出樂園後，悖逆與僭越的行爲愈演愈烈：亞當的第一代子孫就自相殘殺，該隱竟妄殺了無辜的弟弟亞伯；到挪亞時代，強暴與腐敗四處漫延；爾後，人們狂妄得甚至建起了通天高塔！世界初創時的和諧秩序眼看要被徹底破壞，這使上帝不得不帶來洪水泛濫的災難，並變亂人們的語言，使各族分散而居。

但上帝的最終用意卻不是懲罰，而是「救贖」——使人類幡然悔悟，脫離罪惡。因而他讓「義人」挪亞活下來，爲人類傳宗接代，並樹立楷模。

這幾篇故事揭開了聖經文學中以神爲中心的神人交往的帷幕，而表現神人關係，贊美上帝的至高與至尊，正是猶太拉比們的主觀意圖。

在今天看來，上述神學意念顯然違背了起碼的科學知識。衆所周知，神話是上古初民以原始思維形式對自然、社會和人生所作的樸素解釋。

從唯物史觀的觀點出發，一般說，「萬物始創」神話表達了希伯來人對天地萬物產生和人類起源的獨特理解；「伊甸園」神話反映了他們對至樂、永生的憧憬與追求，及其對人類無法至樂、永生的原因的深沉思考。

「該隱殺弟」神話以擬人手法記述了上古西亞農耕居民與半游牧部族之間的流血鬥爭，該隱代表農耕居民，亞伯代表半游牧部族，兄弟之爭實際反映了兩類居民之間的仇殺。

「洪水方舟」神話則是西亞遠古歷史的眞實回聲，它藝術地展示出當時人們對洪水的畏懼心理、戰勝洪水的強烈願望，及其與洪水鬥爭時的聰明才智和頑強意志。最後，在「巴別塔」神話中，希伯來人天眞地想像了不同民族語言、口音各不相同的原因。

研究表明，希伯來神話脫胎於「蘇美—巴比倫」神話，並受惠於埃及、腓尼基、亞蘭、迦南等民族的古老文化。與「蘇美—巴比倫」神話相比，希伯來神話有三個突出特點。

一、由多神演變爲一神。在「蘇美—巴比倫」神話中，創世、造人、洪水都與多神相關；到了希伯來神話，多神的功能被集中於一個至高無上的上帝。

二、具有濃郁的道德訓諭色彩。「蘇美—巴比倫」神話「粗糙無味，沒有什麼精神或道德含義」❻；希伯來上帝卻是至善的化身，依人類的善惡而決定其賞罰態度。

三、達到了較高的藝術水平。「蘇美—巴比倫」神話行文冗贅，脈絡不清；希伯來神話則文字簡潔，條理明晰。

這些差異具體顯示出希伯來文人學士對前代遺產的錘煉之功。

然而，希伯來神話卻遠不及希臘神話多彩多姿。

希臘神話有一個規模龐大的「天上人間」——奧林匹斯神系。在這個神的大家族中，宙斯、赫拉、波塞冬、哈得斯、狄米特、雅典娜、阿波羅、普羅米修斯、阿佛洛狄忒……等眾神濟濟一堂。他們與人類外形相同，又有與凡人相通的喜樂、哀傷、憤怒、嫉妒等性情，彼此間時而親善、時而猜忌、時而欺詐、時而紛爭……從而推演出無窮無盡的動人故事。

---

❻〔美〕伯恩斯等：《世界文明史》第一卷，第五十九頁。

相對於此，希伯來神話的規模明顯小得多。希伯來神話素以「一神」著稱，神話中只有一個威嚴的上帝，他被尊爲萬物的締造者、宇宙的唯一主宰、人類的審判者與拯救者，本身卻沒有家族，沒有子嗣，也沒有神界對手；自然，更談不到與異神的交鋒與搏鬥。

上述差異來自兩種不同的宗教觀念。與祭拜多神的希臘人相反，希伯來人崇奉獨一無二的上帝，禁拜多神與偶像，因而，編纂聖經時，必會一再刪去古代文獻中留有多神色彩的異教傳說。《創世記》第六章一至四節有一段「神人之子」的記載，迄今還保留著後人刪削的痕跡：

當人在世上多起來，又生兒育女的時候，神的兒子們看見人的女子美貌，就隨意挑選，娶來爲妻。……那時候，有偉人在地上，後來，神的兒子們和人的女兒們交合生子，那就是上古英武有名的人。

這些「上古英武有名的人」有何事蹟？後文卻不見經典。不難看出，這幾句話顯然是一篇英雄神話的開端。英雄神話以描述神與人結合所生的「半神半人」式英雄爲基本特徵，此類英雄（如希臘的赫拉克勒斯）是神話向信史轉折時期的過渡角色：他們預示了神話時代的終結，同時也宣告了信史時代的到來。

可惜的是，因「神人交合」之說，不符合一神觀念，這則神話的主體部分遭到刀劈斧削，希伯來英雄神話的原貌也因之難以再現。

萬物始創

「萬物始創」神話的大意如下：

起初，上帝創造了天地。地是空虛混沌的，淵面黑暗，只有上帝的靈運行在水面上。上帝說：「要有光！」於是就有了光。上帝看到光好，就把光與暗分開，把光稱作晝，把暗稱作夜。晚上過去，清晨到來，這是第一天。

上帝說：「諸水之間要有空氣。」他就造出空氣，稱空氣爲天。晚上過去，清晨到來，這是第二天。

上帝說：「天下的水要聚在一處，使旱地露出來。」他稱旱地爲地，稱水的聚處爲海。他又叫地上長出青草，長出各種結籽的蔬菜和結果的樹木。晚上過去，清晨到來，這是第三天。

上帝說：「天上要有光體，能分晝夜、作記號、定節令，發光在天上，普照在地上。」於是他就造出太陽、月亮和許多星星。晚上過去，清晨到來，這是第四天。

上帝說：「水中要有會游的魚類，空中要有會飛的鳥類。」於是他就造出魚和鳥。晚上過去，清晨到來，這是第五天。

上帝說：「地上要有各種牲畜、昆蟲、野獸。」事情就這樣辦成了。上帝說：「地上要有人，管理海裡的魚、空中的鳥、地上的牲畜和各種昆蟲。」上帝就照著自己的形象造男造女。上帝看著一切所造之物都很好。晚上過去，清晨到來，這是第六天。

天地萬物都造齊之後，第七天，上帝就歇息了。上帝賜福給第七天，把它定爲安息日。

（據《創世記》）

這是一則典型的創世神話。「創世」是各族神話中最常出現的主題之一，敘說宇宙的生成、世界的起源、萬物（大地、天空、日月星辰、花草樹木、飛禽走獸等）的來歷和人類的誕生。但因文化心理的差異，不同的民族，創世的規模、程序、方式和目的等往往並不相同。聖經創世神話有哪些特點？下面試通過與巴比倫創世神話的比較，對此問題作些回答。

巴比倫創世神話題爲《埃努瑪．埃立什》（Enuma Elish），有一千多行，用阿卡德文鐫刻在七塊泥板上。筆錄年代約爲公元前七世紀，與聖經神話的筆錄時間相去不遠。

「埃努瑪．埃立什」是第一塊泥板開頭的字，意思是「當時在上面」。故事說：

當世界沒有形成之前，最初只有化身爲魔怪阿普蘇、姆摩和提阿馬特的水淵。後來，水淵裡產生衆神，衆神在戰鬥中打死阿普蘇和姆摩。提阿馬特大怒，召來一群妖怪準備死戰。衆神中最年輕的馬爾都克神挺身而出，迎戰提阿馬特的妖兵。馬爾都克放箭射穿提阿馬特的軀體和心臟，凱旋而歸。

勝利後，馬爾都克開始創造天地：他把提阿馬特的屍體剖成兩半，一半做成天，另一半做成地。在天上，他建造了大神住的宮殿，設置了群星和星座，安排了太陽、月亮和行星運行的軌道。在地上，創造了植物、動物和水流，讓水中長出魚類。

這時，諸神求他造人供神役使，以便衆神得到休息。於是馬爾都克殺死妖兵統率基恩古，用他的血摻合泥土，捏出人類。

最後，諸神擺宴慶功，祝賀馬爾都克的勝利。他們爲他在天上建造了神廟和巴比倫城，尊他爲主神巴力，歌唱著頌揚他的詩篇。

這裡給人的第一印象是神魔搏鬥，而不是創造天地。衆神與提阿馬特的激烈爭戰過多地吸引了讀者，以致馬爾都克的創造天地反倒退居次要位置。

聖經就不同了。「萬物始創」一開頭就點出全篇主旨：「起初，上帝創造了天地。」繼而有條不紊地敘述了全部創造活動，最後止筆於創世之後的休息——全文一氣呵成，中心突出，毫無游離題外的旁枝側蔓。

另一明顯差異表現於故事講述人的主觀目的。《埃努瑪・埃立什》通篇貫穿著一個精神：頌揚年輕的馬爾都克是巴比倫城的守護神，起先並不起眼，只是巴比倫崛起後，他才擢升至諸神之首。因而，這篇神話很可能產生於巴比倫帝國的鼎盛時期（公元前十九至前十六世紀），目的是爲巴比倫稱霸西亞提供宗教上的依據。

聖經神話的意圖則是贊美希伯來上帝：上帝怎樣以鋪張蒼穹、創造萬物的壯舉，顯示出他作爲宇宙締造者的神聖本性。它體現了早期猶太教基本形成時的宗教觀念，定型年代晚於《埃努瑪・埃立什》約一千年左右。

二者的區別還表現在創世手段上。馬爾都克用提阿馬特的身體造出天地，用基恩古的血摻合泥土造出人類，共同點是都借助了「物質原料」。希伯來上帝卻以「語言」命令萬物產生——比如「上帝說：『要有光！』於是就有了光。」——表明聖經神話已遠遠超出原始、古樸的巴比倫神話，達到相當理論化的程度。

語言作為思維發展的標誌，在人類文明史上始終發揮著極重要的作用。希伯來人竟將語言與世界初創聯繫起來，說明他們不僅很早就認識了語言的功用，而且認識得非常深刻。

更值得注意的是人在創世中的地位。在《埃努瑪．埃立什》中，馬爾都克是為了滿足衆神的要求，才造出人類供其役使。這裡，人不過是神的僕從，和天地萬物之間並無內在聯繫。

而聖經創世神話卻把人類明確塑造成「萬物的靈長」。簡言之，上帝的創世活動是依循由低級向高級的層次逐步展開的：先造出天空、陸地、海洋、太陽、月亮和植物，為動物的出現提供生存環境；再造出活動於天空、陸地、海洋的各類動物，它們與先前所造出之物又共同構成人類的生存環境；最後才造出人。人的職能就是「管理海裡的魚、空中的鳥、地上的牲畜和各種昆蟲。」總之，世間萬物的出現都是為了迎接人類的誕生，人類在宇宙萬象占有居中的地位。

最後，兩則神話在結構上也各呈異彩。《埃努瑪．埃立什》屬散文式結構——作者的筆觸隨神怪搏鬥的始末而任意伸展，不受嚴格的章法限制。

「萬物始創」則具備抒情詩結構的某些特徵：全篇由序詩（創世背景）、六章正詩（創世經過）和尾聲（安息日的來源）二段構成，布局工致而嚴整；在正詩部分，各章的格式（「上帝說」——所說的內容——內容的實現）彼此照應，給人以明快的節奏感；結尾又反覆重現「晚上過去，清晨到來，這是第一（二、三……）天。」之語，使人聯想起民間詩人慣用的重疊句法。

或許，「萬物始創」確曾作爲歌詞而演唱，像《詩篇》中的多數作品那樣；後來只是由於編訂聖經的需要，才被歸入律法書，成爲全部經典的宏偉開端。

伊甸園

伊甸園神話緊接於「萬物始創」之後，與「萬物始創」流傳得同樣廣遠：

上帝創造天地的日子，用地上的塵土造了人，將生氣吹在那人鼻孔裡，他就有了靈性，名叫亞當。上帝在東方的伊甸建造了一座大花園，把亞當安置在那裡。園子裡長著許多樹，令人賞心悅目，樹上結滿甘美可口的果子。園中有一棵生命樹，還有一棵能使人辨別善惡的智慧樹。一條河分爲四條支流穿園而過，滋潤著肥沃的土地和繁茂的林木。

上帝讓亞當管理園子，允許他吃各種樹上的果子，只有智慧樹例外。

上帝不願讓亞當獨居，就造出各種鳥獸和他玩耍，還趁他睡覺時取出他的一根肋骨，造成一個女人做他的配偶。亞當爲配偶取名叫夏娃（含「生命」意）。當時夫妻二人赤身露體，卻不知羞恥。

伊甸園中最狡猾的動物是蛇。一次，蛇對夏娃說：「人吃了智慧樹上的果子能眼明心亮，像上帝一樣會辨別善惡。」夏娃就摘下禁果來吃，並讓丈夫也吃。吃後，二人眼睛明亮了，知道自己原來是赤身露體的。於是，他們拿無花果樹的葉子編織裙子穿上。

上帝發現二人偷吃了禁果，十分氣憤，便詛咒蛇要永遠在地上爬行，吃土，與人爲敵；女人要備受分娩之苦，服從丈夫，受丈夫管轄；男人要遭受土地的折磨，「地裡要長出荊棘和蒺藜，你要以田裡的穀物和蔬菜爲食。你必須汗流滿面才得糊口，直到你歸了土。你從土而來，本是塵土，仍要歸於塵土！」

上帝怕亞當、夏娃再吃了生命樹上的果子而永遠活著，就把他們趕出伊甸園。（據《創世記》）

古往今來，多少人憧憬過和諧、完美、民康物阜的理想世界——柏拉圖設計了理想國，陶淵明幻想過桃花源，莫爾描繪了烏托邦……

聖經中的伊甸園也是這樣一個美滿世界：沒有淒風苦雨，沒有欺詐爭鬥，只有溫馨、安寧與相親相愛。伊甸園又名樂園，樂園之中，寄寓了上古希伯來人對至樂之境的多少追求！

伊甸園中有智慧樹，只因亞當、夏娃偷吃了禁果，人類才有了智慧；智慧使人眼睛明亮，而獲得它卻付出了喪失樂園的慘重代價！伊甸園中又有生命樹，人類始祖原可飽享其果而永生不死，無奈他們卻不諳此道，以致後人只得「從土而來，再歸於塵土」……

希伯來人就這樣用藝術的語言，體悟著宇宙與人生的深奧哲理。

伊甸園神話還蘊含哪些更深的寓意？近年來，有學者運用「神話——原型批評」方法進行探討，取得可喜的成績。

「神話——原型批評」的理論奠基人之一楊格（G.G. Jung）認爲，人的心理分爲意識和無意識兩個層次，無意識又包括個體無意識和集體無意識。集體無意識聚著人類有史以來的所有經驗，將今人的心理同遠古初民的思維方式和感受方式聯繫在一起。人類的集體無意識中有父親原型和母親原型，母親原型代表保護、滋養和幫助，常體現爲大地、樹林、大海、流水、花園、山洞等意象。

伊甸園神話的感人魅力來自它所顯示的母親原型。神話勾勒了一個迷人的綠色世界：朝陽透過莽林深叢，照耀在大地之上；靜靜的流水迤邐而行，浸潤著遼闊的肥田沃土；林木藹藹，朱實離離——這是撫育人類成長的搖籃，也是誕生人類的慈祥母親。

表現母親原型的神話意象首推大地。在希伯來語中，「人類」和「亞當」是同一個詞「adam」，這個詞又與「土地（adamah）」同出一源。它喻示了人類和大地的密切關係：人類來自大地，是大地的兒子，死後還要回到大地母親的懷抱；大地不僅是人類的生育者，也是其撫養者，她以自己的乳汁使各類果樹茁壯生長，結出碩果供人食用。當人類因「犯罪」而受到懲罰時，她和兒女一起承擔了責任；儘管受到上帝的詛咒，她仍爲人類的生存繁衍提供糧食——這些顯示出母親形象的寬容、堅忍及其厚愛兒女的拳拳之心。

伊甸園是一個和平、靜謐的天地，在這裡人與人情同手足，人與動物友好相處。希伯來語中的「花園」一詞雖可兩性通用，但更多地用作陰性。伊甸園意象體現了母親形象慈愛、寧靜和安詳的性格特徵。

養育性的大地和保護性的花園表現了母親原型的基本內涵。在這種充滿慈母之情的氛圍中，一些似乎帶有陽剛之氣的形象，如樹木、河流、鳥獸等，也都塗上一層濃重的母性色彩，表現出母親原型的某種特徵。

伊甸園的泉水猶如母親的乳汁，哺育了園中所有的生命。由此溢出四條河流，河水灌溉大地、滋養了果木、養育了大地的子孫。伊甸之水是生命之水，體現了母親原型的撫育、滋養、促進生長與繁衍的意蘊。

伊甸園中各類果樹枝葉繁茂，樹上果實累累，「悅人眼目」。這些豐美的果子正是人類始祖最初的食糧。樹的意象體現了母親原型的供養性特徵。

伊甸園中還有許多馴良而活潑的飛鳥和小獸，它們與人類友好相處，相互之間也從不爭鬥。它們活躍於叢林之中，爲樂園增添了盎然的生機與活力。這些意象表現了母親原型摯愛、溫和、充滿生命力的特點。

更重要的是夏娃的形象。夏娃出自亞當的肋骨，具有溫柔、軟弱的性格和「眾生之母」的本質。按楊格的說法，智慧對女子較對男子有著更強的誘惑力。這一特點決定了蛇必然去引誘夏娃，而夏娃也必會衝破上帝的禁令，摘下智慧之果而吞食之。

夏娃追求的究竟是什麼智慧？學者們仁智各見。有人說是道德智慧，有人認爲這裡的「善惡」表現爲一種功利思想，而更多學者注意到了「智慧樹」情節中有關「性」的內容。

德國學者龔科爾（Gunkel）認爲，故事強調了性意識和羞恥感。瑞典學者伊萬・恩內爾（Ivan Engnell）說，懂得善惡其實意味著具有了性能力。

歐森（Benedikt Otzan）具體指出了有關性的幾個細節：在迦南人看來，蛇就是性的象徵；亞當、夏娃意識到自己赤身露體後，立即產生了羞恥感；上帝對女子的詛咒，主要針對性與生殖；夏娃的名字強調了她的母性；上帝送給人類的最後禮物，是遮身的衣服。歐森特別剖析了神話中的無花果樹，說無花果樹葉決非貞潔的象徵，而恰恰是它的反面——希伯來人和其他一些古老民族一樣，都認爲無花果樹具有提高人的性能力的作用。

綜合上述諸點，「智慧樹」的秘密就是：人吃了這種樹果，能提高性慾望和性能力，促進生殖與繁衍。夏娃對這種「生殖多育型」智慧的追求，反映了母親原型最本質的特徵。

上帝形象也有濃重的母性色彩。神學家丁光訓先生指出：「把神（上帝）看爲男性是片面的、不妥當的。說神（上帝）也有母性不能算錯。更確切一點說，母性反而更能夠彰顯神（上帝）被人們多少年來忽略了的部分性格。」「女性的善良、溫存、柔和、愛顧、親切，母性無聲的勤勞和自我犧牲，也都存在於神（上帝）的本性裡。」

上帝爲人類建樂園、造鳥獸、立家庭、供食糧，顯露了對人類的深沉母愛。有一個經常用來指稱上帝之愛的詞（rahem，憐愛），原意就是婦女的子宮。它暗示，上帝的慈愛恰如母親對胎兒的珍藏、滋養和哺育。

另一方面，上帝又十分威嚴。當亞當、夏娃私吃禁果後，他發出嚴厲的詛咒，甚至將他們逐出樂園。從神話原型批評的角度看，這表現了母親原型中「神秘性和權威性」的側面。

總之，伊甸園神話中的人物和各種意象，共同體現出母親原型的內涵，整個神話象徵性地塑造出一位慈愛、滋養、深沉、溫柔、善良、堅忍，又不乏嚴厲並苦於追求的母親形象。

洪水方舟

世界上許多民族（如埃及、巴比倫、印度、中國、希臘、希伯來等。）都有洪水神話。其中希伯來洪水神話借助聖經而廣爲流傳，影響最大。它的主要情節是：

亞當、夏娃的子孫傳宗接代，越來越多，逐漸住滿了大地。他們無休止地爭鬥、掠奪、打仗和殘殺，誰也不聽上帝的訓誡。上帝後悔造了人，決定將人類和一切動物統統除滅。只有挪亞在上帝面前蒙恩，因爲他完美無缺，虔信上帝。

上帝讓挪亞用歌斐木造一艘方舟，長三百肘，寬五十肘，高三十肘，分上、中、下三層，設一門一窗。方舟造好了。挪亞按上帝的吩咐，讓妻子、兒子、兒媳都進入方舟，還把各種動物一公一母趕進去。

七天後，滂沱大雨由天而降，一連下了四十晝夜。大雨成災，把高山都淹沒了。人類、獸類、鳥類，一切生靈都葬身水底，只剩下挪亞的方舟在一望無垠的水面上漂蕩。

雨停後，水勢漸落。但水落得很慢，一百五十天後還看不到陸地。又過了四十天，挪亞打開窗户，放出一隻烏鴉。烏鴉找不到落腳之地，飛了回來。再過七天，挪亞放出一隻鴿子，傍晚，鴿子銜著一枝新鮮的橄欖葉飛回方舟。挪亞知道某個地方已露出了陸地。

洪水退後，挪亞和家人走出方舟，各種動物也都出了方舟。挪亞築起一座壇，向上帝奉上祭品，感謝他的賜生之恩。上帝決定今後不再用洪水懲罰人類。他在天上掛出七色彩虹，

作爲與地上一切生命締結友好和約的標誌。（據《創世記》）

英國著名考古學家武利（Leonard Woolley）在《迦勒底人的烏爾城》一書中論證，聖經洪水是亞美尼亞山區確曾發生過的一場可怕洪災的藝術再現。這場洪災發生於大約公元前三二〇〇年左右，當時，罕見的暴雨釀成洪澇，淹沒了底格里斯河和幼發拉底河兩岸四萬多平方英里的土地。洪水泛濫之際，舉目一片汪洋，幸免罹難的僅有很少幾座城市——它們修建在山頂上，四周築有堅固的城牆。

武利是古代西亞名城烏爾的發現者。他在烏爾城牆下發掘出一系列蘇美王的陵墓後，指揮工人繼續向下挖，又挖出約三米厚的河床軟泥；在軟泥下面，再次找到人類居住過的遺跡：磚石、陶器殘片和篝火的灰燼。

從陶器的形狀和圖案看，河床上下分屬於不同時期的文化。因而，這層河床軟泥顯然是一次毀滅性洪水的證據：淤泥厚約三米，足見大水至少深達八米，且存留了很長的時間。如此浩翰的洪水對遠古居民來說，除了理解爲神靈的懲罰，還能作何解釋？——這便是聖經洪水神話產生的歷史背景。

然而，今天看到的「洪水方舟」故事卻不是洪水神話的原貌。「洪水方舟」被編入猶太教經典時，上述特大洪災早已成爲兩千多年前的舊事。在這漫長的年代中，洪水神話經歷了哪些變異？其早期形態怎樣？有何特徵？……十九世紀中期之前，一直無人對此作出中肯的回答。

一八七二年十二月三日，英國考古學家喬治．斯密斯（George Smith）在倫敦聖經學會上宣讀論文，證實「洪水方舟」神話乃出自「巴比倫—亞述」的「洪水泥板」。當時，他的發現震驚了歐洲學術界——因「洪水泥板」印證了西亞上古文化的相互滲透性，從而有力地動搖了基督教聖經的「神聖權威」。

喬治・斯密斯是在釋讀《吉爾伽美什》史詩時發現「洪水泥板」的。《吉爾伽美什》史詩是古代巴比倫文學最有影響力的作品，共三千多行，用亞述語刻寫在十二塊大型泥板上。「洪水泥板」是其中的第十一塊。

「洪水泥板」全文二百多行，內容是一段完整的大洪水傳說——

傳說寫道：古時，諸神都住在幼發拉底河畔的舍爾巴克城。一天，大神恩利爾與衆天神聚會，突然心血來潮，要發一場大洪水消滅人類和其他活物。只有衆水之神伊亞不同意，他偷偷告訴蘆葦小屋的主人烏特・那匹什提，讓他趕快建造一條方舟，帶上各類生靈逃避洪災。

於是，烏特・那匹什提在舍魯巴克人的幫助下趕造方舟。方舟長、寬、高各一百二十肘，是一條名符其實的正方體之舟。第七天，方舟建造完畢。

暴風雨到來之前，烏特・那匹什提同家人、親眷、工匠攜帶各類活物進入方舟，關閉艙門。暴風雨來臨了，頓時天昏地暗，天水相連，四處混沌一片。世界被毀於一旦。

狂瀾惡水肆行了六晝六夜，連天神們都嚇得魂不附體，跑到七重天上的阿努神那裡尋求庇護。直到第七天，洪水才漸漸平息。

烏特・那匹什提「仰望穹窿，一片寧靜，只見大地上的人類都葬身污泥。」又過了七天，他放出一隻鴿子，鴿子找不到棲身之地，飛了回來；接著放出一隻燕子，燕子也飛了回來；最後放出一隻烏鴉，烏鴉看到洪水已退，「就在各處覓食、翺翔和棲息，沒再飛回。」隨後，烏特・那匹什提把艙中的動物都放出去，任其遠走高飛；所有的人也都走出方舟。

衆人來到納綏爾山頂供奉諸神，諸神下到山頂接納供物。最後，大神恩利爾把烏特・那匹什提和他的妻子擢拔至神界，賜給他們神性和永生，定居於「諸河之口」。

對照「洪水泥板」和「洪水方舟」，可發現二者的許多聯繫和區別。比如，故事中的事蹟都發生在「神」與「人」之間，只是前者發洪水的是以大神恩利爾爲首的「諸神」，後者卻是希伯來上帝。這裡體現了猶太一神教對西亞上古多神教的重大發展。

至於發洪水的目的，二者都是爲了消滅人類和其他活物，但前者沒有寫明諸神「心血來潮」的具體原因，後者則交待得相當清楚：因爲人類不聽上帝的訓誡而屢屢犯罪。這裡宣揚了猶太教的「懲罰—救贖」論。

洪水泛濫後，兩篇神話中都有一個倖存者，但烏特・那匹什提最終被賦予神性，而挪亞卻始終都是凡人。這個情節從一個角度顯示出猶太教的核心教義：全世界只能有一個上帝，人類在任何時候也不可混同於神。從文體結構上看，二者的敘述模式大體相同，但前者行文繁瑣，脈胳不甚明晰，後者則文字簡練，層次比較分明。

總之，可以說，「洪水方舟」是在「洪水泥板」的基礎上加工、提煉而成的，「洪水泥板」爲了解聖經洪水神話的早期形態提供了珍貴的文獻依據。

民族古史的悠遠回憶——傳說

傳說與神話既相聯繫又有區別。神話者，「話神」之謂也，顧名思義，其中心角色是神。神話中的神以虛幻的藝術形象折射出某種自然力量或社會力量，寄寓了原始初民的思想、感情、意志和願望。

傳說的產生晚於神話。「傳說是在一定的歷史事件、人物、地點、風物與習俗的基礎上虛構的故事，經歷了一個漫長的由不自覺到比較自覺的藝術加工過程，有較強的眞實感和可信性。當神話日漸走向消亡時，它仍保持著持久的生命力。」❼傳說雖也有程度不等的原始思維色彩，但一般說，怪誕、虛妄的氣氛比較淡薄，寫實的成分則大大增加。

聖經傳說指希伯來人的祖先亞伯拉罕、以撒、雅各的故事，以及雅各之子約瑟的傳奇事蹟。它們收錄於《創世記》第十二至五十章。史學界有人認爲，亞伯拉罕、以撒、雅各並非確有其人的歷史人物，而是希伯來原始部族的擬人化縮影。此說成立與否，尙待史家們深入考證。但從文學的角度看，亞伯拉罕等人作爲完整、生動的文學形象，卻是無可置疑的客觀存在。本文就是從

❼ 潛明茲：《從創世史詩看神話與傳說的區別》，載《神話新論》。

文學的角度分析、考察這些形象的。

聖經傳說產生於希伯來民族史的晨昏蒙影之中。繼神話之後，它們約略描繪了希伯來人從父系氏族社會向奴隸制社會過渡階段的生活圖景。《創世記》中的亞伯拉罕是一個典型的父權制半游牧家族的族長。到雅各時，希伯來部族已從半游牧轉入近乎城市化的定居生活。約瑟時期，奴隸制迅速發展，約瑟本人就曾被賣爲奴。

至於這些傳說在民間形成的年代，粗略推算，應是從公元前三、二千紀之交到前二千紀中期——這也是希伯來古史中族長時期的大致年代。

因產生年代十分遠古，聖經傳說中留下了不少神話痕跡，如，亞伯拉罕招待化身爲人的上帝和神使作客，上帝降天火毀滅罪惡之城所多瑪與蛾摩拉，雅各與「神人」摔跤並戰而勝之，等等。

但聖經傳說與神話的分野仍是清晰可辨的：不同於神話以神爲中心，傳說的主人公是希伯來人的族長們；這些族長不同於異族神話中半人半神式的英雄，他們不具備任何神性，只是普通凡人中的優異者；他們不像異族傳說英雄那樣多具尊重自我、無視神靈的特性，而是希伯來上一亞衛的虔敬信徒。

聖經傳說是典型的民間文學作品，極富民間說唱藝術的迷人魅力。其語言生動洗練，情節引人入勝，人物形象栩栩如生，心理描寫深刻而細膩。波蘭學者科西多夫斯基曾因此而驚嘆它們「永遠動人心弦，令人百讀不厭。」

亞伯拉罕傳說

亞伯拉罕被尊為希伯來人的始祖。據聖經記載，他是挪亞長子閃的後代，塔拉的兒子，原名亞伯蘭（意謂「尊貴之父」），後改名為亞伯拉罕（「多國之父」）。他起先隨父住在兩河流域南部的名城烏爾，後舉家西遷，經古城哈蘭和敘利亞草原，進入地中海東岸的福地迦南。再後，他因逃避飢荒，攜家流落埃及，不久又回到迦南。他先與妻子的使女夏甲生子以實瑪利；一百歲時，與妻子撒拉生子以撒；撒拉死後又娶基土拉，生子六人。他一百七十五歲壽終，與撒拉同葬在自家的墓地麥比拉洞裡。

以色列學者阿巴・埃班在談到希伯來族長們時說：「在亞伯拉罕、以撒、雅各和約瑟的故事中，貫穿著他們是上帝選民的感情，但這些故事也簡潔地敘述了塵世間的事情，使人從中看到了用友情與溫和沖淡格鬥與詭計的生活情景。……先祖亞伯拉罕被看做是兩種品德互相融合的榜樣：在與人交往中表現出來的仁慈和親切；對上帝意志的極端虔誠和恭順。」

這段話，點出了亞伯拉罕等人的基本特徵——兼具世俗凡人與宗教信徒的雙重品格。一方面，他們是血肉豐滿的普通人，生活中既有「格鬥與詭計」，也不乏「友情與溫和」、「仁慈和親切」；另一方面，他們又是「上帝的選民」，對本民族的神靈「極端虔誠和恭順」。這兩個方面在亞伯拉罕身上體現得非常充分。

阿巴・埃班雖然強調了亞伯拉罕在塵世交往中的「仁慈和親切」，但實際上，他的秉性遠不止於此。

當三位神秘的使者突然來臨時，亞伯拉罕「俯伏在地」迎接他們，給他們端水洗腳，宰牛備飯，確如一位仁慈、親切的老人；但在另一些場合，情況就不同了。

到埃及逃難時，他讓美貌的妻子謊稱是自己的妹妹，隨法老進入後宮，以此保住自己的性命，並博取法老歡心，表現得十分精明，又相當自私。

當侄兒羅得一行遭到四王聯軍的擄掠時，他率領精練壯丁三百一十八人連夜追擊，「同僕人分隊殺敗敵人，……把被擄掠的一切財物，連他侄兒羅得和他的財物，以及婦女、人民，也都奪回來。」儼然又成了無敵勇士。

他在戰場上英勇善戰，在家庭中卻軟弱無能。妻子撒拉虐待使女夏甲，要亞伯拉罕把她逐出家門，他雖憂愁鬱悶，還是「把餅和一皮袋水交給夏甲，搭在她的肩上，又把孩子給她，打發她走。」

可見，作爲凡夫俗子的亞伯拉罕也具備常人的憂喜哀樂，並不比一般人高明多少。只是爲了褒揚祖先的高風盛德，後代猶太教徒才把他塑造成道德完美的楷模。

後代猶太教徒（以及基督教徒）對亞伯拉罕推崇備至，還有更重要的原因：他是極端崇信上帝的先驅者。聖經顯明，亞伯拉罕的每個重大行動都必奉行上帝的旨意：每到一地，他的頭一件事就是祭拜上帝，向上帝禱告。故事開端時，攜家由哈蘭遷往迦南，就是因爲聽到亞衛的呼喚：「你要離開本地、本族、父家，往我所要指示你的地方去。」到迦南後，他奔波於示劍、伯特利、希伯崙等地，只要支搭帳棚，就必定築起祭壇，「求告亞衛的名」。

亞伯拉罕還與猶太教的某些重要觀念和禮儀（比如「立約」和割禮）的起源關係密切。《創世記》第十五章繪聲繪色地記述了亞衛上帝與亞伯拉罕的立約：亞伯拉罕按亞衛的吩咐取來一隻三歲的母牛、一隻三歲的母羊、一隻三歲的公綿羊、一隻斑鳩、一隻雛鴿，各劈成兩半，相對排列。……日落天黑後，有冒煙的火爐和燃燒的火把從肉塊中經過。就在這天，亞衛與亞伯拉罕立約，說：「我已將從埃及河直到伯拉大河之地賜給你的後裔。……」這是聖經描述的亞衛與希伯來人的第一次立約。猶太教徒咸信，正是從這時起，亞伯拉罕的後裔——古代希伯來人及後世猶太人獲得了「上帝選民」的榮耀地位。

作爲「立約的記號」的割禮也肇始於亞伯拉罕。《創世記》第十七章載，上帝吩咐亞伯拉罕說：「你們都要受割禮，這是我與你們立約的證據。你們世世代代的男子，無論是家裡生的，還是用銀子從外族買來的，出生後第八日都必須受割禮。……這樣，我的約就永遠立在你們的肉體上。」於是亞伯拉罕家族都受了割禮，當時亞伯拉罕九十九歲。此後，割禮成爲猶太教世代傳承的獨特禮儀，迄至今天。

亞伯拉罕無條件崇信、順從上帝的性格突出地表現在「燔祭獻子」❽一事上。

故事說：上帝要考驗亞伯拉罕，讓他帶上獨生子以撒到摩利亞地去，把他獻爲燔祭。亞伯拉罕當即備上驢子，帶著以撒和獻祭用的柴，前往上帝指示的地方去。

臨近目的地時，以撒問父親：「火與柴都有了，但獻祭用的羊羔在哪裡呢？」亞伯拉罕回

---

❽燔祭：古代一些民族的宗教祭禮。通常是將牲畜或飛禽屠宰，把血洒在祭壇周圍，然後用火焚燒。有時也以人分爲祭物。

答：「我兒，上帝會自己預備羊羔的。」到了上帝指定的地方，亞伯拉罕築起祭壇，擺好木柴，捆綁起以撒，把他放在柴堆上。接著，拿起尖刀，要殺兒子——就在這時，亞衛的使者從天上呼叫：「亞伯拉罕！亞伯拉罕！不可在這童子身上下手。現在我知道你是敬畏上帝的了，因爲你沒有將獨生子留下不給上帝。」

亞伯拉罕放下刀，舉目觀看，只見樹叢中有一隻公羊。他就把那公羊取來獻祭，代替他的兒子。（據《創世記》）

聖經的編纂者們顯然是以津津樂道的口吻講述這件事的。其實，此事除表明亞伯拉罕盲目的宗教狂熱外，恰恰揭露了殺人祭神儀式的野蠻和殘忍，爲後人提供了了解古代人祭的生動材料。研究證明，以長子（或長女）敬神的風習曾長期流行於美索不達米亞、敘利亞和迦南一帶。聖經中有不少這類記載，最著名的是以色列士師耶弗他將獨生女兒獻爲燔祭，以兌現向上帝所許之願的事（《士師記》）。其它的又如，摩押王米沙將長子獻給基抹神（《列王紀》（下）），亞捫人將子女獻給摩洛神（《利未記》），猶大王亞哈斯・瑪拿西也效法外邦人以長子祭神（《列王紀》（下））等。在這幾例中，國王們以人祭神都是爲了成就某種重大國事（如祈求戰爭的勝利）。

在另一些情況下，比如舉行建造房屋的奠基禮，也有拿孩童敬神的，這時，孩童的屍體要用來鋪墊房基。《列王紀（上）》第十六章卅四節就有這樣一筆：「亞哈在位的時候，有伯特利人希伊勒重修耶利哥城。立根基的時候，他喪了長子亞比蘭；安城門的時候，喪了幼子西割。」

公元前八世紀之後，這種慘無人道的儀式遭到先知們的猛烈抨擊。如彌迦之言：「我難道能因自己的罪過，獻出我的長子嗎？因心中的罪惡，獻出我身所生的嗎？」（《彌迦書》）耶利米傳來的「神諭」講得更清楚：「他們……在火中焚燒自己的兒女，這並不是我所吩咐的，也不是我的心意。」（《耶利米書》）

到公元前五世紀「摩西五經」成書時，反對人祭已作爲律法條文確定下來（參見《利未記》、《申命記》等），同時規定，敬神可代以羊羔、幼鴿或班鳩（《利未記》）。亞伯拉罕最終以公羊替換出獨生子以撒，就不妨視爲上述條文的形象化說明。

當今西方社會流行「替罪羊」一詞，典故也在於此。

雅各傳說

亞伯拉罕之後，希伯來人的第二代族長是以撒。本書未設專題介紹以撒，是因爲以撒的早年與亞伯拉罕傳說相交織，晚年又與雅各傳說相融合，眞正屬於他本人的記載並不多（只有《創世記》第廿六章）。而且，以撒形象明顯不及亞伯拉罕、雅各充實豐滿。

雅各是希伯來人的第三代族長。他是以撒與利百加所生之子，自幼深得母親寵愛。少時，他曾以一碗紅豆湯騙取孿生兄長以掃的長子繼承權，又喬裝改扮，騙得父親對長子的祝福。

爲逃避以掃的報復，他跑到遠居哈蘭的舅舅拉班家裡幫工。七年後，拉班將女兒利亞嫁他爲妻，滿十四年，他又娶利亞的妹妹拉結爲妻。此間，他與利亞生子流便、西緬、利未、猶大、以薩迦、西布倫，與利亞的使女悉帕生子迦得、亞設，與拉結生子約瑟，與拉結的使女辟拉生子但和拿弗他利。此後，他攜帶家眷和勞動得來的羊群回到故土迦南，與哥哥以掃和解。在迦南，又與拉結生子便雅憫。

晚年，他因飢荒與兒子們同遷埃及，住在歌珊地方十七年。他一百四十七歲時去世，死後葬在迦南的麥比拉洞裡——亞伯拉罕、撒拉、以撒、利百加和利亞皆葬於此。

如果說亞伯拉罕總體上給人以虔誠、堅毅、和善的印象，那麼，雅各的特點主要就是機敏、詭詐和爭勝好強。他表面上聽話、順從，因而常得他人歡心，其實爲人處世極精明，滿腦子都是鬼主意。

他生性愛進取，從不屈居人下；除風雨飄搖的晚年外，幾乎一直都在與人明爭暗鬥：未出母腹就與孿生兄弟腳蹬手撓，少年時與哥哥以掃煮豆燃萁，及長，又與舅舅拉班勾心鬥角。他到拉班家避難時單身一人，憑著心計和體力，十四年後竟贏得遠遠超過拉班的大群牲畜。

他與神靈的交往比亞伯拉罕少得多，但就在不多幾次中，有一次還與神靈摔跤，最後居然是得勝者。

雅各性格的生動描寫可見於「以掃、雅各出生」、「紅豆湯與長子權」、「雅各、以掃求父祝福」幾個片段——

以撒的妻子利百加懷了孕，孩子們在她腹中彼此相爭。亞衛對她說：「兩國在你腹內，兩族要從你身上出來，將來這族必強於那族，大的要服侍小的。」生產的日子到了，腹中果然是雙子。先產的身體發紅、渾身有毛，如同皮衣，他們就給他起名以掃（「有毛」之意）。隨後又生了以掃的兄弟，因他手抓以掃的腳跟，就給他起名雅各（「抓住」之意）。

兩個孩子漸漸長大。以掃善於打獵，常在田野；雅各為人安靜，常住在帳棚裡。以撒愛以掃，因爲常吃他的野味；利百加卻愛雅各。有一天，雅各正在熬湯，以掃從田野回來，累不可支。以掃對雅各說：「我累昏了，求你把這碗湯給我喝。」雅各說：「那你把長子的名分賣給我吧！」以掃說：「我將要死，這長子的名分於我還有什麼益處？」雅各說：「你今日就對我起誓吧！」以掃就對他起了誓，把長子的名分賣給他。於是雅各將餅和紅豆湯給了以掃。以掃吃了喝了，起來便走了。

以撒年紀老邁，眼睛昏花，想在未死之前爲大兒子以掃祝福。以掃到田野打獵，要給父親做美味吃。

利百加對雅各說：「你到羊群去提兩隻肥山羊羔來，我給你父親做成美味，你拿給父親吃，讓他爲你祝福。」

美味做好了，利百加把以掃的衣服給雅各穿上，又用山羊羔皮包在雅各的手上和頸項的光滑處。

雅各把美味和餅拿給父親，說：「父親！我是你的長子以掃。請起來吃我的野味，好給我祝福。」

以撒說：「我兒，你如何回來得這麼快？」

雅各回答：「因爲你的上帝亞衛使我遇到了好機會。」

以撒摸摸雅各，看他是不是以掃。雅各挨近父親的手。

以撒摸著說：「聲音是雅各的聲音，手卻是以掃的手。」因爲他手上有毛，和以掃的手一樣。

以撒吃了美味，喝了酒，又要雅各與他親嘴。雅各上前與父親親了嘴。以撒聞到以掃衣服的氣味，不再懷疑，就給他祝福，說：「願上帝從天上賜給你甘霖，使你的土地肥沃。……」

祝福完了，雅各剛走，以掃也來讓父親祝福。以撒大吃一驚，才知道上了雅各的當。他戰戰兢兢地對以掃說：「你兄弟已經用詭計將你的福分奪去了。」

以掃說：「他欺騙了我兩次，從前奪了我的長子名分，現在又奪了我的福分。」（據《創世記》）

這幾個段落在選材、情節、構思和語言上都顯示出希伯來民間藝人說故事的傑出才能。比如選材，他們善於精選最能揭示人物性格的材料，用作故事的素材。在「紅豆湯與長子權」中，紅豆湯與長子權原本分量懸殊，很難相提並論，但雅各卻偏偏要用紅豆湯交換長子權，而以掃也一口答應！於是，兩種截然不同的性格——雅各的狡黠機智和以掃的誠樸易欺頓時明朗起來。

又如構思，他們很注意故事的起承轉合、起伏頓宕和連貫照應。「雅各、以掃求父祝福」一段雖篇幅不長，卻首尾完整，還一波三折。以撒因視覺不靈，難辨長幼，才引出一場「幼子欺父」的活劇；但他聽覺尚好，故又從雅各的口音中生出疑團；雅各改不了口音，卻能精心改變服飾，以此騙過以撒的健全觸覺和嗅覺，終使詭計成功。

這些故事產生於三千多年前的古代——比中國的《春秋》、《左傳》還早數百年，其藝術成就不能不令人驚嘆。

出於另外兩個原因，雅各傳說還爲歷代史家和神學家們所重視：一、它解釋了「以色列」之名的來歷，二、還解釋了以色列十二支族的起因。

關於「以色列」的來歷，見於一段精采的故事——

雅各帶著兩個妻子、兩個使女和十一個兒子在由哈蘭返回迦南的路上，來到雅博渡口，家人先過了河，只剩下雅各一人。這時，有個人來和他摔跤，直摔到天明。那人見自己勝不過雅各，就朝他大腿窩裡扭了一把。雅各大腿的關節就脫了臼。

那人說：「天亮了，讓我走吧。」雅各回答：「要是你不祝福我，我就不讓你走。」那人問：「你叫什麼名字？」回答：「我叫雅各。」那人就說：「今後你不要再叫雅各了，要叫以色列⑨，因爲你與上帝、與人較力，都得勝了。」雅各問：「那麼，你叫什麼名字？」那人說：「你問這幹什麼？」⑩最後，那人祝福了雅各。雅各給那地方取名毗努伊勒⑪，說：「我面對面見了上帝，仍然活著！」⑫

因大腿關節脫臼，雅各是瘸著腿離開毗努伊勒的。從那時起至今，以色列人不吃牲畜、野獸

---

⑨在希伯來語中，「以色列」含「他與上帝搏鬥」之意。

⑩猶太教規定，「不可妄稱上帝的名字」（參見《出埃及記》）。因此，這故事中以「那人」稱呼化身爲人的上帝；當雅各問他的名字時，他也不予回答。

⑪「毗努伊勒」：意謂「上帝的面」。

⑫古代猶太人認爲，不可觀看上帝的面，否則必死（參見《出塞及記》）。雅各與化身爲人的上帝面對面摔跤而未死，故其驚呼：「我面對面見了上帝，仍然活著！」

大腿窩的筋，因為雅各大腿窩的筋扭傷了（據《創世記》）。按這裡的說法，「以色列」之名乃由上帝賜予，始用於族長時代的後期。

至於以色列十二支族，聖經將其起源追溯到雅各的十二個兒子：流便、西緬、利未、猶大、以薩迦、西布倫、迦得、亞設、約瑟、便雅憫、但、拿弗他利。按聖經記載，自摩西以降，希伯來民族的所有名人無不出自這十二支族，如摩西：利未族；約書亞：以法蓮（約瑟之子）族；掃羅：便雅憫族；大衛、所羅門：猶大族，等等。

約瑟傳說

約瑟傳說是聖經文學中知名度最高的篇章之一。俄國文學巨匠列夫・托爾斯泰贊譽它是世界性的藝術典範。

約瑟是雅各十二子之一，由雅各的愛妻拉結所生。他幼年聰穎傲慢，為父偏愛，遭到哥哥們的忌恨。哥哥們把他賣給過路的以實瑪利人，以實瑪利人將他帶到埃及，又賣給法老的護衛長波提乏。在護衛長家，波提乏的妻子勾引他同寢未遂，反誣他圖謀不軌，使他被投入獄。在獄中他給酒政、膳長解夢，出獄後又給法老解夢。法老立他為埃及宰相，還將埃及少女亞西納給他為妻。他與亞西納生子瑪拿西和以法蓮。他治國有方，使埃及處處糧盈倉滿。

後來，迦南鬧飢荒。哥哥們奉父命去埃及買糧，他不念舊惡，以德報怨，慷慨救助，最後他與哥哥們重新相認，並將年邁的父親雅各接到埃及。

告別了族長們，再讀約瑟，首先感到的是整個故事的高度集中與統一。從《創世記》第卅七章起，除了第卅八章一篇插話（「猶大與他瑪」），到第五十章結尾處止，全部故事環環相扣，一氣呵成，幾乎看不到一點游離中心的旁枝側蔓。如果說族長傳說主要還是片段材料的排列或編織，（它們來源不同，成分複雜，除族長事蹟外，還有風物、民情、人名、地名等多種零星記載。）則約瑟傳說自編纂之始就相當完整，較為接近後世的個人創作。

在揭示約瑟坎坷波折的人生際遇時，故事敘述者別出心裁地描述了約瑟的「說夢」。約瑟一生五次說夢：第一、二次是童年時說自己的夢，第三、四次是在埃及獄中說酒政和膳長的夢，第五次是為埃及法老說夢。它們都發生於主人公命運的轉折關頭，從而成為情節發展的重要契機——這是約瑟傳說選材、敘事的一個突出特點。

約瑟童年時曾兩次向哥哥們講述他的夢，其一是：「我們在田裡捆禾稼，我捆的站著，你們捆的在四周下拜。」其二是：「太陽、月亮和十一顆星星，都向我下拜。」哥哥們聽了大為不滿，說：「難道你要作我們的王嗎？難道你要管轄我們嗎？」就連父親雅各也責備他：「難道我和你母親、你兄弟，果然要俯伏在地，向你下拜嗎？」

事後，哥哥們把他賣給以實瑪利人，使他一夜之間由寵兒變為流落異鄉的奴隸。後來在埃及獄中，約瑟又為酒政和膳長各解一夢。因解說靈驗，他被引荐至法老宮廷，從而擺脫囚犯生活，實現了命運的又一次轉折。

約瑟進宮之前，法老作了兩個奇怪的夢：先夢見七頭肥壯的母牛，又夢見七頭乾瘦的母牛，後夢的瘦牛吞吃了先前的肥牛；又一次，先夢見七支飽滿的麥穗，又夢見七支枯槁的麥穗，後夢的枯穗吞吃了先前的飽穗。其意何在?無人能解。

約瑟進宮後對法老說:「您夢的乃是同一件事:埃及遍地將有七個豐年,隨後又有七個荒年,荒年來時,全地必被飢荒所滅,使人忘掉先前的豐年。」法老聽後十分信服,就任命他為宰相,治理埃及全境。

這次說夢使約瑟一躍而至萬人之上,亦使故事情節急轉直下。

解說夢意是古代頗為流行的一種迷信活動,本身原無科學依據。但古人相信它,以此為題材,創作出美麗的民間傳說,從而豐富了文學遺產的寶庫。聖經文學中有兩個說夢行家,一個是約瑟,另一個是但以理。關於後者,本書將在「啓示文學」一文中介紹。

約瑟傳說的藝術魅力還來自它所蘊含的人性美、人情美和道德訓誨意義。

明顯區別於神靈不時出沒的族長故事,約瑟傳說展示了一個清新明朗的世俗天地。在這裡,除寥寥幾處「亞衛與約瑟同在」一類宗教套語外,完全看不到神的蹤跡;出現在讀者眼前的,始終是人與人之間的現實交往。這一現象表明,在由遠古神話向晚近信史的演化途中,後期希伯來傳說邁出了新的步子。

約瑟傳說的人物形象給人以極大的眞實感。這些形象不存在善與惡的絕對對立——既沒有十全十美的完人,也沒有一無是處的惡棍。約瑟年輕時嬌生慣養,妄自尊大,但遠離家人後,則表現出高尚的品行和出衆的人格。約瑟的哥哥們曾一氣之下對弟弟犯下罪行,而後來的行動證明,他們本質上也都善良而正直。

但故事講述者並未善惡參半地刻劃這些形象,而是將筆觸伸向人物的心靈深處,濃墨重彩地揭示他們的善良天性和美好行爲，從而使作品充滿濃郁的道德訓諭色彩。

「約瑟拒誘」是一個著名的例子：

……波提乏將家中的一切都交到約瑟手中，除了自己所吃的飯，別的事一概不知。

約瑟原來秀雅俊美，波提乏的妻以目傳情給約瑟，說：「你與我同寢吧！」約瑟不從，對他主人的妻說：「看哪，一切家務我主人都不知道，他把所有的都交在我手裡，……只留下了你，因爲你是他的妻子。我怎能做這大惡，得罪上帝呢？」

後來，她天天和約瑟說，約瑟卻不理她，不與她同寢，也不和她在一處。

有一天，約瑟進屋去辦事，屋裡沒有一個外人，婦人就拉住他的衣裳說：「你與我同寢吧！」約瑟把衣裳丟到婦人手裡，跑到外邊丟了。……（《創世記》）

不論波提乏的妻子「以目傳情」、「天天說」，還是「拉住他的衣裳」，約瑟都不爲所動，顯示了不同凡響的道德意志。

約瑟哥哥們的行爲也很感人：他們雖曾做過錯事，但終生都因早年的罪行而自責——到埃及買糧時每遇挫折，都認爲是應得的報應；面對錢財他們不起貪心——從糧袋中發現多出的銀子時，下次買糧又如數帶還；酷愛老父親和小弟弟——當弟弟便雅憫遇到淪爲奴隸的危險時，爲使父親不再遭受喪失幼子的打擊，他們挺身而出，毅然要承受弟弟的厄運。

下面是猶大「捨己救弟」的一段話、猶大挨近約瑟說：

我父親的命與這童子的命相連。如今我們回到父親那裡，若父親見沒有童子與我們同在，他就必死。這樣，我們就使父親白髮蒼蒼、悲悲慘慘地下陰間去了。來時僕人曾向父親爲這童子做保，說：「我若不帶他回來交給父親，便在父親面前永遠擔罪。」

現在求你容僕人住下，替這童子作奴僕，叫童子和他哥哥們一同回去。若童子不回去，我怎能回去見父親呢？恐怕我要看見災禍降臨到父親身上。（《創世記》）

如此深摯的骨肉感情，使約瑟再也無法控制自己：

約瑟在左右侍立的人面前，情不自禁地吩咐說：「你們都離開我出去。」……他就放聲大哭，……對他兄弟們說：「我是約瑟，我的父親還在嗎？……我是你們的兄弟約瑟，就是被你們賣到埃及的。你們現在不要因爲把我賣到這裡自憂自恨，這是上帝差我在你們以前先來……。」

於是，約瑟伏在他兄弟便雅憫的頸項上哭，便雅憫也在他的頸項上哭。他又與眾弟兄親嘴，抱著他們哭……（《創世記》）

這個場面形神畢肖地表現了闊別多年後的兄弟重逢，淋漓盡致地抒寫了人類心靈深處的天倫之愛，讀之迴腸蕩氣，過目難忘。

氣勢磅礴的英雄頌歌
——摩西史詩

史詩是古代民間文學的又一重要體裁。史詩大多產生於從原始社會向奴隸社會過渡的階段，在文類上與神話、傳說緊密相關。可以說，史詩是將片段的英雄傳說（或有關重大歷史事件的傳說）擴展成較完整的長篇敘事詩的結果。

史詩描寫的是人間事件，其中又有神靈介入；詩中的英雄既有一般勇士的特徵，又有種種超人的能力；他們在克服艱難險阻時既靠人的智慧和力量，也借助於超自然的神力。

摩西率領以色列人出埃及的記載是一部氣勢磅礴的希伯來史詩。摩西史詩與各民族史詩有不少相仿之處——如同巴比倫的《吉爾伽美什》、古希臘的《伊利亞特》、《奧德賽》和古印度的《摩訶婆羅多》、《羅摩衍那》，它也以重大歷史事件為題材，以民眾普遍愛戴的民族英雄為主人公，以歌頌英雄性格、英雄氣概和英雄業績為基本內容，以崇高、宏偉的美學風格震撼人心。但摩西史詩又不等同於其它史詩，在思想內容、觀念形態、篇章文體和敘事方式上，都表現出鮮明而獨特的民族色彩。

摩西史詩綿延於《出埃及記》、《利未記》、《民數記》和《申命記》四卷書中。它事實上已構成「摩西五經」的主幹，故歷來深受猶太人的重視。

情節與思想意義

摩西史詩的開端與族長傳說的結尾遙相呼應：雅各家族遷入埃及後，數百年過去了，雅各的後代人丁興旺，子孫綿延。一位新登基的法老因希伯來人的繁盛而不安，下令將他們的新生男嬰都扔進尼羅河中溺死。

這時，一對利未族夫婦生了一個男孩。他們把孩子隱藏了三個月。後來無法再藏，就把他放進一個塗了松脂的蒲草箱裡，置於河邊的蘆荻叢中。法老的女兒到尼羅河沐浴，發現蒲草箱中的孩子，就收下他作養子。她給孩子起名「摩西」，意思是「因我把他從水裡拉出來」。

摩西四十歲時，一天，見一個埃及監工欺侮希伯來人。他仗義勇爲，把那埃及人打死。法老聽說後，派衛隊追捕他，他倉皇逃出都城，來到東方的米甸。米甸祭司葉忒羅收留了他，將女兒西坡拉嫁他爲妻。他與西坡拉生了兩個兒子：革舜和以利亞撒。

又過了四十年，一天，摩西正在西奈山牧羊，亞衛從燃燒的荊棘中向他呼叫：「摩西！摩西！」他說：「我在這裡！」亞衛說：「我的百姓在埃及所受的困苦，我實在看見了；他們受督工的轄制所發出的哀聲，我也聽見了，……我下來就是要救他們脫離埃及人的手，領他們出了那地，到美好寬闊、流奶與蜜之地。」

接著，亞衛讓摩西回埃及拯救百姓，領他們返回迦南。

摩西回埃及後，要求法老準許以色列人到荒漠曠野去祭祀亞衛，法老拒不應允。

摩西在亞衛的授意下，對埃及人依次實行了十種懲戒——用手杖擊打尼羅河，使河水變成血，不能飲用；讓河裡滋生出無數青蛙，遍布埃及各地；以杖擊打塵土，使塵土變成虱子，爬到人畜身上；讓大群蒼蠅飛進法老的宮殿和平民的房屋；讓牲畜染上瘟疫，大批倒斃；讓所有人身上都長滿膿瘡；讓冰雹由天而降，打毀各處的莊稼、蔬菜和樹木；讓蝗蟲遮天蓋地，把一切青綠之物盡都吃去；又讓整個埃及烏黑三天，人只能在黑暗中摸索；最後，將埃及人的長子和頭生牲畜全數擊殺。

埃及人連遭大難，哀號聲響徹全國，法老只好允許摩西把以色列人領出埃及。

以色列人離開歌珊，浩浩蕩蕩地向東方行進。法老十分惱怒，率領六百輛戰車緊緊追趕。來到紅海岸邊，摩西遵亞衛之意，用手杖分開海水，闢出一條旱道，使以色列人順利地到達對岸。當法老的兵馬追至旱道中間時，摩西再次舉杖，埃及鐵騎頓遭滅頂之災。

甩掉追兵後，以色列人進入西奈曠野。由於艱難和飢餓，一些意志薄弱者抱怨起來：「還不如早早死在埃及。那時我們坐在肉鍋旁邊，吃得飽足；現在來到這曠野，遲早還不餓死！」亞衛曉諭摩西說：「我已經聽到以色列人的怨言。告訴他們：『黃昏時你們必有肉吃，早晨必有食物吃飽。』」

到了晚上，有鵪鶉飛來，遮滿了營地。早晨，野地裡出現了許多白如霜雪的小圓物，滋味如同帶蜜的薄餅，以色列人稱它為「嗎哪」⓭。他們一共吃了四十年的嗎哪，直到進了有人居住的

⓭ 嗎哪：希伯來原文意為「這是什麼」。以色列人從未見過這種從天而降的食物，故彼此問：「嗎哪？」

迦南之境。

從埃及出走的第三個月，以色列人在西奈山對面的荒漠裡安營紮寨。一天，亞衛告訴摩西，他要和以色列人立約。摩西命令全體人民洗淨衣服，齋戒三天，集合在西奈山腳下。突然，雷聲隆隆，電光閃閃，獨自上山的摩西消失在山頂的濃霧中。他在山頂停了四十晝夜，下山時帶回亞衛賜予的兩塊石板，上面刻有十條誡命⓮。

等候在山腳下的人們好久不見摩西歸來，就回到營地，他們對亞衛的信念動搖了，又想起在埃及祭拜過的神靈。他們把金耳環等飾物捐出來，鑄成一頭金牛犢，第二天，向金牛犢獻祭，圍著它大吃大喝，又唱又跳。

摩西從山頂下來，很遠就聽到震耳欲聾的喧鬧聲。他回到營地，看到這崇拜偶像的狂熱場面，氣得把刻有十誡的石板摔得粉碎。他又把那金牛犢磨成齏粉，撒在水面上，叫以色列人喝，還命令利未人殺死三千叛教的百姓。

營地秩序恢復正常後，摩西再次登上西奈山頂。亞衛重新授予他十誡，還賜給他一套法典和教規。摩西下山後，造出珍藏十誡的約櫃，建成停放約櫃的會幕，任命利未人在會幕裡當祭司，

⓮十條誡命：簡稱「十誡」，即，一、除了我以外，不可有別的神；二、不可雕刻偶像；三、不可妄稱上帝的名字；四、要守安息日為聖日；五、要孝敬父母；六、不可殺人；七、不可姦淫；八、不可偷盜；九、不可作假見證陷害人；十、不可貪戀別人的妻子、房屋、田地、僕婢、牛驢及其他東西（參見《出埃及記》；《申命記》）。

還選出一些人當法官、文書、教師、大夫和徵稅官。

離開西奈山後，以色列人在飢餓、瘟疫、內訌和外擾的磨難中又輾轉三十多年，最後終於來到約旦河的東岸。這時，摩西已一百二十歲高齡。他回顧自出埃及以來的艱難歷程，告誡眾人要忠於信仰，嚴守誡命，同心合力，謀求振興。他還選出約書亞作他的繼任人。安排好後事後，摩西獨自登上尼波山，在那裡與世長辭。

以色列人爲他哀哭三十天。喪期一過，他們就跟隨約書亞，西渡約旦河，向迦南進軍。（據《出埃及記》、《利未記》、《民數記》、《申命記》）

出埃及是希伯來民族史上具有劃時代意義的事件。儘管直接史料不足，不少學者仍借助其它材料初步證實了摩西史詩勾劃的歷史輪廓。

雅各家族遷入埃及後，由於農業欠收，更多的希伯來人也從迦南逃到那裡。當時，埃及正處於喜克索斯人的統治之下。

喜克索斯人是來自東北方的閃族部落，歷史上與埃及文化沒有聯繫。因而他們有可能對以色列移民在社會和宗教方面的自治生活採取寬容態度，以致希伯來人在安樂的環境中不斷繁衍發展起來。但因宗教觀點、風俗習慣和語言都不相同，希伯來人與埃及人不可能長久地魚水相融。《創世記》第四十三章三十二節載，甚至在約瑟時期，埃及人就「不與希伯來人一同吃飯，因爲這是埃及人所厭惡的。」

公元前十六世紀，喜克索斯王朝被推翻，埃及的民族主義大大滋長。再後，正如《出埃及記》卷首所言，希伯來人和埃及人的正常關係因一位法老的專橫統治而徹底結束，這位法老很可能是第十九王朝的拉美西斯二世（Rameses II，約前一三一七～前一二五一年）。

拉美西斯二世是一位野心勃勃的軍事家，他試圖征服亞洲，重建強大的埃及帝國。他選中包括歌珊在內的尼羅河三角洲，作爲東進的軍事基地。於是，定居於歌珊的希伯來人完全失去自由，進而被貶爲奴，被迫從事興建新設施的奴役性勞動。

隨後，他們遭到愈演愈烈的迫害，標誌之一即殺嬰敕令的頒布。接連不斷的欺壓，導致希伯來人的覺醒和反抗；摩西殺死埃及監工，逃往東方，就是他們奮起造反的一個信號。後來，希伯來人終於掀起大規模暴動，集體逃出埃及。他們越過紅海，穿過沙漠，歷盡千苦萬苦，最後到達「流奶與蜜之地」——迦南。

摩西史詩以現實情節和神話情節的穿插描寫，藝術地展現了上述的歷史過程。它熱情地謳歌了民族和社會的解放，「挑戰性地宣布了人類的權利」。它以反奴役、反壓迫的鮮明主題，在猶太文化史上占有一席特殊的地位，並產生了世界性的深遠影響。

「不論是擺脫外國的壓迫，還是從貧困和屈辱中解放出來，人們總是用以色列人遷出埃及的壯麗場景象徵一種可能的變化，即『奴役將轉化爲自由，黑暗將變爲光明。』所以，以色列歷史上這一決定性篇章——遷出埃及——逐漸變成了推動社會前進的神話。在一切可能的國家裡的某些歷史時期，它可以激發革命的激情，甚至能點燃革命的火種。」

摩西形象

在出埃及這幅壯麗畫卷的中央，屹立著一位傑出的英雄——摩西。摩西是指揮以色列人遷出埃及、橫跨西奈曠野、最終抵達迦南的民族領袖和軍事首領，又是猶太教的創造人、天才的立法者和卓越的行政管理人。

摩西的一生充滿緊張曲折的戲劇性經歷。他先在法老宮中生活四十年，接受了文學、歷史、政治、軍事等方面的充分教育，又在米甸放牧四十年，系統地思考了現實的宗教和社會問題，最後率領以色列人出埃及四十年，成就了震古爍今的豐功偉業。一生恰由三個四十年構成，顯然留下了民間藝人加工的痕跡。

摩西誕生於危難之中。他出生不久，就被棄於蘆荻叢裡，只因被埃及公主搭救，才倖免一死。這是民間文學記述英雄出世的常用手法。中國、日本和希臘都有類似的描寫：英雄一降生就面臨險境，只因隨後出現某種奇蹟，他們才逢凶化吉。

相傳，摩西自幼就蔑視法老。猶太史家約瑟夫斯（Josephus，約三七～一〇〇年）在《猶太古事記》中說，摩西三歲就身材出衆，俊美非凡，以致路人無不驚奇。法老無子，公主將小摩西置於父王懷中，懇請授以未來的王位。法老戲將王冠戴在小摩西頭上，哪知他竟把它拋擲於地，當鐵環踢起來。宮廷大臣見狀無不驚呼：「滅埃及者，此小兒也！」欲斬殺之。小摩西因被公主奪走，方得活命。

多年的宮廷教育使摩西掌握了古埃及的各門學問，爲他日後的成功奠定了堅實的知識基礎，但他卻未因此而被埃及人同化。成年後，他終於了解了自己的眞實身世。一種強烈的民族歸屬感使他恥於再與埃及人爲伍，而對苦難中的同胞抱以不盡的同情。此時的摩西血氣方剛，極具「路見不平，拔刀相助」的勇氣；他憤而打死埃及監工，就是突出的例子。

到米甸後，摩西在長期的放牧生活中日漸成熟，日漸成長爲卓越的宗教思想家。他每日手執牧杖，在曠野中孤獨地徜徉，內心卻因思考自然的奧秘、人與神的關係和民族的命運而時常激動不已。他常常登上山岡，極目遠望：西方是遼闊的沙漠，沙漠那邊就是埃及——同胞們正在那裡受苦；而東北方則是一片群山，群山後面有祖先的故鄉——樂土迦南。

一個宏偉的計劃在他心中逐漸成熟：把同胞們從埃及解救出來，領他們回到富饒的迦南。他深信這是希伯來人的保護神亞衛的意願。他決心已定：履行亞衛的旨意，回埃及去，拯救民衆！

回埃及後，摩西的一生揭開最壯麗的一頁：鬥敗法老，帶領同胞擺脫爲奴之境。他遵循亞衛之命，連降十大天災，迫使頑梗狡詐的法老俯首聽命；又揮師奇渡紅海，徹底甩掉埃及的追兵。大敵當前，摩西是優秀的軍事統帥；在民族內部，他又是出色的內政管理人。當有人因飢餓而懷念「埃及的肉鍋」時，他按亞衛的吩咐，讓他們吃到美味的鵪鶉和嗎哪；行軍途中，他還接受岳父葉忒羅的建議，任命一批有才之士作千夫長、百夫長、五十夫長、十夫長，授權他們審理各種中小案件，從而培育了未來新制度的最初萌芽。

首創猶太教，借助民族之神亞衛的權威震懾人心，團結民衆，以保證出埃及大業的實現，是摩西建立的又一奇勛。摩西帶領以色列人聚集於西奈山下，在盛大的宗教儀式中與亞衛莊重「立約」，使他們確信自己已成為優於萬族的神聖之民；他又以上帝代言人——即先知——的身份頒發「十誡」，使以色列各支派變為有法可依的宗教聯合體。當他發現有人祭拜金牛犢時，怒不可遏地殺死三千叛教者，顯示了維護新生猶太教的堅定意念。

作為天才的立法者，摩西不僅頒發了著名的「十誡」，還制定了成套的道德準則和民事法規，確立了詳盡的教義、教規、禮儀和信徒守則。這些律法鞏固了出埃及的成果，促使以色列人從一盤散沙的渙散狀態轉變成一個有組織、有規章的統一民族。

綜上可知，在聖經編纂者筆下，在猶太人的心目中，摩西是極受崇敬的開國元勛，摩西的一生從事了永垂史冊的偉大事業。

那麼，歷史上眞有摩西其人嗎？學術界對此衆說紛紜，莫衷一是。較能為人們普遍接受的觀點是：出埃及、創立猶太教一類的重大事件，無疑離不開一位摩西式的偉大人物——儘管此人有可能不是摩西。

英國學者約翰·布萊特（John Bright）發表過類似的見解：「雖然除聖經所載之外，我們對摩西的生活一無所知，而聖經所講述的細節也無從證明，但我們對他是以色列信仰的偉大創始者，如同聖經所描繪的那樣，卻不能有所懷疑。……出埃及和西奈事件，都需要一位偉大人物的領導。一種像以色列信仰這般獨特的信仰，正如基督教信仰（或伊斯蘭教信仰）一樣，是需要一位創立者的。若否認摩西擔任這個角色，我們就不得不另找一個同名的人來擔任。」

形式與技巧

多年來，不少人否認希伯來史詩的存在。他們讀慣了典範的希臘史詩和印度史詩，以為聖經文學中沒有類似的作品。這顯然是偏見，因為史詩不應只有一種固定模式。但這種看法也表明，希伯來史詩確有不少獨到之處。

首先，希伯來史詩篇幅較短。希臘的《伊利亞特》、《奧德賽》各長一萬多行，印度的《摩訶婆羅多》長十萬頌（一頌二行），《羅摩衍那》長二萬多頌——在這些鴻篇巨製面前，摩西史詩猶如一個小弟弟；除其中大段的律法條文外，全篇只有不足二千節（一節一至三行）。

其次，文體以文為主。希臘史詩和印度史詩皆由音韻鏗鏘、節奏感很強的詩體寫成，而摩西史詩主要是散文，只在不多幾處出現詩歌。（如《出埃及記》第十五章的《紅海勝利歌》、《申命記》第卅二、卅三章的《摩西之歌》、《摩西祝福以色列眾支派》等。）

再次，行文中雜入了大量律法條文。在希臘史詩和印度史詩中，除《摩訶婆羅多》的插話較多外，其餘三詩，內容都很集中，很少枝蔓。摩西史詩卻被編入各種律例條令，其中《利未記》、《民數記》、《申命記》三書的律令篇幅甚至遠遠超過故事情節。

以上是摩西史詩給人的直觀印象；其民族特色更顯著地表現在觀念形態上。

一般說，希臘、印度史詩都長於揭示「雙邊」矛盾——希臘史詩擅寫戰爭中的兩軍對壘，印度史詩擅寫兩大家族的王位之爭；相對於此，可以說，摩西史詩更熱衷於表現「三邊」關係——上帝亞衛、先知摩西和以色列民眾之間的關係。

故事開始後不久，亞衛呼喚摩西，讓他回埃及解救百姓；法老拒不聽命時，亞衛授權摩西降下「十災」，保證了百姓的遷離；百姓因飢渴而發出怨言時，亞衛讓摩西安慰他們，給他們提供食物和飲水；在西奈山，亞衛授予摩西「十誡」法板，讓他轉授給山下的百姓；後來，亞衛兩次要求摩西核查以色列男丁總數；摩西臨終前，亞衛又讓他寫詩教誨以色列民眾……

就這樣，摩西史詩展示了一個由「上帝——先知——百姓」構成的藝術舞台，在這個舞台上，上帝始終活動於幕後，但卻無所不知，無所不能，處處發號施令；先知居於前台的中心，而言行舉止卻往往表達上帝的意願；百姓被置於陪襯地位——他們愚昧麻木，不明事理，只是上帝藉先知眷顧和拯救的對象。

這裡所體現的，是迥異於希臘、印度史詩觀念的猶太教特產——上帝救贖論。

摩西史詩的特色還表現在塑造英雄形象的技巧上。在希臘和印度史詩中，英雄大多具有神性，如阿奇里斯是神與人結合之子，羅摩是大神毗濕奴的化身。他們都被賦予遠勝凡人的高超武藝、強健體魄和驚人智慧。而摩西的血統卻與神靈毫無緣分，他的父母是普普通通的利未人，連名字都未留下。他擔負起率眾出埃及的重任前，除以匹夫之勇打死一個埃及監工外，再無出眾之舉。亞衛要求他回埃及時，他深感自己對百姓缺乏感召力，且不善言談，拙口笨舌。

那麼，如此一個凡夫俗子，是怎樣被塑造成驚天動地的民族英雄呢？試舉出如下數條：

其一、摩西本身雖無神性，卻被亞衛一再授予施展神蹟的權能。

此類描寫遍及各處，堪稱俯拾可得。比如摩西回埃及前，亞衛諭示他如何將手杖變成蛇，再將蛇變爲手杖；使手上長滿大痲瘋，再使病手復原；把河裡的水倒在地上，讓水變成血。正是憑著這三大神蹟，他日後贏得了百姓的擁戴。

詩中另一處說，摩西從西奈山攜帶法板歸來時「臉上發光」，百姓見了他無不退避。這裡形象地描述了上帝、摩西與百姓的各自特點和相互關係：摩西因「臉上發光」而優越於凡民百姓，但他的「發光」卻是見到上帝的結果，即，光源在於上帝，摩西的光是從上帝那裡「借」來的。然而，因講述者一再鼓吹摩西的大能，史詩後部也出現了「神人摩西」的說法。

其二、史詩善用「反襯」手法刻劃英雄性格。

離開埃及前後，以色列人的勁敵是埃及法老。對待這一角色，講述者並沒有簡單化，而是濃墨重彩地強調了他的狡猾與頑固。摩西「以杖變蛇」與他較量，他也用相同的法術回敬摩西；摩西接連降下天災，他卻遲遲拒不降服，最後雖被迫讓步，但以色列人剛走，他又緊追不放。然而，道高一尺，魔高一丈，每次法老頑抗後，摩西都施以更有力的打擊，直至將他徹底制服。在這一曲折的過程中，詩章以法老的愚頑狂傲反襯出摩西的剛毅頑強。

此外，史詩還以族人的怯懦昏聵反襯摩西的堅定英明，如在與祭拜金牛犢者的衝突中，摩西的剛烈形象很大程度上是因有了叛教者們的反襯，才更加鮮明感人的。

其三、史詩長於渲染環境氣氛，以雄奇的自然景觀烘托英雄的非凡個性。

「西奈山立約」中有這樣一段描寫：

> 第二天早晨，雷電交加，密雲翻滾，號角聲大震。營裡的人們聽到後無不發抖。摩西率領他們走出帳棚朝見上帝。他們都站在山腳下。整個西奈山被籠罩在煙霧中，因爲亞衛在火

光中降臨。這煙霧像石灰窯中的濃煙滾滾升騰，全體人民無不震驚。

這時，號角的聲音越來越響。摩西講話，上帝用雷電回答他。亞衛降臨在山頂上，摩西也上了山……（《出埃及記》）

這裡，高聳入雲的山頂，環繞著山頂的雷鳴、電閃、密雲、角聲、火光、煙霧……融匯成一幅崇高、威嚴、神秘、超越的藝術畫卷。衆人都在震驚、發抖，而摩西卻從容不迫地走在人群前面，鎮定自若地與上帝對話，最後大步攀登上山，去履行神聖的使命……英雄的崇高形象，就在這壯美、奇異的景象中，豁然明朗了起來。

作者與成書過程

摩西史詩出自多人手筆，成書過程長達數百年——這一觀點已被今人普遍接受。然而，得出這一結論，卻經歷了漫長年代中的諸多周折。

按猶太人的傳統觀點，全部「五經」（自《創世記》至《申命記》）皆爲摩西所寫。公元一世紀的猶太史家約瑟夫斯和哲學家斐洛（Philo，約前廿~後五十年）即持此說。

到十一世紀時，名爲以撒和以斯拉的兩位猶太拉比大膽提出，「五經」中的一些章節不可能出自摩西之手，比如《申命記》第卅四章五至八節——此處寫了摩西的死和以色列人的哀悼活動。這之後，猶太人大多承認「摩西之死」等段落是後人增補的，但其它部分仍爲摩西所作。

十六世紀宗教改革之前，基督教基本上同意猶太人的觀點。宗教改革後，馬丁・路德等宗教領袖進而指出，「五經」的更多段落不會出自摩西之手，如《民數記》第十二章三節稱「摩西爲人極其謙和，勝過世上的眾人。」《申命記》第卅四章十節稱「以後以色列中再沒有興起像摩西這樣的先知。」——它們分別是旁人和後人對摩西的評價。但馬丁・路德等人大體仍認爲，「五經」的作者是摩西。

此後一、二百年，越來越多的學者對「五經」作者提出新的質疑。他們發現：

一、書中對同一事件常有兩種或更多的說法，如亞衛兩次向摩西啓示上帝的名字（《出埃及記》），兩次委派他回埃及（同上卷）。

二、故事中有不少前後矛盾的記載，如摩西岳父的名字在《出埃及記》第二章十八節中是「流珥」，在隨後的第三章一節及其它幾處是「葉忒羅」，在《民數記》第十章廿九節又成了「流珥的兒子何巴」。

三、年代記載多處難以自圓其說，如《創世記》第廿五章廿六節說以撒生以掃、雅各時年齡六十歲，第廿六章廿四節說以掃娶妻時四十歲，緊接著寫以撒臨終前祝福雅各（這時以撒應是一百歲），但第卅五章廿八節又說，以撒去世時是一百八十歲。照此推算，以撒彌留之際，在臥榻上竟躺了八十年！

鑒於以上種種難題，「五經乃摩西所作」之說逐漸爲人們所放棄。繼之而興起的，是對「五經」材料來源的科學考察。

一七五三年，法國醫生阿斯特魯克（Jean Astruc，一六八四—一七六六年）發現，《創世記》對上帝有「伊羅欣（Elohim）」和「亞衛（Jahweh）」兩種稱謂。他假設摩西著書時手邊有一些不同的文獻，主要是「伊羅欣卷」和「亞衛卷」兩種不相統屬的資料。

二十多年後，德國人艾希荷恩（J.G. Eichhorn，一九五二—一八二七年）又將阿斯特魯克的假說推及到全部「五經」，並認爲摩西不是「五經」的作者。他們的方法爲「五經」研究開闢了新途徑。

隨後一個世紀，又出現「早期底本說」（認爲「五經」乃由若干底本拼合而成）、「殘篇說」（認爲「五經」是由許多簡短獨立、又常常相互矛盾的零碎傳說編纂而成）和「補充說」（認爲「五經」只有一個主要來源，後來又插入一些零碎材料）等不同觀點。

在此基礎上，德國聖經學者威爾豪森（**Julius Wellhausen**，一八四四—一九一八年）提出「**J.E.D.P.四底本說**」。

威氏認爲，「六經」（「五經」連同《約書亞記》）編纂時應用了**J.E.D.P.**四種主要文獻。

「J.」是「亞衛卷」的縮寫。該卷於公元前九世紀寫於南國猶大。描寫從上帝創世到摩西去世的歷史，以及約書亞爲占領迦南而進行的戰鬥。

「E.」是「伊羅欣卷」的縮寫。它比J.卷遲約一百年，寫於北國以色列。內容是從亞伯拉罕被召，至約書亞占領迦南的以色列民族簡史。

「D.」是希臘文**Deuteronomion**（原本《申命記》）的縮寫。該卷又稱「申典」或「D典」，約當於今傳《申命記》的基本部分。它以摩西在摩押平原給以色列人作三篇講演爲形式，回顧四十年的曠野經歷，重申舊法，並予補充，勸戒族人恪守盟約，一心事奉上帝。寫於猶大國王約西亞改革期間（前六二二年左右），假托摩西之名頒布。

「P.」是德文 Priestercodex（意謂「祭司經卷」或「祭典」）的縮寫。該卷由先知以西結的門徒於公元前六世紀中葉在巴比倫編成，內容是各種民事律法和祭禮規定，見於現存的《出埃及記》、《利未記》、《民數記》三卷書中。

以上四種文獻經過幾百年的交融滙合，到公元前五世紀，最後編成傳世的「六經」各卷。後來，威爾豪森的觀點逐漸爲多數新教聖經學家所贊同，並予進一步發展完善。今天，它也爲了解摩西史詩的作者和成書經過提供了極重要的參考意見。

歷史與神話的奇妙融合
——史傳文學

神話、傳說、史詩之後，聖經中出現的是史傳文學（亦稱歷史文學）。

「只有進入正式的歷史時代之後，才能產生歷史文學，歷史文學要求寫眞人眞事。神話主要寫神的故事，想像和幻想是主要成分，雖然它也反映自然界和人類社會的情況；傳說寫的是半神半人的故事，想像的成分和現實的成分參半；史詩寫的基本上是社會歷史的進程，歷史的事實勝過想像傳說的成分；歷史文學則要忠實於現實，但因為它也是文學範疇的作品，便不能沒有想像為之輔。」（朱維之：《古希伯來文學》）

但應當注意，聖經史博文學中的想像不只是一般意義上的想像——設想未知事物的具體形像，還是一種「神話式」想像——設想神靈與人的種種交往。這使史傳文學呈現出顯見的神話意味。

聖經史傳文學一般指《約書亞記》、《士師記》、《撒母耳記》（上、下）、《列王紀》（上、下）、《歷代志》（上、下）、《以斯拉記》、《尼希米記》十卷歷史書。依作者、成書時間和內容的差異，它們可分為兩組：申命派史傳文學（《約書亞記》到《列王紀》）和祭司派史傳文學（《歷代志》至《尼希米記》）。

形成與發展

聖經史傳文學是在族長傳說和摩西史詩的基礎上逐漸形成的，發展歷史長達近千年。摩西辭世後，約書亞率衆攻入迦南。嗣後二百來年，以色列各部落在士師的領導下與當地及外來民族進行了長期抗戰。此時期產生了許多關於約書亞和士師們的傳說故事，其中一些流傳下來，成爲《約書亞記》和《士師記》的基本素材。

公元前十一世紀末，「以色列——猶大」聯合王國建立。王國的建立將獨立爲政的以色列十二支派組合成一個強大的政治統一體，也爲民族文化的發展創造了良好條件。

大衛秉政後，隨著王國領土的迅速擴張，政府機構不斷擴大，官員逐漸增多，分工也日趨細密。文職官員中出現了輔佐國王處理政務的宰相、書記、先知，管理宮廷檔案的史官，以及起草各種文告的秘書和文士。他們因國家的繁榮興盛而振奮，便默默無聞地寫出各種史傳，爲自己的民族樹碑立傳。

自王國建立至分國前期（公元前十一世紀末至前八世紀下半葉），史官、文士們除將一批前代傳說筆錄成文外，還表現出對當代生活的濃厚興趣。他們爲大衛、所羅門等君王作傳，寫出「以色列諸王紀」和「猶大列王紀」，記下先知以利亞、以利沙等的傳奇事蹟，編訂出國家的編年史，並對現實的經濟、政治、貿易、宗教、軍事、外交等活動作出記載。

這些文件因尚未受到猶太教祭司們的刻意加工，大多給人留下「其文直、其事核、不虛美、不隱惡」的印象。它們爲《撒母耳記》和《列王紀》的成書提供了原始資料。

公元前八世紀末至前六世紀中葉，希伯來歷史上出現一場歷時長久、影響深遠的宗教改革，史稱「申命運動」。

「申命運動」得名於猶大國王約西亞（約公元前六三八～前六〇八年在位）頒布的一部法典——「原本《申命記》」。（學者們基本同意，這部法典即《聖經・申命記》的核心部分。）「申命運動」興起的直接原因是公元前七二二年北國以色列淪亡、南國猶大也危在旦夕的政治形勢。空前嚴重的民族危機迫使猶大當權者不得不實行重大改革，以挽回日暮途窮之勢；阿摩司、以賽亞等先知提出的較徹底的一神論，則爲改革提供了有力的思想武器。

一神論的顯著特徵之一是極力強調亞衛上帝在希伯來歷史中的決定性作用，而這也正是「申命派史家」編撰史傳文學的主導思想。

申命派史家的主要功績是編出《約書亞記》、《士師記》、《撒母耳記》、《列王紀》四卷書。此前，自約書亞征服迦南至分國初期的歷史雖已有人進行過局部編纂，但總體上仍然支離破碎；加之過去的材料觀點陳舊，要麼「世俗氣」太濃，要麼雜有種種「異端邪說」，總之無法適應改革時期補偏救弊的需要。

因此，申命派史家以新的觀點將舊有資料重新編訂，並作了若干重要加工，如，清除異神崇拜的記載，突出亞衛神與希伯來民族的關係；贊美大衛家族，宣稱大衛王朝的建立是亞衛對希伯來人許諾的應驗；精心記述耶路撒冷聖殿的建造；以對待亞衛的態度評判列王之功過等。

申命派史傳文學雖因神學觀念的加強而導致眞實性的降低，但較之《歷代志》等作品，它們

（尤其《撒母耳記》和《列王紀》）的史料價值依然較高。

這是因爲，這批作品的主幹是王國興衰史，而有關王國的原始資料大多都是事件發生當日或不久後的實錄，可靠性較強；這些資料往往自成系統，有其自身的觀念邏輯，編纂時不易隨便更改；編寫者本人的生活年代與所述時代相去不遠，對某些人所共知的重大事件難以隨意竄改，等等。另外，編寫者身爲南國文人，明顯流露出對大衛王朝的偏愛，因而即使寫到大衛、所羅門的缺點，（如大衛謀殺烏利亞、強占拔示巴，所羅門濫拜異神。）也不讓他們按常規遭受懲罰。

「巴比倫之囚」事件之後，希伯來人喪失了爲期四百餘年的獨立國家地位。在隨後數百年仰人鼻息的屈辱生涯中，一種新的社會結構——由祭司領導的、政教合一的神權政體逐漸發展起來。在這種政體中，祭司取代王族成爲民眾的代言人和管理者，他們不僅處理現實的宗教和內政問題，還熱心編訂各種文化古籍、重修歷史，以達到鑒古知今、警世喻民的目的。祭司派史家修史階段（公元前六世紀下半葉至前四世紀末）就是在這一背景下到來的。

祭司派史家的主要成就是編訂了《歷代志》、《以斯拉記》和《尼希米記》三卷書。這三卷書在希伯來聖經中本爲一卷，到「七十士」希臘文譯本中才一分爲三。

從書中透露的線索可知，編訂者當時接觸過大量前代資料，除摩西五經和申命派史傳文學外，還有《猶大和以色列諸王紀》、《大衛王記》、《先知撒母耳的書》、《先知拿單並先知迦得的書》、《示羅人亞希雅的預言書》、《先知示瑪雅和易多的史記》、《列王的傳》、《先知以賽亞的默示書》、《何賽的書》、《哀歌書》，以及以斯拉、尼希米的回憶錄等。

編訂者從眾多材料中精選出自己所需者，然後按時代發展順序，從「人類始祖」亞當一直寫到以斯拉、尼希米活動時期（公元前五世紀中、後葉）。全書以大量篇幅記述始自大衛、所羅門的南方部族的變遷，把北國以色列幾乎完全擱置一旁。書中對耶路撒冷聖殿和各種宗教儀禮津津樂道，表明編訂者很可能在聖殿長期供職。

祭司派史家在思想觀念上雖與申命派一脈相承（二者都以比較成熟的一神論解釋歷史），但在不少方面又有自身的特點。如果說申命派面臨的主要任務還是清除早期異教邪說、彰明一神論歷史觀的話，那麼到了祭司派時，史傳文學的重心已轉向對遵奉各種宗教儀式的強調。

在祭司派筆下，大衛家族成爲耶路撒冷聖殿的創建者而得到刻意描寫，大衛、所羅門的論點甚至被一筆勾銷；表現於申命派史傳文學中的政治色彩減弱了，代之而來的是更濃的宗教氣息。因此不妨說，祭司派史傳文學的重心並不是講史，而是借助某些歷史事件進行神學說教。希伯來聖經把它們編入「作品集」（而非重在講史的「早期先知書」），便說明了這一點。

造成二者差異的原因並不難發現：申命派史傳文學畢竟出自猶大國史官之手，而祭司派史傳文學產生時，希伯來人已完全喪失政治主權，修史者也由史官轉變爲猶太教的祭司或文士。

繼摩西五經之後，上述兩批作品於公元前三〇〇年左右正式確定爲猶太教的聖經。

基本特徵

聖經史傳文學在歷史觀念、處理人物與事件的方式、文章體裁等方面，都有與衆不同的鮮明特徵。聖經史傳文學是以神學唯心史觀的獨特面貌躋身於世界文化之林的。編纂這些作品的申命派和祭司派史家以猶太一神論解釋了希伯來人的全部歷史。在他們看來，亞衛上帝是全世界的「唯一眞神」，他創造自然萬物，也創造人類；管理希伯來人，也管理萬國萬族；關注物質發展，也關注精神聖潔。在這種觀念支配下，他們極力將一部人的發展史寫成神的「創造——揀選——懲罰——救贖」史。

晚期希伯來史家都將祖先的血統上溯至亞當（參見《歷代志》一：一），從而把本族的起源與上帝的創世聯繫起來。其後，他們說，上帝眷顧希伯來人，在萬族之中唯獨揀選了他們的族長；當遭到埃及法老的壓迫時，他用「大能的手」保護他們擺脫苦難；在西奈曠野他與「子民」訂立盟約，應許他們世代繁榮昌盛；進入迦南，他興起大衛作王，並賜給他一個強大的王國。他雖不時地懲罰子民，但這完全是他們常常追隨邪神、犯罪作惡所致；他雖以最殘酷的方式——使子民淪爲「巴比倫之囚」來制裁他們，但又始終不忘救贖他們；他膏立波斯王古列，令其遣送子民回歸故土，又應許一位全能的救主——「彌賽亞」⓯降臨；到世界末日，他將最後賞善罰惡，建立起彌賽亞統治的永恆國度——這樣，歷史變異成了神話，亞衛成了這部宏偉神話的主人公。

然而，這些典籍又不能等同於眞正的神話。它們記述的不是神的譜系、神的家族關係、神與神之間或神與文學人物之間的故事，而是神與一個現實民族的交往。既是如此，它們就不能不以

⓯ 彌賽亞（Messiah）：原意爲「受膏者」。希伯來人封立君主時要在受封者額上敷以膏油，故名。這裡指上帝派遣的救主。

這個民族的基本史料為立足點，因此也就必定在一定程度上表現出某些眞實性；比如，大衛王朝的史傳就具有較強的可靠性。

既然亞衛上帝躍居主人公地位，現實人物自然只配充當輔助角色，歷史事件也只能依據宗教需要進行選擇和評判。具體表現有：

其一、描寫英雄，但不刻意渲染英雄。

聖經史傳文學塑造了一批英雄，大多活動於自征服迦南至聯合王國時代，如約書亞、以笏、底波拉、基甸、耶弗他、參孫、撒母耳、掃羅、大衛、所羅門等。分國後雖相繼記述了國王和其他民衆領袖數十人，但他們大多因「背逆亞衛」而橫遭指責，只有以利亞、以利沙等不多幾人幸得首肯。

統觀之，聖經中沒有神乎其神的蓋世英雄。即使聲名最著的參孫、大衛和所羅門，也各有瑕疵，無一盡善盡美。參孫是好色之徒，由於貪戀女人而為敵所擒，身陷囹圄；大衛為強占人妻，甚至不惜借刀殺人；所羅門晚年失節，濫拜異神，也招致亞衛的不悅。

當然，既然是英雄，就必有英雄業績。而寫到他們的非凡之舉時，編訂者又千方百計地將其歸於亞衛的神力。參孫準備與敵人同歸於盡之際，只因求告了亞衛，才獲得超人之力；大衛之所以創建了豐功偉業，是因為「亞衛的靈降到他身上，給予他很大的能力。」所羅門以智慧著稱，其智慧也是亞衛的恩賜。

總之，為了突出亞衛的中心地位，本末倒置，喧賓奪主的事是不允許出現的。

其二、從宣揚教義出發，決定對歷史人物的褒貶態度。

除大衛、所羅門等少數特例外，史傳文學評價人物時往往不是依據其政治上的建樹，而是看他對待亞衛是否虔誠。比如，暗利（公元前八八七～前八七六年在位）是北國一位重要的國王，「他的政治天才比以色列任何其他君王都更接近大衛。」羅賓遜：《以色列簡史》他在撒瑪利亞興建京都，與腓尼基人聯盟，大大擴充了北國領土，「他給同時代人留下的印象是那麼深刻，以致他死後許多年，亞述人仍舊稱以色列爲『暗利之地』。」但聖經對暗利的記載卻只有幾節，原因是他「比以前的幾個王還要壞，他拜祭假神，……觸怒了亞衛。」（《列王紀（上）》）

另一位國王耶羅波安二世在位時（公元前七八五～前七四五年），「以色列達到自王國分裂以來最強盛的境地。」但因他「做亞衛視爲惡的事」（《列王紀》下十四：二四），也被史家一筆帶過。與此相反，在記述「盡心盡性盡力地歸向亞衛」的猶大王約西亞時，史家卻大書特書，現存經文達五十節（《列王紀（下）》），數倍於暗利、耶羅波安二世篇幅的總和。

其三、以宗教需要爲尺度，決定歷史事件的取捨和剪裁。

最典型的例證是《歷代志》。其編訂者關注的中心事件是耶路撒冷聖殿的設計、建造與崇拜活動，因而記述此事的篇幅長達十餘章；而恰成對照的是，此書開頭十章雖覆蓋數千年（亞當直到掃羅之死），但幾乎是清一色的族譜，很少寫到具體事件。

《列王紀》也有類似情況。先知以利亞、以利沙並非國王，按理不應與以色列、猶大諸王並列，但因他們極力維護亞衛信仰，堅決反對巴力迦南人拜祭的主神崇拜，便備得編訂者青睞；其事蹟連綿延續了十三章，占全卷總章數的將近三分之一。

依本書慣例，「壞國王」的記載一般都很短，而與以利亞同時期的以色列王亞哈（公元前八七六～前八五四年在位）雖「比先前諸王的惡行更其甚，大大地觸怒了亞衛。」（《列王紀（上）》）卻也因反襯以利亞的需要而一寫再寫。

聖經史傳文學的文體特色是編年體與紀傳體相結合。如前所述，聖經史傳文學有申命派和祭司派兩大系統。

申命派上承摩西五經中的歷史傳說，從征服迦南寫起，經士師時代、王國時代、分國時代、耶路撒冷陷落，一直寫到淪亡初年，基大利被任命爲總督及其被殺。

祭司派的主體部分與申命派平行，此外又增補一頭一尾——開頭將大衛家族的譜系追溯至人類始祖亞當，結尾延續到公元前五世紀中、後葉的尼希米、以斯拉改革時期。

這兩派史家都很注意歷史事件的先後順序，都把每個君王的血統及在位時間清楚注出；寫到分國階段時，每當一國新王登基，都要標明當時是另一國某王在位的第幾年，這就在整體上具備了編年體的特點。但這些書卷又不像《春秋》、《左傳》那樣落筆必稱「某公某年」，而是不時插入一些年代不詳的傳說故事和其它材料，從而又體現出紀傳體的某些特徵。

人物畫廊

對讀者來說，聖經史傳文學的主要魅力來自其中的一批英雄人物。他們是：征服迦南時期的約書亞、俄陀聶、以笏、底波拉、巴拉、基甸、耶弗他、參孫，統一王國時期的撒母耳、掃羅、大衛、所羅門，分國時期的以利亞、以利沙等。其事蹟擇要介紹如下：

先看約書亞征服耶利哥城的故事——

約書亞率衆來到自恃堅不可摧的耶利哥城前，先派兩個偵探，混進城裡偵察敵情。偵探完成任務後，在妓女喇哈的保護下返回營地。

幾天後，約書亞讓以色列人抬著亞衛的約櫃，每天繞城巡行一圈，一連六天。被圍在城裡的耶利哥人看到以色列人的遊行隊伍，不解其中奧秘，不禁惶惶不安，惟恐大難臨頭。

第七天，約書亞決定發起總攻。這回他讓以色列人繞城巡行了七圈。前六圈跟前六天一樣，不聲不響，但到第七圈時，祭司吹起了號角。

約書亞對百姓說：「呼喊吧，亞衛已把這城交給你們了！……」於是衆人齊聲呼喊起來，喊聲震天動地。

隨著號角聲和呼喊聲，耶利哥的城牆驟然倒塌！以色列人一擁而上，攻入城中，除妓女喇哈一家外，不分男女老幼，見人就殺，連牲畜也不放過。顯赫一時的耶利哥城轉眼化爲一片廢墟。

再看以笏刺殺摩押王的事蹟。

摩押王伊磯倫聯合亞捫人和亞瑪力人強占了以色列人的土地，欺壓以色列人十八年。以色列人呼求亞衛拯救，亞衛就把重任交給以笏。

以笏是個左撇子，他打了一把利劍，藏在右腿上，外披一件斗篷，帶了禮物去見伊磯倫。伊磯倫在侍從們的簇擁下，懶洋洋地坐在王位上。以笏獻完禮物後，請求伊磯倫叫左右迴避，說是有重要機密要向他單獨面奏。伊磯倫信以爲眞，便示意左右退下。

等左右迴避後，以笏以迅雷不及掩耳之勢抽出利劍，刺入伊磯倫的胸膛，連劍把都刺了進去。伊磯倫一聲未響就癱倒在地。以笏鎖好房門，悄悄溜走。過了半晌，侍從們不見動靜，心生疑竇，才打開房門。一看，伊磯倫早已斷氣。以色列人乘機起義，殺死摩押人約一萬，獲得解放。

聖經史傳文學還記載了一位威震敵膽的女英雄——底波拉。迦南王耶賓統治時，底波拉作以色列的士師。她深感重任在肩，就發動人民奮起鬥爭。她從基低斯召來英勇善戰的巴拉，讓他當以色列義軍的統帥。這時，迦南人的將軍西西拉率戰車九百輛，進入基順河谷。巴拉指揮義軍發起猛攻，把迦南人打得亂作一團，一敗塗地。

西西拉倉惶逃竄，想到基尼人希百的家裡躲起來。希百不在家，希百的妻子雅億把他迎進帳棚。他喝點羊奶，躺下便沉沉入睡。雅億拿了釘帳棚的木橛和錘子，悄悄走到他跟前，將木橛釘進他的太陽穴，一直釘到地上。

以色列人越戰越勇，不久也將迦南王耶賓殺死。

底波拉和巴拉作了一首贊歌，頌揚以色列人打敗迦南人的功勛。歌中有一段歌詞，想像了西西拉的母親如何驚惶不安地等待著兒子的歸來：

> 西西拉的母親從窗户向外觀看，從窗櫺中呼喊：「他的戰車爲何遲遲不歸，那車輪爲何轉得那樣慢？」
>
> 聰明的女僕安慰她，她也自言自語地說：「莫非他們正在均分戰利品？每人分得了一兩

個女人。西西拉分到一件彩衣，兩邊繡花，是從一個戰俘身上搶來的。」

此後，國中太平了四十年。

基甸率領三百名戰士襲擊米甸軍營一戰，是聖經史傳文學中又一精彩片段——

米甸人在西利拉平原紮下營寨，亞衛吩咐以色列士師基甸偷襲他們。基甸從三萬二千人中選出三百精兵，組成一支突襲隊；又把他們分成三隊，每人發給號角和空瓶，空瓶中藏著火把。夜幕降臨後，基甸帶領突襲隊下山，從三面把米甸軍營包圍起來。

午夜時分，米甸人正在酣睡，基甸發出進攻號令。三隊士兵都打碎瓶子，取出燃燒的火把，並吹響號角，大聲吶喊。米甸人從睡夢中驚醒，慌亂之中自相殘殺起來；繼而狼狽不堪地落荒而逃。以色列人乘勝追擊，殺死米甸人無數，其中包括兩個首領。

耶弗他奉獻女兒的故事也很感人——

基利人耶弗他作士師時，亞捫人力量強大，難以對抗。耶弗他向亞衛許願說：「你若把亞捫人交在我手中，我得勝回來時，一定把第一個從家門出來迎接我的人，祭獻給你。」

再次交戰，亞衛使耶弗他得勝，攻取了亞捫人的二十座城。耶弗他凱旋而歸，回到家鄉。哪知第一個出門迎接他的，竟是心愛的獨生女兒！她敲著手鼓，又唱又跳。

耶弗他頓時悲慟欲絕，他撕裂衣服，痛哭流涕地說：「女兒呀，你使我憂心如焚！我已向亞衛發誓，把第一個出來迎接我的人奉獻給他。我許的願怎能挽回呢？」女兒回答說：「父親啊，你既已向亞衛開口，就應當履行誓言，因為亞衛已使你在仇敵亞捫人身上報了仇。」她只請求一件事，就是讓她和女友上山居住兩個月，哀哭自己終爲處女。耶弗他同意了。

兩個月後，女兒歸來，耶弗他忍痛向亞衛還了願。此後以色列人中有個規矩，姑娘們每年都爲耶弗他的女兒哀哭四天。

力士參孫的故事更爲著名——

參孫是但族婦女瑪娜亞的孩子，因亞衛施恩而生。他自幼就身強力壯，膂力過人，且非常機智。他曾赤手空拳撕裂一頭獅子，還用驢腮骨打死過一千非利士人。但他有個弱點，就是貪戀女人，一旦迷上女人，就像綿羊一樣溫順。

一次，在梭烈谷，參孫墜入一個名叫大利拉的非利士女人的情網。非利士首領讓大利拉探聽參孫力大無比的秘密，說事成後必有重賞，大利拉一口答應。

參孫又來幽居時，大利拉問：「你因何有這麼大的力氣？用什麼辦法才能制服你？」參孫戲答：「若用七條未乾的青繩子捆我，我就會像凡人一樣軟弱。」非利士首領送來七條未乾的青繩子，大利拉趁參孫睡覺時將他捆住。哪知參孫醒來輕輕一掙，青繩子就像細線一樣斷爲幾節。如此一連三次，大利拉都未探出參孫的底細。

後來，大利拉天天追問，參孫心煩意亂，就把秘密泄露出來：「若剃了我的頭髮，力氣就會離開我，我就會像別人一樣軟弱。」大利拉讓參孫枕著她的膝睡覺，找人剃掉了參孫頭上的七條髮綹，於是力氣就離開了他。

非利士人捉住參孫，剜出他的雙眼，讓他在監牢中推磨，當驢作馬。但不久後，參孫的頭髮又長了起來，而頭髮正是他力量的源泉。

非利士人俘獲參孫後欣喜若狂，決定在神殿裡設宴慶祝。他們把參孫帶到大殿，對他進行百般侮辱和奚落。這天，四周圍觀者達三千人，非利士首領們也在其中。

雙目失明、滿腔仇恨的參孫慢慢靠近大殿中央的兩根柱子，默默求告亞衛說：「亞衛啊，求你眷念我。上帝啊，求你再賜我一次力量，使我在非利士人身上報剜我雙眼的仇。」接著他兩手各抱一根柱子，大吼一聲：「我情願與非利士人同死！」猛地將大柱推倒。大殿頃刻倒塌，把三千非利士人全部壓死，參孫也同歸於盡。就這樣，參孫死時殺的人比活著時殺的還多。

聖經史傳文學中最傑出的篇章是國王大衛的傳記。本書將有專文評介。

最後，再看看所羅門的兩個小故事——

所羅門以智慧聞名，不僅博學多能，而且善斷疑案。

一天，兩個婦女前來告狀，一個說：「我與這女人同住一處。我生孩子後第三天，她也生了孩子。夜間她睡覺壓死了自己的孩子，就乘我熟睡之機，把死孩子放在我懷裡，將我的活孩子換了去。早晨醒來，我給孩子餵奶，發現孩子死了，又仔細一看，這哪裡是我的孩子！」另一個說：「不，活孩子是我的，死孩子是她的，是她用死孩子偷換了我的活孩子！」

兩人互不相讓，眞假難辨。所羅門思索片刻，說：「拿刀來！將活孩子劈成兩半，一半給這婦人，一半給那婦人！」一個婦女聽後大驚失色，說：「求我主將活孩子給那女人吧，萬萬不可殺他！」另一個則說：「這孩子誰也別要，劈了算啦！」

所羅門聽後，指著哀求留下孩子性命的婦人說：「這活孩子應該給她，她才是眞正的母親。」（以上據《約書亞記》、《士師記》、《列王紀》上）。

民俗學家布雷多克（Joseph Braddock）講述過所羅門的另一個傳說：智娶示巴⑯女王。

相傳，所羅門的榮華聞名四海，美貌絕倫的示巴女王慕名前往拜訪。所羅門被她的姿色迷住，暗自盤算，一定要把這美人搞到手。

他邀請女王出席宴會，會前密令在宴會的菜餚裡加入過量的調料——這樣女王吃後必定會感到口渴。宴會結束後，所羅門建議女王睡在宮裡。女王猶豫一陣後，同意了這一請求，但要求所羅門發誓，不得侵犯她的貞操。所羅門欣然應允，但也要女王起誓，決不拿宮裡的任何東西。女王也答應了。

王宮臥室的兩端分別擺了兩張床，女王走到一端，上床睡覺。她半夜醒來，感到口渴難忍，忽然發現臥室的中央擺著一個水罐。她猜想臥室另一端的所羅門肯定已鼾然入睡，便走下床去取水喝。這時所羅門從床上一躍而起，把她摟住，責怪她打破了自己的誓言。女王爭辯道：「水不應該算是東西！」所羅門反駁說：「世上還有什麼比水更可貴呢？」就這樣，他也打破了自己的誓言。後來，所羅門將女王納娶爲妻。

這個傳說雖不屬聖經史傳文學。但因饒有風趣，頗能顯示所羅門的聰慧性格，也收錄於此。

兩千年來，上述英雄故事對後代文化產生了十分深遠的影響。七世紀初，穆罕默德創立伊斯蘭教時，就曾多次借用大衛、所羅門（即《古蘭經》中的達伍德、素萊曼）的故事，宣傳新的宗教主張。

⑯示巴：南阿拉伯一古國，約當於今葉門。

十七世紀，英國大詩人彌爾頓以參孫故事為題材，創作出長詩《力士參孫》，鼓勵資產階級把革命進行到底。

十九世紀，英國浪漫主義詩人拜倫寫了名詩《耶弗他的女兒》、《掃羅王最後一戰的戰前之歌》，抒發濃烈的愛國熱情。

約書亞、參孫、撒母耳、掃羅、大衛、所羅門的典故還被馬克思、恩格斯多次引用，論證當時的現實問題。如馬克思在《路易．波拿巴的霧月十八日》中說：「顯然，民主黨人是相信使耶利哥城的牆壁應聲倒塌的喇叭聲音的力量的。每當他們站在專制制度的牆壁面前時，他們就力圖重複這個奇蹟。」

馬克思認為，在神話中，耶利哥城牆被吹倒了，但在現實中，專制制度的城牆是不可能吹倒的。他借此典故，嘲諷了那些幻想只憑議會上的喊聲就能推翻專制制度的民主黨人。

性格豐厚的「複色」英雄
——大衛形象

大衛是希伯來民族史上最著名的國王，在位時間約爲公元前一〇一三至前九七三年。他登基稱王時，以色列正處於嚴重的歷史關頭：來自地中海東岸島嶼的非利士人與以色列激烈爭奪迦南之地。（迦南今名「巴勒斯坦」，即得自非利士人，原意是「非利士人的土地」。）

前任國王掃羅在抗擊非利士人的戰場上不幸身亡。掃羅死後，國內局勢動蕩不安，一度形成南北分治局面。

大衛以一個天才政治家和卓越將領的形象登上歷史舞台，早在掃羅時期，就在南方的猶大部族培植起自己的政治勢力。掃羅死後，大衛以希伯崙爲中心建起猶大王國。此後七年，戰勝統治北方的掃羅之子伊施波設，將南北兩方統一於自己的鐵腕之下。接著，又率軍擊敗非利士人，並向亞捫人、摩押人、亞瑪力人和以東人發動多次征戰。

僅僅二、三十年光景，他就利用南北兩大強鄰埃及和亞述的暫時虛弱，建成一個疆域遼闊的強大王國。

在國內，大衛定都天然山寨耶路撒冷，將亞衛上帝的約櫃運到那裡，使之成爲希伯來人的宗教聖地和政治文化中心；還推行許多加強國王統治的重要措施，如，設立以宮廷衛隊「基伯爾

（英雄）」爲核心的常備軍，任命自己的侄兒押尼珥爲元帥；向百姓徵收賦稅、攤派勞役，以滿足國家在資金和勞力方面的需求，等等。

此外，大衛還是一個能詩善文的才子，猶太人咸信，《詩篇》中的作品確有不少是他親筆所寫。

大衛的傳記洋洋數萬言，居聖經人物傳記之首。它們從不同的側面記述了這位古代君王的一生，展示了豐厚而複雜的獨特個性。

限於篇幅，本文不可能對全部傳記作出面面俱到的分析，下面只介紹幾個較精采的片段——大衛與歌利亞、大衛與掃羅、大衛與拔示巴、大衛與押沙龍，以求讀者對大衛形象有一斑窺豹的初步了解。

大衛與歌利亞

掃羅稱王年間，非利士人常與以色列交戰。

一天，非利士營中衝出一員大將，名叫歌利亞。他體魄魁偉，熊腰虎背，頭戴銅盔，身披鎧甲，向著以色列人高聲叫罵：「你們誰敢出來與我較量？」掃羅和手下衆人個個惶恐，無人敢應。掃羅懸賞將卒：有擊殺歌利亞者必賜大財，並將國王之女許他爲妻。但仍然無人出陣。

這時，大衛還是個牧羊的少年。他到掃羅營中給三個哥哥送飯，見此情景，十分氣憤，便找到掃羅，要求出陣。掃羅看他稚氣未脫，就勸他別去送命。

大衛回答：「我牧羊時曾打死過偷襲羊群的獅子和熊，這非利士人也必像那獅子和熊一般。」

掃羅大喜，決定讓大衛試試。他把自己的衣袍、銅盔、鎧甲和戰刀交給大衛，讓他披掛。大衛穿了穿，丟在一旁，說：「這些東西我穿不慣。」

他只拿了牧羊杖和拋石的彈弓，再到河邊揀五塊光滑的石子，就去迎戰那非利士巨人。歌利亞見以色列營中走出個手持牧杖的年輕人，便輕蔑地說：「來吧，傻孩子，看我怎樣把你餵空中的鳥、田野的獸！」說著，縱身撲向大衛。

大衛不慌不忙地掏出一塊石子，裝入彈弓，用力扔去——那石子不歪不斜，正中歌利亞的腦門，打得他腦漿四濺，翻倒在地。大衛飛跑過去，拔出歌利亞的戰刀，割下他的頭。

以色列人見狀軍心大振，將非利士人一舉擊敗。

這個段落篇幅不長，卻寫得十分精采，引人入勝。面對氣焰囂張的歌利亞，以色列將士惶恐萬狀，只有年輕的大衛挺身而出；掃羅擔心大衛不是歌利亞的對手，大衛卻不屑地把他比作自己打死過的獅子和熊；歌利亞身材高大，披堅執銳，大衛只拿了牧羊杖、彈弓和幾塊石子；歌利亞不可一世地猛撲過來，大衛卻鎮定自若地用彈弓將他擊斃——這些描寫層層對比，步步推進，將一個沉著、勇猛的少年英雄形象突顯出來。

大衛與掃羅

接下去，傳記細膩地描述了大衛與掃羅的交往，揭示出大衛性格中寬宏仁義、氣度非凡的一面。要顯示其寬厚大度，離不開一個氣量狹小的對手，充當這一角色的便是掃羅。

大衛擊殺歌利亞後，百姓們打鼓擊磬，歡呼歌唱：「掃羅殺死千千，大衛殺死萬萬！」掃羅聽了鬱鬱不樂，心想：「將萬萬歸大衛，千千歸我，只剩下王位沒有歸他了。」他從大衛的才幹和民心所向中感到自己王位的危機，便處心積慮地想除掉大衛。

後來，大衛在宮中彈琴，掃羅兩次用槍刺他，都被大衛躲過。

不但當面行刺，掃羅還陰謀借刀殺人。他將次女米甲許給大衛，條件是必須用一百非利士人的陽皮（即包皮）作聘禮。他的目的是讓大衛喪生在非利士人手裡。豈料大衛帶領隨從衝入敵營，輕而易舉就殺了二百非利士人，將陽皮滿數交給掃羅。

掃羅見大衛如此強悍，就更怕他，必欲置其死地而後快。而掃羅之子約拿單卻與大衛情同手足，女兒米甲也深愛大衛，他們都一再營救大衛逃脫險境。

如何對付如此一個凶殘陰險的暴君？大衛並未恪守先人古訓：「以眼還眼，以牙還牙，以傷還傷，以打還打。」（《出埃及記》）而是反其道而行之，一再忍從退讓，以德報怨。

最典型的一例是山洞遭遇一幕——

一次，掃羅聽說大衛正在隱基底的曠野，就挑選三千精兵前往搜尋。途經一個山洞時，他進去大便，這時，大衛恰和隨從藏在山洞的暗處。隨從要殺掃羅，大衛趕忙阻攔。大衛悄悄靠近掃羅，只割下他外袍的一塊衣襟。

掃羅起身從洞裡出來，大衛在後邊呼叫：「我主，我王！」說著屈身伏地下拜，說，「你為何要聽信別人的讒言，說我要叛逆你呢？我父啊，看我割下你外袍的衣襟，卻沒有殺你。」鐵石心腸的掃羅聞此，一時竟感動得涕泗橫流：「我兒大衛，這是你的聲音麼？……我以惡待你，你卻以善待我。人若遇見仇敵，豈肯放他平安無事地過去呢？……」

再一個生動的例子，是大衛得知掃羅死訊後的悲慟表現——

不久，以色列人與非利士人作戰失利，約拿單陣亡，掃羅也被射成重傷。掃羅不願在敵劍下咽氣，讓手下兵士把他刺死，但兵士不肯刺。於是掃羅就自伏於刀尖之上，壯烈而死。

大衛聞訊後，全然不念舊惡，而是撕裂衣服，痛哭悲號，禁食誌哀，並作哀歌一首，由衷贊頌、沉痛悼念了掃羅和約拿單。詩章頌揚掃羅父子是以色列的「尊榮者」和「大英雄」，詛咒英雄殉難的基利波山「再無雨露」，並接連慨嘆「大英雄何竟死亡！」「英雄何竟在陣上仆倒！」「英雄何竟仆倒！」眞情貫注，感人至深。

大衛和拔示巴

如果說大衛戰勝歌利亞、恩待掃羅的記載，體現了這位傳奇式君主的非凡才幹和高貴品行；那麼，他霸占拔示巴、謀害烏利亞的醜行，則典型地表現出一個東方古代暴君的荒淫和殘忍。

拔示巴是大衛手下武官烏利亞的妻子，容貌甚美。一天，太陽落山時，她正在家中沐浴，恰逢大衛到王宮的平台上散步。大衛猛地發現對面窗裡有一正在沐浴的美貌女人，不禁為之心動，便詢問那婦人是誰？隨從報告說，她叫拔示巴，是烏利亞之妻。那時，烏利亞正跟隨大將約押討伐亞捫人。大衛乘烏利亞征戰在外，就差人將拔示巴接到宮中同居。不久，拔示巴便懷了孕。

為掩蓋醜行並把拔示巴據為己有，大衛進行了一連串拙劣的表演。先是挖空心思地讓烏利亞回家過夜。烏利亞只要一回家與妻親熱，拔示巴所懷之子不就當然易主了嗎？

且看大衛的精心策劃。

他差人到前線約押那裡，讓他派烏利亞回宮匯報戰況。烏利亞回來了，大衛問約押好，也問軍兵好，又問爭戰的事怎樣。（——先言他事，以親近之語解除烏利亞進宮時的畏懼心理和使命感。）然後對烏利亞說：「你回家去，洗洗腳吧。」（——多麼體恤臣下的國王啊！其實，「洗腳」乃是「就寢」之前奏也。）

烏利亞出了王宮，沒有回家去，而是和約押的僕從一同睡在宮門外。大衛得知後問他：「你從遠路而來，為什麼不回家呢？」烏利亞說：「以色列和猶大士兵都住在帳棚裡，約押和僕人們都在田野裡安營，我豈可回家吃喝，與妻子同寢呢？」（——好一個竭忠為國的壯士！回到家門口還時時掛念著前線的將士。）

大衛吩咐烏利亞說：「你今晚仍住在這裡，明天再回去。」並留他吃喝，吃得酒足飯飽。（——一天不行，再等一天；把他填飽、灌醉，諒他不會不思情慾！）

到了晚上，烏利亞仍與約押的僕人們一同住宿，又沒回家。（——遇到如此一位耿介之士，大衛的移花接木之計怎能不化為泡影！）

然而，堂堂國王何愁對付不了一個手下武官？一計不成，更惡毒的一計油然而生：借亞捫人之刀殺掉烏利亞。第二天早晨，大衛寫信給約押，讓烏利亞隨身帶去。信中寫道：「派烏利亞到陣勢極險之處，使他被殺。」約押依計行事，將烏利亞安插在最險要的地方。再次開戰，烏利亞果然喪命。可悲可嘆的一條好漢，至死都不知自己因何枉作了刀下鬼！

烏利亞死後，大衛將拔示巴娶到宮中。後來拔示巴給大衛生了個兒子，就是所羅門。

這個片段的突出特色是心理描寫細膩而深刻。作者沒有直接刻劃大衛和烏利亞的心理活動，但卻通過二人的語言和舉動，清楚地袒露出他們的內心世界。大衛既要奪人之妻，又要保全面子，這種矛盾心理借助一系列言行，表現得惟妙惟肖。

大衛和押沙龍

上行下效，有荒淫的國王必有糜爛的宮廷。《源氏物語》中，源氏之妻女三宮與柏木私通是一例[17]，這裡，大衛之子暗嫩姦污同父異母妹妹他瑪又是一例。胞妹他瑪的受辱直接釀成押沙龍殺死暗嫩，遠走他鄉，並終於揭竿而起，反叛父王大衛。

如何對待這個逆子？傳記作者出色地揭示了兼為國王和父親的大衛的複雜心境：一方面，他

[17] 源氏早年與繼母藤壺亂倫生下一子冷泉，後來其妻女三宮與柏木私通生下 君，源氏痛感這是他早年劣跡的報應。詳見紫式部《源氏物語》。

調兵遣將，鎮壓叛亂，以維護自己的統治；另一方面，又命令保護押沙龍，以保全自己的兒子。

在平定叛亂的過程中，大衛顯示出卓越的將帥之才。他先派忠臣戶篩打入叛軍，騙取押沙龍的信任，除掉他的得力軍師亞希多弗；然後運籌帷幄，從容地指揮三路大軍一一出戰。

與此同時，大衛更表現出一個慈父的愛子之心。

早在押沙龍殺死暗嫩、逃往基述時，大衛就常常想念他。後來，他派約押把押沙龍接回耶路撒冷，一見面就與他「擁抱親吻」。

平亂開始後，他特意吩咐約押：「因爲我的緣故，你們務必寬待那少年押沙龍。」

戰鬥打響了，他心焦如焚，坐臥不安，惶惶如熱鍋之蟻，唯恐兒子遭遇不測。第一個送信人跑來時，大衛頭一句話就是：「少年押沙龍平安不平安？」第二個送信人跑來，他關心的還是：「少年押沙龍平安不平安？」

當最擔憂的消息——押沙龍被刺死在樹林裡——傳來時，傳記寫道：

> 大衛王悲慟欲絕，就走上城樓，邊走邊哭：「我兒押沙龍啊！我兒，我兒押沙龍啊！我恨不得替你死。押沙龍啊！我兒，我兒……

「我兒」、「押沙龍」連續重複了八遍——有什麼言辭比這更能抒發喪子的巨大哀傷！「我恨不得替你死」什麼語言比這更能表達人世間的深沉父愛！前文曾談到大衛對掃羅和約拿單的哀悼，那時，大衛於悲痛之中還保持著清醒的意識。而在這裡，人們聽到的已只有泣不成聲的嗚咽和啜泣。

這就是聖經史傳文學中的大衛形象。很明顯，這是一個既有叱　風雲之勢，又畢備凡人七情六慾的種種弱點的「複色」英雄，而不是那種不食人間煙火、無瑕無疵、盡善盡美的「超人」。用當今的術語說，就是一個性格多重組合的、全方位、全色調、多層次、多側面、多角度地塑造而成的、不可替換、不可重複的「這一個」。

大衛英勇善戰，又暴虐殘忍；足智多謀，又陰險狡猾；有時是忠義之士，有時又是卑俗小人；既有風雲之氣，又有兒女之情；既是情深似海的慈父，又是淫心如焚的情夫。這些因素動人地組合在一起，形成一種多重矛盾交織而成的性格結構，從而使大衛成爲一個具有高度審美價值的藝術形象。

這還是僅就選文而言。若統觀全書，大衛形象更爲複雜。僅舉一例：掃羅追捕期間，他曾率部到非利士軍中避難一年零四個月，而正是「這種叛變行爲削弱了以色列人的勢力，使非利士人有可能打敗掃羅。」就此觀之，大衛不但是民族英雄，還兼爲可恥的變節者。

大衛傳記成書前曾在民間長期流傳，後經申命派史家編訂，於公元前七、六世紀基本成型。這部傳記可與上古希臘、印度、中國的任何一部人物傳記相媲美。英國聖經學者摩爾（G.F. Moore）認爲，「歷史之父」希羅多德⑱的著作也難出其右。

---

⑱希羅多德（約前四八四～前四二五年）：古希臘歷史學家，西方史學奠基人。

古往今來，文學藝術家們以大衛故事為素材創作了無數藝術珍品，如米開朗基羅的雕塑《大衛》、林布蘭特的油畫《拔示巴出浴》、魯本斯的油畫《拔示巴收到大衛的信》、福克納的小說《押沙龍！押沙龍！》等。

大衛傳說中的許多情節已成了西方社會生活中的習慣用語，如「大衛」（喻「英雄」）、「大衛與約拿單」（喻「至深的友誼」）、「送烏利亞的信」（喻「盲目遭人愚弄」）等。時至今日，不少人還以「大衛」給孩子命名。

質樸洗練的敘事傑構——小說

希伯來人素有傑出的說故事才能，他們的敘事文學源遠流長，成就斐然。繼神話、傳說、史詩、史傳之生，希伯來文壇上又湧現出一批相當成熟的短篇小說，即聖經中的《路得記》、《約拿書》、《以斯帖記》和《次經》中的《猶滴傳》、《蘇珊娜的故事》、《彼勒與大蛇》和《托比傳》。本文僅就收入聖經的三篇作品和《次經》中的《猶滴傳》略加評述。

從世界範圍看，小說的出現一般都比較晚。希臘的《伊索寓言》和印度的《五卷書》雖年代較早，也有精采的情節，但它們只是寓言故事，而不是小說。印度的第一批小說《十公子傳》（檀丁）、《戒日王傳》（波那）、《仙賜傳》（蘇般度），以及中國最早的小說《吳越春秋》（趙曄）、《搜神記》（干寶）和《世說新語》（劉義慶），都產生於紀元後數百年。聖經小說則形成於紀元前五至前二世紀，明顯居於領先地位（此前只有古埃及文學中有小說萌芽出現）。

在內容上，聖經中的三篇小說和《猶滴傳》有一個共同特點：通過敘寫希伯來人與異族的交往，表現某種歷久常新的崇高主題——或宣揚博愛思想，或謳歌愛國主義。

小說的作者皆不可考。從寫作技巧推測，他們很可能是當時才華出衆的文人學士。因爲較之早期的民間故事，這批作品構思精巧、形象感人、技法純熟、語言洗練，達到了更高的藝術水平。但它們畢竟是早期破土於世界小說之林中的幼苗，不少方面難免還很稚嫩，對此，後人自然不會求全責備。

《路得記》

《路得記》是聖經文學中最先出現的短篇小說，譯成中文後共三千五百字。故事發生在王國建立前的士師時代。

猶大伯利恆地方遭到荒年，農民以利米勒帶妻子拿俄米和兩個兒子到異國摩押去逃荒，在那裡娶了兩個摩押族兒媳婦。十年後，以利米勒和兩個兒子相繼死去，只剩下拿俄米和兩個媳婦。後來，拿俄米聽說家鄉年景好轉，便準備回國。她對媳婦們說：「你們都還年輕，回娘家去再嫁人吧。」媳婦們放聲痛哭。大媳婦依依不捨地吻別婆婆而去，但小媳婦路得卻無論如何也不離開拿俄米，說：「不要催我回去。您往哪裡去，我也往哪裡去。您住在哪裡，我也住在哪裡。您的國就是我的國，您的上帝就是我的上帝。您在哪裡死，我也在哪裡死，也葬在哪裡。」拿俄米看她決心已定，就不再勸她。

二人回到伯利恆，正逢收割大麥的季節。路得到財主波阿斯的麥田裡拾麥穗，波阿斯一見她就很高興。他吩咐僕人善待路得，多留些麥穗給她拾。傍晚回家時，路得拾的麥穗打下了一擔大麥。

拿俄米得知波阿斯很關心路得，就對路得說：「孩子啊，我應當為你找個安身之處，使你幸福。波阿斯是我們的近親。他今夜在場上簸大麥。你要沐浴抹膏，換上衣裳，到場上去，等他吃喝完了睡覺的時候，悄悄掀開他腳頭的被子，躺在那裡。他會告訴你當做的事。」路得說：「我必聽從婆婆的吩咐。」

波阿斯半夜醒來，發現一個女子躺在腳頭，便問：「你是誰？」回答說：「我是你的婢女路得。求你用衣襟遮蓋我，因為你是我的至親。」波阿斯說：「不要怕，凡你所說的，我都照辦。這裡的人都知道你是個賢德的女子。我是你的至親，但還有一個人比我更親。明早我去找他，問他肯不肯盡本分娶你。他若不娶，我一定娶。」

第二天，波阿斯來到城門口，當著十個長老的面問那位至親：「你願不願贖回以利米勒的地，並娶了寡婦路得？」那人表示不願盡此義務，並脫下鞋子交給波阿斯，作為證據。波阿斯請長老們和眾人作證，他有權利和義務贖買以利米勒家的遺產，並娶摩押女子路得為妻。長老們和眾人都願作證。

於是，波阿斯娶了路得，不久生下一子，取名俄備得。俄備得就是耶西的父親，大衛的祖父。

在希伯來文聖經中，《路得記》原是「作品集」中的一卷。但到了「七十士」希臘文譯本，它卻被編入「前期先知書」（即「歷史書」）中，插在《士師記》和《撒母耳記》之間。

這一調整表露了希臘文譯者的如下見解：《路得記》乃是一篇「史記」，其中的史實發生於士師時代，地點在伯利恆；路得、波阿斯都是真實的歷史人物；此書的主要價值是記下了大衛的家譜。

嗣後，《路得記》被基督教用來爲神學張目。有的解經家說，希伯來聖經先後七次以婚姻關係「預表」耶穌基督與教會的結合；波阿斯與路得即爲其一。此外的六對夫婦是：亞當與夏娃，以撒與利百加、約瑟與亞西納、摩西與西坡拉、大衛與亞比煞⑲、所羅門與書拉密女⑳。這些女子多爲異族人，她們後來都歸於以色列人爲妻；這預示了外邦人日後必加入教會，而教會終將成爲基督的新婦。

還有的解經家說，樂於施恩的財主波阿斯「預表」了大有能力的救主耶穌，路得則象徵著一心追隨救主的虔誠信徒：她由摩押回到伯利恆，決意尋求救主；到田間拾麥穗，甘願爲主受苦；夜晚來到麥場，到主面前奉獻、交托與等候；最後獻身於主，與主結合，永得殊榮。

近代以來，以科學態度審視聖經的「聖經學」蓬勃興起，不少人又從新的角度對《路得記》加以研究。

比如有人發現，「路得的故事反映了民族宗法時代的一個古老風俗——寡婦內嫁制。這個風俗在以色列人中一直持續到公元一世紀。所謂寡婦內嫁制，是說一個男人死後，他的沒有子女的遺孀應該由他的兄弟娶過去。如果死者的兄弟拒絕娶，則寡婦可以告狀，通過法律仲裁，迫使亡夫的兄弟娶她。」若無兄弟，則應由較近的親屬娶過去。娶寡婦時，需將死者的家產一併贖

⑲亞比煞：書念地方的美貌童女。大衛年紀老邁後，她被送至宮中侍奉大衛。參見《列王紀（上）》。
⑳書拉密女：指《雅歌》中的牧羊女，參見本書《雅歌》篇。

回。——這裡運用了民俗學的研究方法。

以上介紹了後人對《路得記》的三種解釋。「史記說」忽略正文而獨重其尾，目的是為大衛王朝「尋根」。這種明顯的家族偏見自然不足為訓。其實，不少學者已經指出，結尾一句很可能為原文所無，而是後人的補作。「預表說」毫無根據地主觀臆斷，更是無稽之談。「民俗說」揭示了作品對古代希伯來民情風俗的認識價值，不失為《路得記》研究的重要成果。但它的視野尚嫌狹窄，還難以從更高的層面上揭示作品的意義和價值。

我們認為，《路得記》是一曲愛的頌歌。它在散發著田園泥土香氣的優美意境中，塑造了幾個以愛為人生第一要義的感人形象，盡情贊頌了人與人之間相互體諒、彼此尊重、真誠相愛的美好感情。

首先，作品頌揚了婆媳之愛。孤苦無靠的拿俄米為了媳婦獲得再婚的幸福，誠心勸她回娘家改嫁；年輕的路得為使婆婆老有所養，則無論如何也不離開拿俄米。回到家鄉後，婆婆巧為謀劃，使路得很快覓得稱心如意的夫婿；路得婚後悉心奉養婆婆，又使她過上幸福的晚年。

同時，小說還贊美了戀人之愛。麥田裡，路得以賢淑和勤奮贏得波阿斯的傾心，波阿斯又以溫厚和體貼博得路得的慕戀。禾場上，路得以少婦特有的矜持、謙卑和柔情向波阿斯傳去愛的暖流，波阿斯則將男子漢的熾熱情愫轉化為「我一定娶你」的熱烈誓言。

戀愛、婚姻和家庭本是古今藝術家們百寫不厭的永恒題材，只是在不同作家的筆下，倫理觀念各不相同，表現方式也各有千秋。《路得記》的作者早在兩千多年前就在婚戀、家庭描寫中注入人類最純真、美好的感情，將實際生活中時常劍拔弩張的婆媳關係處理得非常和諧、美滿，將兩性之間的戀情描繪得極爲質樸、美妙，恰到「樂而不淫」的好處，這不能不說是產生超越國界的普遍魅力、獲得歷代讀者長久共鳴的根本原因。

《路得記》的思想意義還不止於此。它成書時的公元前五世紀下半葉，以色列人剛結束長達半世紀的囚居生活不久，他們從巴比倫回到耶路撒冷，正艱難地從事著復興故國的各項活動。以斯拉、尼希米等領袖人物一面出色地領導了這些活動，一面卻在某些事務中走向極端，以致遭到民眾的反對。比如，爲了防止異教信仰的滲入，他們嚴禁以色列人與異族通婚，規定凡通婚者必須退離，否則就要予以驅逐。

《路得記》的作者堅決反對這種作法，他以士師時代的社會生活爲背景，借古諷今地贊美不同民族間的團結與互助，指出異族聯姻並非壞事。小說的主人翁路得是一個摩押族女子——在聖經中，摩押族是常與以色列爲敵的異族之一。路得先後兩次嫁給猶大人，第二次與波阿斯結合後，竟成爲希伯來民族史上最著名的國王——大衛的曾祖母。

既然異族女子的後代能成爲以色列的偉大君王，不同民族間的聯姻又有何害呢？作者在這裡實際上是將互愛互助的家庭倫理擴展到更廣闊的民族關係領域，從而表達了一種普世博愛的社會理想。博愛主張在階級鬥爭尖銳的年代無疑有其致命弱點，但在和平歲月，應當承認，它又有著消除隔閡、促成諒解與合作的顯著進步功能。

《路得記》的作者在復興故國的昇平之世，於狹隘的民族主義思潮泛濫之際，力倡民族間的尊重與團結，難道不是很可貴嗎？

《路得記》猶如一支悠揚的牧歌，通篇彌漫著令人陶醉的田園氣息。作者善於運用簡潔的文字，寥寥數筆便繪出富於詩意的場景，並將在場人物的音容笑貌和內心感情展露無遺。這些技巧，連同作品蘊含的深湛哲理，使《路得記》不但在聖經文學中占有顯赫地位，還成爲世界古代文庫中的一顆明珠。

《約拿書》

《約拿書》與《路得書》的主題相仿，而風格迥異。

故事大意是：亞衛吩咐先知約拿去亞述首都尼尼微，警告那裡的居民厄運將臨。約拿不願意去，因爲亞述是以色列的敵國。他背道而馳，到約帕搭上一艘大船，往他施去躲避亞衛的使命。亞衛怒氣勃發，使海面狂風大作，波濤四起。大船隨時都有被巨浪吞沒的危險。水手們心驚膽戰，紛紛求神保佑平安；並將船上的貨物拋到海中，想使船的重量減輕些。

當船上的人們忙碌不休時，約拿卻下到底艙，躺下沉睡。船長把他叫醒，說：「你怎能只顧自己睡覺呢？起來，求告你的神，或許他會顧念我們，不讓我們葬身大海。」

爾後，衆人一起抽籤，想找出這場災難是誰招來的。結果抽中約拿。約拿只好承認，因他沒有履行亞衛的旨意，才引起這場海浪。這時海浪越來越高。

水手們大驚失色，忙問：「我們怎樣處置你，才能使海浪平息呢？」約拿說：「只要把我舉起來，拋入大海，大海就會平靜。」

水手們竭力划槳，想讓船靠岸，打發約拿下船。但任憑他們怎樣努力，都無濟於事；大船反被海浪越推越遠。他們只好把約拿拋入大海，大海這才平靜下來。

亞衛讓一條大魚把約拿吞入腹中。約拿在魚腹中呆了三天三夜，不住地向亞衛禱告。於是，亞衛又讓大魚把約拿吐到岸上。

亞衛再次吩咐約拿去尼尼微。這回，約拿遵命而去。尼尼微是極大的城，要走三日的路程。約拿進城走了一日，宣告說：「再過四十天，尼尼微必全城傾覆。」

亞述王信服約拿的預言，便讓全城老少都穿上蓖麻衣，禁食禱告，連牛羊也不可吃草；還讓所有的人都離棄惡事，改邪歸正。亞衛見尼尼微人已虔誠懺悔，便不再向他們降災施禍。

這使約拿很不高興，因爲他的預言沒有應驗。他向亞衛禱告說：「亞衛啊，我知道你是有憐憫心、常施恩典的神，不愛發怒，也不輕易降災，所以當初我才逃往他施。如今求你取走我的命吧，我活著還不如死去。」亞衛說：「你這樣發怒，合乎情理嗎？」

亞衛讓約拿面前長出一顆蓖麻，爲他遮擋灼熱的陽光，次日凌晨，又讓一條蟲子來咬這蓖麻，使蓖麻乾枯。中午，熱風吹面，烈日當頭，約拿頭暈目眩，幾近昏厥，深爲那顆枯死的蓖麻而惋惜。亞衛說：「這蓖麻不是你栽種的，也不是你培養的，一夜生長，一夜枯死，你尚且愛惜，而尼尼微大城中有十二萬多人，還有許多牲畜，我豈能不愛惜呢？」

《約拿書》歷來被歸入「十二小先知書」中。按猶太傳統，其作者是以色列王耶羅波安二世時（約公元前七八五～前七四五年）的先知約拿。但事實上，《約拿書》在不少方面與其他先知書並不相同。

它沒有介紹先知的身世、生平、接受神諭的時間和地點，而這些要素在多數先知書中是必備的。約拿在書中以第三人稱出現，全書其實是一篇人物故事，而其它各書多以第一人稱寫就，正文都是先知本人的言論。《約拿書》運用寓言、象徵等超現實手法表達某種意念，而其他各書都直陳其事地發表對現實問題的見解。

因而，《約拿書》不應是先知書，而是一篇小說；其作者不是約拿，而是另一位沒有留下名字的猶太文人。

《約拿書》的成書年代難以確定。一些學者據書中詞匯受了亞蘭文影響、屬晚期希伯來語推斷，它形成於從巴比倫回歸之後。又因《便西拉的智慧》（成於公元前二〇〇至前一七〇年間）第四十九章十節有「但願十二先知的骸骨起而復生」之語，表明此前十二小先知書已經定型，故《約拿書》的形成年代可能是公元前四〇〇至前二〇〇年之間。

公元前四〇〇至前二〇〇年，正是波斯統治後期和希臘托勒密王朝統治時期。波斯和托勒密王朝的統治者對以色列人都較寬容，允許他們在自己的民族、宗教和文化事務中保持獨立。因此，這二百年間以色列人的生活相對安寧，精神相對穩定。他們大規模地編訂古籍，將摩西五經翻譯成希臘文，並在宗教領域進行了多方面的積極探索。

探索的主要成果之一，是進一步明確了亞衛上帝的世界神性質。在長達一千年的漫漫歲月中，亞衛形象由族時期的部族神、摩西時期的民族神、王國時期的國家神，逐步演變成亡國之後的世界神；亡國之後數百年，其世界神面目又經歷了由模糊到清晰的漸次發展。在此過程中，小說《約拿書》占據了一個里程碑式的重要位置。

《約拿書》中的亞衛是一個普愛衆生的仁慈天父。他不僅愛自己的「子民」以色列人，也愛以色列人的敵人。小說一開始，他就讓先知約拿到以色列的敵國亞述傳道，以拯救尼尼微城的十二萬百姓。當約拿因痛恨亞述人而拒不從命時，亞衛興起海浪，讓大魚將他吞下，以糾正他的謬誤之見。後來，因約拿滿腹牢騷、口吐怨言，亞衛又以「蓖麻枯死尚且令人惋惜」作比，喚醒他同情、憐憫、體惜敵國之民的良知。

可見，這裡的亞衛已完全擺脫狹隘的民族主義意識，成爲一位徹底的世界主義者。他與族長、摩西、士師、大衛時期的亞衛判若兩人，與日後基督教崇奉的「聖父」已幾無二致。正是通過這樣一個上帝，小說表現了博大的主題：宣揚博愛思想，鼓吹民族團結。

小說的博愛思想還體現在異族水手們的舉動中。當海浪越來越高、隨時可能淹沒大船、吞噬衆人之際，他們明知脫險的辦法是將約拿投入大海，但卻不願這樣做，而是奮力將船划向岸邊，以求保下約拿一命。他們身上也沒有任何種族偏見。

小說中的約拿是一個狹隘的民族主義者。在國際事務中，他一味考慮本民族的利益，對犯過罪行的鄰族固執地懷著極深的敵意，必欲置其死地而後快。作者善意地諷刺了約拿的愚頑與淺薄，暗示最後他終被亞衛上帝所折服。

狹隘的民族主義思想在希伯來文化史上並不鮮見，可以說，在先知時代之前，它一直是以色列人處理民族關係的基本指針。只是從先知們提出「世界神」概念之後，它才有所淡化；然而，卻始終沒有絕跡——一直到公元後二世紀希伯來民族徹底滅亡。（甚至一直影響到近現代的猶太遺民。）

所以出現這一文化現象，是因爲在四鄰大國中，以色列人是一個人口稀少的民族，爲保存自己，防止遭到異族同化，他們必須強調自身的特色，在本民族與異族之間劃出一道明確的界限。而這樣做的後果之一，便是導致對異族的疏遠和敵視。

從以上分析可看出，《約拿書》與《路得記》表達了大體相同的見解與主張。但同工而異曲，二者的寫作技巧卻相去甚遠。《路得記》以樸素的白描手法、準確的細節描寫和濃郁的詩情畫意著稱，《約拿書》則富於浪漫主義色調，以比喻和誇張筆法見長。

亞衛上帝爲教誨約拿，將尼尼微城的百姓比作蓖麻，這是聖經文學中極有名的比喻。作者寫尼尼微城之大，稱它「要走三日的路程」；寫亞述人禁食禱告，甚至「連牛羊也不可吃草」，都成功地使用了誇張的手法。而說大魚將約拿吞掉，三天三夜後又將他吐出，更是誇張到了超現實的荒誕地步。

《約拿書》原文三章，第一、三章是約拿的故事，梗概已如前述，第二章是約拿在魚腹中唱的一首贊美詩。贊美詩的內容與故事情節明顯不協調，如詩中感謝亞衛拯救約拿脫離了深淵和大海，而這時他其實仍在魚腹之內。因此，學者們普遍認爲，這一章是後人增補的。

《以斯帖記》和《猶滴傳》

《以斯帖記》和《次經》中的《猶滴傳》是希伯來小說的一株並蒂蓮。它們都以年輕貌美、捨生忘死的猶太女子爲主人翁，抒寫希伯來人不畏強敵的戰鬥風貌，表達出濃烈的愛國精神。

《以斯帖記》成書於公元前二世紀中葉。當時，塞琉古王朝的安條克四世（Antiochus IV）狂熱地推行希臘文化，不遺餘力地褻瀆猶太教的傳統信仰，引起希伯來人的極大不滿和反抗。《以斯帖記》以波斯統治時代（公元前五三八～前三三三年）的傳說故事——猶太女子以斯帖及其養父末底改機智勇敢地戰勝了波斯皇帝亞哈隨魯和大臣哈曼——爲題材，生動地再現了當年希伯來愛國志士們進行的卓絕鬥爭，頌揚了他們的愛國熱忱，形象地展示出希伯來人戰勝安條克暴政的堅定信念。

《以斯帖記》的中譯本約四千多字，主要情節是：波斯征服巴比倫後，亞哈隨魯皇帝大宴群臣一百八十天，最後請皇后瓦實提盛妝而出，好讓大家一瞻風采。不料皇后卻拒不從命，亞哈隨魯一怒之下將她廢黜，另立書珊女子以斯帖爲后。

以斯帖是猶太人，自幼父母雙亡，由末底改帶大。這次入選進宮，末底改吩咐她不要暴露自己的身世。末底改也在御門供職，一次，他得知兩個內侍陰謀弒君，便通過以斯帖報告皇帝。經過證實，兩內侍被處死，末底改立了一大功。

宰相哈曼氣焰囂張，每出入宮門，臣僕莫不跪拜。唯獨末底改不向他折腰，始終不跪不拜。哈曼懷恨在心，便蠱惑皇帝抽籤定出一日，除滅全國的猶太人。

以斯帖暗中設法營救。三天後她違例進宮，請皇帝和宰相赴她的私宴。亞哈隨魯和哈曼赴宴時，以斯帖請他們次日再來赴宴。哈曼宴罷出宮，見末底改對他又不跪拜，不禁火冒三丈，回家後私造了一個五丈高架，準備把末底改吊死。

當晚，亞哈隨魯重溫史冊，對末底改的立功未賞耿耿於懷。這時，哈曼恰來宮中，皇帝問他：「朕想褒獎一個人，你看怎樣做才是？」哈曼以爲此人必是自己，便說：「讓他穿上皇袍，騎上戴冠的御馬，叫一個極尊貴的大臣引路，遊遍京城的所有街市。」皇帝說：「你說得甚好，明天你在前面引路，讓末底改騎馬遊街。」哈曼只得聽命。

亞哈隨魯和哈曼二赴皇后以斯帖的私宴時，皇帝讓以斯帖提要求，說是要一半江山也給她。以斯帖說：「如蒙皇恩，請陛下饒我一命，也饒我全族人的命，因爲我和我的全族都被劊子手出賣了！」皇帝問劊子手是誰，她說：「就是這個陰險狠毒的哈曼！」皇帝大怒，走進御花園。

哈曼驚惶失措，忙向皇后求恕。他伏在以斯帖的躺椅上正在求情，皇帝從御花園返回。他見此情狀，更加大發雷霆，說：「哈曼竟敢在宮中侮辱皇后！」這話一出口，有人就用黑紗蒙住哈曼的臉。一個名叫哈波拿的太監說：「哈曼剛好爲那救您有功的末底改造了一個五丈高的木架。」皇帝說：「把哈曼掛上去！」於是哈曼被吊死在他自己造的木架上。處決哈曼後，皇帝的怒氣才平息下來。

末底改代替哈曼作了宰相。當天他就下詔書，命令全國的猶太人於十二月十三日武裝自衛——這正是哈曼抽籤決定殺死猶太人的日子。到了那天，猶太人在京城殺了五百人，殺死哈曼的十個兒子，將屍體掛在木架上，又在各省除滅猶太之敵七萬五千人。爲紀念這次勝利，他們決定將每年十二月十四、十五兩日定爲轉憂爲喜、轉悲爲樂的吉日——普珥日。[21]

---

[21] 普珥日：猶太人五大節日之一。「普珥」爲波斯語「抽簽」之意。哈曼以抽簽定下除滅猶太人的日子，猶太人反在那時消滅了自己的敵人，故名。

《以斯帖記》的中心人物是美麗的書珊女子以斯帖。以斯帖自幼孤苦，由末底改撫養長大，成人後因容貌俊美被波斯皇后冊封爲后。入宮後，她雖享榮華富貴，卻時刻不忘同胞們的苦難，隨時準備爲本民族的利益以身相殉。

哈曼蠱惑皇帝發布剪除猶太人的諭旨後，她明知不蒙召見而進宮可能會被處死，仍說：「我違例去見皇帝，若死就死吧。」

當皇帝問她有何要求時，她乘其酒酣飯飽提出：「請陛下饒我一命，也饒我全族人的命，因爲我和我的全族都被劊子手出賣了！」皇帝追問劊子手是誰，她怒不可遏地點出哈曼，顯示了對民族之敵的切齒仇恨。

最後，她利用皇帝除掉哈曼，挫敗他迫害猶太人的陰謀，並協同末底改以皇帝之名發出詔書，使猶太民族轉危爲安。

所有這些，都使以斯帖形象大放異彩。

在希伯來聖經中，《以斯帖記》是唯一一部沒有提及上帝之名的書卷。它文字清新，通篇沒有一點宗教意味，這不能不引起歷代研究者的注意。

人們發現，末底改曾說過，（若以斯帖未挺身而出，）「猶太人必從別處得解脫，蒙拯救。」語中巧妙地用「別處」替換了「上帝」。還發現，以斯帖進宮前曾禁食三天三夜，但其間並未向上帝祈禱；猶太人勝利後也只是「歡喜快樂，擺設筵宴，」而未感謝上帝的拯救大恩。這些與聖經其他各卷的類似描寫都大相徑庭。

正因爲如此，正統的猶太拉比們才長期懷疑《以斯帖記》的「神諭性」，而希臘文翻譯者乾脆對原書進行多處增潤，使小說的宗教色彩大大加濃。比如，「七十士」譯本在以斯帖闖宮前插入這樣一段禱詞：

> 上帝啊，顧念我們吧。當此危難之際，請你到我們這裡來吧。請你給我勇氣吧，萬神之君與一切世俗權力之主宰。
>
> 當我進去面見那個凶殘的獅子亞哈隨魯的時候，請給我恰當的詞彙去說話。請改變他的心腸，使他掉轉頭去反對我們的敵人哈曼，消滅他和他的同黨。
>
> 啊，上帝啊，請你來營救我們吧。幫助我吧，我全然孤立。除你之外，我無人可尋。……

公元四世紀，耶柔米（Jerome，約三四〇～四二〇年）從希臘文譯本譯出拉丁文聖經時，又把各段增補匯於一處，編成《次經》中的《以斯帖記·補篇》，使《以斯帖記》的本來面目得以恢復。藝術上，《以斯帖記》的故事情節跌宕起伏，峰迴路轉，極富戲劇性，如哈曼做好了五丈高架，正準備請求皇帝將末底改吊於其上，皇帝突然想起末底改救過他的往事，於是情節急轉直下，哈曼搬起石頭反而砸了自己的腳。

小說的結構也很完整：全文以以斯帖被立爲后開頭，繼而著力描寫了戰勝哈曼的始末，最後以猶太人設宴歡慶勝利終篇，緊湊洗練，一氣呵成。小說的人物描寫尤其表現出高超的技巧：文中主要人物都有獨特的個性，以斯帖聰明勇敢，末底改堅毅老成，哈曼飛揚拔扈，亞哈隨魯喜怒無常；在人物性格的鮮明對比中，以斯帖的形象得以突出顯現。

與《以斯帖記》約略同時，希伯來文苑中還出現另一篇傑作《猶滴傳》——《猶滴傳》所描述的故事是：彼土利亞山城的猶太人在亞述軍的逼攻下，十分困苦，連水都喝不上，不得不答應五天後投降。

爲了解救全城的百姓，美貌的年輕寡婦猶滴挺身而出，帶著使女深入敵營。敵軍統帥荷羅孚尼和部下見此絕色，都如痴如醉。

猶滴說，自己是希伯來女子，因知亡國在即，特冒險前來告知猶大內部的秘密，並願作帶路人，使亞述不損一兵一卒而取勝。荷羅孚尼大喜。

猶滴住在敵軍營中，一連三天夜間進山祈禱，說是求神告知猶大亡國的時機。

第四天，荷羅孚尼請猶滴與他一同飲樂，意在占有她。猶滴盛妝華服赴宴，把荷羅孚尼灌得爛醉。夜深後，她叫使女等在門外，自己抽出荷羅孚尼的軍刀，奮力將其頭顱砍下。接著讓使女進來，將砍下的頭顱裝進糧袋。二人和往日一樣，又於三更時分走出軍營。

第二天，猶滴和彼土利亞的長者把荷羅孚尼的頭顱掛在城頭上示衆，號召軍士和人民向敵營發動進攻。敵軍發現統帥已死，群龍無首，又見山城上大軍攻來，勢不可擋，紛紛丟盔棄甲，狼狽逃竄。猶太人軍心大振，一舉擊潰圍城之敵。勝利後，猶滴和人民高唱頌歌，感謝亞衛上帝的拯救之恩。

《猶滴傳》是一篇表達愛國思想的著名小說。通過猶太婦女猶滴捨生忘死、計殺敵軍統帥的故事，作品謳歌了希伯來人不畏強敵的英雄氣概，揭示出只要奮起鬥爭，弱國寡民也能戰勝虎狼之國的道理。

具有鮮明的政治傾向性，充滿振奮人心的藝術力量，是《猶滴傳》最顯著的特點。這一特點是由精當的故事選材和出色的人物描寫所決定的。

小說敘述了一個孤身女子智殺敵軍元帥的傳奇故事，這類以弱勝強的故事一方面便於披露作家的感情傾向，從而形成強勁的感召力；另一方面也非常吻合普通大衆的閱讀心理。

作家筆下的猶滴不但「容貌艷麗、語言聰敏」，而且有著超常的民族意識、愛國感情、自我犧牲的精神和克敵制勝的能力——這些素質賦予猶滴形象以非凡的藝術魅力；讀者在領略這種魅力的同時，自然會接受其中蘊涵的政治傾向。

此外，《猶滴傳》的情節單純完整，行文簡潔流暢，文字質樸有力；加之末尾部分插入大段歌詞渲染喜慶氣氛，這些都使作品的藝術感染力大大增強。

《以斯帖記》和《猶滴傳》以高度的文學成就爲後代世人所喜愛。猶太人每年在普珥日朗誦《以斯帖記》，以鼓舞士氣，增強必勝的信心。

中世紀西斯廷教堂中有哈曼被掛在大架上的大幅壁畫，預示罪惡終將敗落。文藝復興時期的大雕塑家米開朗基羅曾雕哈曼像，陰險惡毒之貌十分逼眞。近代西班牙劇作家維迦、法國劇作家拉辛都曾將《以斯帖記》改編成劇本。

十九世紀意大利劇作家賈科美蒂則把《猶滴傳》搬上舞台，該劇的演出「引起觀衆的狂喜」，扮演猶滴的女演員每唱劇中的一支聖歌時，「都激起暴風雨般的掌聲」。由此可見，《以斯帖記》和《猶滴傳》對世界文化的重大影響。

哀國憂民的悲憤吶喊
——先知文學

先知文學又稱先知書文學。

先知書是希伯來聖經的重要組成部分。在希伯來文原著中，它與法律書、作品集鼎足而立，內容包括「前期先知書」和「後期先知書」兩類。它們編入聖經的時間（下限爲公元前三世紀）僅次於法律書，在猶太教看來，其重要性也僅次於法律書。

因「前期先知書」記載的主要是希伯來人從征服迦南至被擄於巴比倫的各種歷史故事，書中被稱爲「先知」者並未留下個人著作，故後世基督教新教各派一般都將其改稱「歷史書」，而只把「後期先知書」稱爲先知書。這一重新分類更切合作品的實際，因而逐漸爲人們普遍採用。本書所討論的就是這一意義上的先知書。

按傳統觀點，先知書共十六卷，依篇幅長短分爲四天先知書（《以賽亞書》、《耶利米書》、《以西結書》、《但以理書》）和十二小先知書（《何西阿書》、《約珥書》、《阿摩司書》、《俄巴底亞書》、《約拿書》、《彌迦書》、《那鴻書》、《哈巴谷書》、《西番雅書》、《哈該書》、《撒迦利亞書》、《瑪拉基書》）。但其中的《但以理書》和《約拿書》在表現手法上明顯區別於其它各書，分別具有啓示文學和小說的特徵，應歸於作品集中。這樣，先知書事實上指的就是其餘十四卷作品。

上述十四卷書約佔聖經總篇幅的四分之一。它們內容獨特、風格別緻，不僅是希伯來文學史上的里程碑式文獻，在世界文學的長河中也堪稱前無古人，後無來者的一大奇觀。

「先知」種種

就聖經的本意而言，「先知」一般指接受上帝委派，聽取上帝啓示，並向民衆傳達上帝旨意的人。最能說明這一特徵的經文是《出埃及記》第七章一、二節：

> 亞衛對摩西說：「看哪，我使你在法老面前代替神；……凡我所吩咐你的，你都要說。」

此外一些地方也表達了類似的意思，如亞衛呼喚耶利米作先知時說，「我吩咐你說什麼話，你都要說。」（《耶利米書》一：七）

在希伯來語中，用以表示「先知」的詞有三個：nabi’、rō’eh、hōzeh。英譯本將 nabi’『譯爲 prophet;，將 rō’eh 譯爲 seer；將 hōzeh 時而譯爲 porpher，時而譯爲 seer。（因英語中沒有與 hozeh 相對應的這句話。）與此類似，中文和合本將前兩個詞分別譯爲「先知」和「先見」，第三個詞則有時譯爲「先知」，有時譯爲「先見」。

這三個詞中最常用的是 nabi'，其詞源可追溯到公元前三千紀初阿卡德文字中的 nabū。在阿卡德文字中，nabū 的含義是「被神呼喚的人」或「傳達神諭的人」——此二種意義都與聖經中 nabi' 的用法相近。

在聖經的最早譯本——譯於公元前三世紀的希臘文「七十士譯本」（the Septuagint）中，nabi' 被譯爲 prophētēs。這個希臘字母由介詞 pro（爲代替）和動詞 phēmi（說）合併而成，意謂「爲他人說話、發言。」與 nabi 的本意接近。

公元前八世紀中葉至前五世紀，希伯來民族中一批被稱爲「先知」的人從事了一場影響深遠的社會活動，史稱「先知運動」。這些人因都有言論流傳於世，其言論都經後人輯錄整理而編入聖經正典，故又被稱爲「正典先知」（canonical prophets）。然而，「正典先知不過位於一個漫長歷史傳統的末尾。」在他們之前，希伯來歷史上已出現各式各樣先知的活動，其中不少可見於聖經的記載。

聖經中第一個被稱爲先知的人是希伯來人的族祖亞伯拉罕。（《創世紀》廿：七）其後，率領同胞出埃及的民族英雄摩西和第一任祭司長亞倫也被稱爲先知。（《何西阿書》十二：廿三；《出埃及記》七：一）王國興建前夕，最後一個士師撒母耳也兼爲先知。（《撒母耳記》（上）三：廿等）大衛王朝時，輔佐國王的迦得和拿單即爲當時的著名先知。（《撒母耳記（下）》等）王國分裂後，在北國以色列曾出現重要先知以利亞和以利沙。（《列王紀（上）》等）

除這些個人先知外，聖經還談到若干先知團體，較知名的如掃羅稱王前遇見的一群「迷狂先知」，（acstatic prophets《撒母耳記（上）》）爲以色列王亞哈出謀獻策的約四百名「宮廷先知」，

〔court prephets《列王紀（上）》〕以及被以利亞戰敗的四百五十名迦南異教先知。〔《列王紀（上）》〕

可見，除指稱正典先知外，「先知」一詞運用得非常廣泛，含義也十分繁雜。要想全部再現希伯來各類先知的產生和演變過程，或許早已不可思議；但依據現存於聖經及其它各處的零星材料，對這一過程進行粗略的勾劃，應當說並非沒有可能。

先知的最初形態大約是中東地區準宗教[22]時代的巫師和法師。到原始宗教形成時，他們便演化爲神廟中的神職人員，以主持祭神儀也、解釋普通人難以理解的事理、行使各種祛厄禳災的法術等爲業。

他們就戰爭的勝負、收獲的豐歉、疾病或瘟疫的後果等重大問題忖度傳達「神意」，具體方式有解釋異象、圓夢、解釋星象、解釋「牲畜之動作、禽鳥之飛翔、水面浮油之情狀」，以及「獻祭犧牲之內臟」的喻音等。

這些活動有時在由奏瑟、擊鼓、吹笛、彈琴等造成的神秘氣氛中進行。〔《撒母耳紀（上）》〕其時，當事人一面念念有詞，一面進入恍惚迷狂的精神狀態，有時甚至「用刀自割、自刺，直到身體流血。」〔《列王紀（上）》〕

---

[22] 準宗教：原始宗教產生之前，幻想靠某些主觀行動影響或支配客觀事物的前宗教現象。

公元前三、二千紀，巴比倫、迦南、希伯來等西亞民族普遍都有這類人物㉓，他們是日後較成熟的民族宗教中專職祭司的前身，也是宮廷先知的前身。

公元前十一世紀末，以色列——猶大王國建立後，亞衛神的祭祀活動逐漸集中於耶路撒冷聖殿，上述神職人員除有些繼續在鄉間活動外，一部分演變爲專管宗教儀式的聖殿祭司，另一部分則成了國王的宮廷先知——其主要職責是爲君王的重大決策提供神意的認可。有時，一個國王擁有這類先知竟多達數百人。

從聖經中可看到，這種宮廷先知往往獻媚於國王，專講順乎王意的話；（參見《列王紀》（上）廿二：六）但也有剛正不阿者，他們置君主的淫威於不顧，堅定地說出合於道義或事理的預言來。如先知米該亞就「不說吉語，單說凶言」，以致招來以色列王亞哈的毒打和監禁；（《列王紀》（上）廿二：八，廿四，廿七）又如前文提到的迦得、拿單、以利亞和以利沙，也都屬於此類耿介之士。

拿單、以利亞、以利沙等宮廷先知是正典先知的直接前驅。

拿單活動於公元前十世紀上半葉，即以色列猶大聯合王國最興盛的年代。此時，雄姿英發的大衛王一面臣服四鄰，威震海外，另一面又狡詐暴虐，驕奢淫逸。他爲霸佔手下武官烏利亞之妻拔示巴，不惜借亞捫人之刀將烏利亞置於死地。（《撒母耳記（下）第十一章》）事發之後，拿單挺身

㉓但不宜將亞伯拉罕、摩西、亞倫等早期首領歸於此類神職人員。聖經稱其爲「先知」，乃後人追封之——這裡的「先知」與正典先知含義接近，即「亞衛神的代言人」，而非遠古時代神廟中的普通祭司。

而出，無所畏懼地面斥國王：「你爲何藐視亞衛的命令，行他眼中視爲惡的事呢？」（《撒母耳記》（下）十二：九）

約百年後，生活於以色列的以利亞、以利沙等也表現出類似的昂揚鬥志。（參見《列王紀》（上）第十七章至《列王紀》（下）第十三章）

這幾位先知在兩個方面爲正典先知樹立了楷模：堅持正義、嫉惡如仇的大無畏精神，及其闡釋思想見解的方式——將發表個人觀點的過程飾以「傳達神諭」的神聖外衣。這一傳統爲正典先知所繼承，並進一步發揚光大。

先知運動鳥瞰

上文粗略勾劃了正典先知出現前的有關文化背景。然而，要想科學地解釋爲期三、四百年，在希伯來思想史上佔有重要地位，並因其留下洋洋可觀的大批文獻，而對後世產生了深遠影響的先知運動，只注意前代影響還遠遠不夠。必須看到，導致先知運動興起、發展、興盛乃至衰落的根本原因，始終存在於希伯來民族的特定歷史條件之中。

先知運動是希伯來民族內憂外患年代的產物。在正典先知們活動的三、四百年中，以色列、猶大兩國先後遭到三大強鄰——亞述、新巴比倫和波斯——的入侵和奴役。相應地，先知運動亦可大致分爲三個階段：亞述稱霸時期、新巴比倫稱霸時期和波斯稱霸時期。

亞述稱霸時期——指阿摩司、何西阿、以賽亞、彌迦生活和宣講預言的公元前八世紀中葉至前七世紀初。

早在所羅門盛世，聯合王國即已危機四伏：宮廷奢華無度、貴族內訌頻仍、世風每況愈下、民衆怨聲載道。所羅門一死，王國隨即分裂爲猶大和以色列南北兩朝，雙方兄弟鬩牆，自相殘殺，致使國勢日衰，民不聊生。

到公元前八世紀時，殘酷的階級剝削使貧富分化進一步加劇，國家的式微又招來亞述、埃及等大國的覬覦。

亞述人是閃族的一支，因公元前三千紀末在底格里斯河中游建立亞述城（Assur）而得名。前十世紀末，亞述發展成爲兩河流域北部的強國，隨後漸次向西南擴張。從前七四五年起，亞述王提格拉·帕拉薩三世採取一系列軍事行動，給亞洲西部地區帶來日益嚴重的威脅。

前七三二年，以色列國的領地大馬士革爲其所陷；十年後（前七二二年），以色列京城撒瑪利亞亦遭同一劫運，民衆被擄，北國至此淪亡。

阿摩司等正典先知就是在這一嚴酷的政治背景下登上歷史舞台的。在某種程度上，他們是非官方祭司集團，甚至是中下層勞動群衆的代言人。儘管他們仍按傳統形式在「神靈附體」的狀態中宣告「神諭」，但所詔示的卻大多是對腐敗現實的針砭、對統治者的鞭撻和對國民的教誨與警告。因此，這批先知實質上是當時社會的批評家、政治改革的倡導者和希伯來民族的精神導師。

新巴比倫稱霸時期——指以公元前五八六年南國猶大亡於新巴比倫事件爲中心的前後近百年。這是希伯來人民族史上最慘痛的一頁。

公元前七世紀後半葉，亞述帝國國勢轉衰，前六一二年，京都尼尼微被迦勒底和米底亞聯軍攻陷，從此一蹶不振。迦勒底人在亞述帝國之後迅速建成一個強大的新巴比倫王國（前六二六～前五三八年），一度成爲西亞的霸主。

前六〇五年，新巴比倫軍在迦基米施戰役中挫敗向兩河流域遠征的埃及法老尼哥，繼之臣服南國猶大。

前五九七年，新巴比倫王尼布甲尼撒二世率軍圍攻猶大京都耶路撒冷，將國王約雅萬及一批權貴和有識之士擄至巴比倫。前五八七年，尼布甲尼撒再次圍攻耶路撒冷，並於一年半後徹底攻陷之，使聖殿被毀，數萬希伯來人（其中許多是社會上層分子，如政治首腦、軍事將領、祭司、富有的工匠和熟練的技師等。）成爲巴比倫的階下囚。

生活於這一階段的西番雅、那鴻、哈巴谷、耶利米和以西結等，時時關注著國家的命運——亡國前爲民族的危亡而擔憂，爲國民的警醒而吶喊；亡國後爲國家的淪喪而哀哭，爲民族的復興而呼號。

波斯稱霸時期——指俄巴底亞、第二以賽亞、哈該、撒迦利亞、約珥、瑪拉基等先知工作的公元前六世紀下半葉至前五世紀下半葉。

前五三八年，波斯王居魯士征服巴比倫，成爲西亞地區新的霸主。波斯統治者對管轄區域內的各民族採取寬容政策，允許他們在各自的民族和宗教事務中保持獨立，還准許囚居於巴比倫的希伯來人回歸故土。這使先知們重返故國、重建聖殿的夢想得以實現。

前五三七年，第一批回鄉者在所羅巴伯的帶領下回到耶路撒冷，次年，他們便舉行了重建聖殿的奠基禮；這座新聖殿於二十年後（前五一六年）正式落成。此後，回歸故土者絡繹不絕。前

四五七、四四四四年，又有兩批分別在文士以斯拉、省長尼希米的率領下返回故都。他們一面修復城牆、保衛聖殿，一面編訂典籍、改革宗教，爲民族復興而緊張忙碌。

這一時期，有的先知爲重返故鄉而歡唱；有的爲重建家園而疾呼；還有的憧憬未來，描繪出理想世界的美景。

公元前五世紀下半葉，希伯來先知運動漸趨衰落。衰落的主要原因是，囚居巴比倫期間及波斯時代前期，獨尊一神亞衛的猶太教最後形成，猶太教的根本大法「摩西五經」逐漸編纂成書——此後，一個政治上附屬於波斯帝國的猶太宗教聯合體最終取代了亡國前獨立自主的希伯來民族國家，祭司、文士等宗教界要員最終取代了國王、先知一類民衆首領或導師，猶太教的基本經典「摩西五經」最終取代了曾長期作爲希伯來人精神食糧的先知教誨。

儘管先知們的歷史使命已經完成，但他們的功績並未隨著時間的流逝而消失。先知運動發展了希伯來人的政治、宗教、社會、倫理學說，促進了民族進步，繁榮了文學創作，在世界文明史上永遠留下了光輝的一頁。

先知文學的形式特徵

聖經先知文學是世界上古文苑中一枝獨放異彩的奇葩。無論內在意蘊還是外部形式，它們都有不少獨到之處。在文章形式上，其主要特徵有天啟式體裁、詩文相間的文體、寓言、異象等修辭手法等。

1 天啓式體裁

先知文學與其他各類作品的明顯區別首先體現在體裁樣式上。不同於各類作品都以人和社會爲描寫中心，先知們宣稱，他們所記述的乃是「上帝從天上傳來的啓示」。既以「傳達神諭」自謂，其文體就必有某些與衆不同之處。比如——

各先知書的卷首無一例外地都有某先知得到亞衛啓示、召喚的說明。如，「俄巴底亞得了亞衛的默示」（《俄巴底亞書》）、「亞衛的話臨到毗土珥的兒子約珥」（《約珥書》）、「亞衛借瑪拉基傳給以色列的默示」（《瑪拉基書》）等。有時，這類說明還鄭重其事地標出某先知接受神諭的具體時間和背景，如《哈該書》第一章一節：

> 大利烏王第二年六月初一日，亞衛借先知哈該之口，向猶大省長撒拉鐵的兒子所羅巴伯和約撒答的兒子大祭司約書亞說：……

開門見山地告訴人們，以下內容乃上帝之語，而非凡人之言。

接下去，爲了表明書中言論乃是亞衛原話，先知書大多採用第一人稱的「直接引語」陳情敘事；引語開始前或結束後還往往附以「亞衛如此說」一類短語。如：

> 亞衛說：「雖然如此，你們仍應禁食、哭泣、悲哀、一心歸向我。」（《約珥書》）

又如：

「……我將惱恨倒在他們身上，用烈火燒滅了他們，照他們的所作所爲報應在他們頭上。」這是亞衛說的。（《以西結書》）

這些反覆出現的「亞衛說」顯然便於不斷增強聽衆對神靈的敬畏感；而運用第一人稱「我」講論，又能使人如聞亞衛親口訓諭時的聲音，從而對「天啓」的眞實性深信不移。有時，作者甚至乾脆刪去引語前後的說明性短語，使文章完全變成以第一人稱出現的亞衛獨白錄。如：

自從你出埃及以來，我就是亞衛，你的神。在我以外，你不可認識別的神；除我以外並沒有救主。我曾在曠野乾旱之地認識了你。這些民衆從我所賜的食物得了飽足；既得飽足，心就高傲，忘記了我。（《何西阿書》）

這種表述方式給人的眞切感和威懾力比前種又勝一籌。

此外，先知書中還不時出現先知與上帝相互交談的戲劇性場面。較常見的是先知與上帝連續問答。如《哈巴谷書》的前半部分，哈巴谷先向亞衛申訴：

亞衛啊！我要呼求多久，你才垂聽？你才救我們脫離強暴？你爲什麼要讓我看見這樣的災難呢？你怎能容忍這種壞事呢？

亞衛回應：

留心觀察你們周圍的國家，你們對所看到的會很驚奇。我要做一件事，你們聽了都不會相信。我要使凶猛、強暴的巴比倫人強盛起來。……

接著，哈巴谷繼續訴苦：

你選擇了巴比倫人，使他們強盛，好來懲罰我們。可是，你怎能忍受這些叛逆、可惡的人呢？……

隨後，亞衛再次答覆：

你要把我所啓示你的清楚地寫在板上，使人一看就讀得出來。你要把它寫下來，因爲實現的日期還沒有到，……「邪惡的迦勒底人不得存活；但義人必因其信實而存活。」

與此相仿的例子還有《以賽亞書》第六十三章一至六節、《耶利米書》第十四至十七章等。

值得注意的是，這種戲劇性場面有時同時出現三、四個角色，其間還有類似古希臘戲劇中歌隊的插話，藉以烘托氣氛，增強表意效果。

如《以賽亞書》第四十章一節至第四十一章廿節，開頭是亞衛的話：「你們要安慰我的百姓……」隨後傳來一個聲音：「在曠野修平亞衛的路……」接著又有兩人對話；然後由歌隊唱贊美詩；最後再由亞衛向希伯來人發出諾言。這一場面把先知、民衆與人格化了的上帝水乳交融地溶爲一體，使聽衆在栩栩如生的畫面中感受到先知書「受命於天」的神聖性質。

2 詩文相間的文體

聖經先知文學的文體特徵是詩體與散文體穿插糅合：敘事、描寫時一般用散文，抒發感情時則轉而爲詩。因抒情成分在各先知書中均佔很大的比重，故詩體段落比比可見，詩歌意味處處可感。有些書卷甚至全部都用詩體寫成，如《約珥書》、《俄巴底亞書》和《那鴻書》。因此，學者們早就發現：先知即詩人。

從世界文學的範圍考察，聖經先知文學堪稱詩文相間文體的濫觴。這種文體雖常見於後世東方國家的一些作品，（如印度的《五卷書》、波斯的《薔薇園》、朝鮮的《春香傳》等。）但希伯來先知書比它們都早得多。

先知書（尤其三大先知書）的基本部分是散文體的記敘、描寫或議論。其中除大量勸善儆惡之辭外，還有不少文學色彩很濃的小故事，以及散見各處的歷史紀事，先知行傳等。如《耶利米書》較詳盡地記述了耶利米一生的種種遭遇——他因剛直不阿、敢講眞話而遭到祭司及其追隨者們的圍攻咒罵；他的書稿被國王約雅敬用刀割破，「扔到火盆中，直到全卷化爲灰燼；」他還慘遭便雅憫首領的毒打與監禁，在獄中被囚多日。（參見《耶利米書》）等等。這些材料對研究希伯來古史和先知們的生平經歷具有很高的價値。

當散文敘事難盡心曲時，先知們便揮舞詩筆，引吭高歌起來。仍以耶利米爲例：他觸怒當權者後，遭到一連串戲弄、凌辱、諷刺和讒謗，這時，舒緩的散文顯然已無法宣泄內心難以壓抑的激情，於是他的一腔碧血便化作熱烈的詩行噴湧而出：

亞衛啊，我宣布你的信息，
卻總招來譏諷、藐視。
但我若說：「我不再提起亞衛，
不再奉他的名宣講，」
我便覺得心裡似有燃燒著的火，這火烤炙著我的骨髓，
使我含忍不住，不能自禁。（《耶利米書》）

堅韌不拔的信念和熱烈、誠摯、激昂的情緒溢於言表。

德國聖經學者阿多·韋瑟（Artur Weiser）曾將「先知語錄」列爲希伯來詩歌的基本類型之一。「先知語錄」有其鮮明的文學特色：它們是先知書的有機組成部分，每段詩都服務於該卷書的中心思想；其內容具有強烈的現實性和顯見的教誨意義，同時，詩中亦不乏優美的藝術形象；

就單篇而言，先知們的喜怒哀樂之情一一流露，而從整體觀之，它們則以「幽邃莊嚴」、犀利悲憤的基調撼人肺腑。

希伯來先知的詩筆描繪過耶路撒冷的街市、荒漠的山野、喧鬧的鄉鎮和屍體橫陳的廢墟……，他們的歌喉或宣告、或說明、或責備、或勸勉、或警告、或應允、或哀悼、或咒詛……，但其中最常出現的，還是對民族災難的哀悼和對敵族的咒詛。如阿摩司預言民族危亡時所作的輓歌：

> 聽啊，以色列人，
> 我要爲你們唱一首輓歌：
> 處女以色列已經跌倒，
> 再也站不起來了！
> 她被摔在地上，
> 沒有人能扶她起來！

又如約珥對敵國的咒詛：

> 埃及將成爲廢墟！
> 以東將成爲荒野！

因爲他們曾向猶大施暴，
流了無辜者的血，
我要爲被害者報仇，
我絕不放過凶犯！

前後對照，先知們深摯的愛國之心躍然紙上。

3 寓言故事、異象等修辭手法

希伯來先知講說預言時，時而潑墨揮毫，直抒胸臆，時而又通過一段故事、一個畫面或一個異象，峰迴路轉地暗示自己的思想意圖。

先知書中出現過不少寓言故事，其中最著名的是何西阿與妻子歌蔑的故事。（《何西阿書》）何西阿娶歌蔑爲妻，歌蔑卻背離丈夫，與另一個男人生了兩個女兒和一個兒子，然後離家出走。何西阿怒不可遏，要嚴懲失節的女人；而亞衛卻讓他「再去愛這個淫婦」。於是，何西阿用銀子和大麥把她贖回來，教誨她「再不可行淫，不可歸別人爲妻。」

這一故事始終穿插著亞衛對希伯來人的訓諭，暗示上帝愛子民猶如何西阿之愛歌蔑；儘管子民常常背棄他，追隨異神，但他仍以「仁義、公平、慈愛、憐憫」對待他們，要娶他們「永遠爲妻」。

除這個故事，先知書中有名的寓言還有「犯罪的兩姊妹」（《以西結書》廿三章）、「老鷹和葡萄樹」（《以西結書》十七章）等。

以一個場面或一件器具曲折地表達某種寓意的段落更爲常見。如《以西結書》描繪的「枯骨復活」的場面：先知奉亞衛之命讓乾枯的屍骨復活，果然「聽見了瑟瑟的聲音」——

一陣騷動，骨頭彼此連結起來。……枯骨開始生筋長肉，包上一層皮，……氣進入軀體，軀體就活了，站立起來。他們數目多得足夠編成軍隊。

這一場面形象地象徵著淪落異邦、仰人鼻息的希伯來人必將重歸故鄉，再度強盛。以某種器具暗示某一意義的精采片段有「酒壇的比喻」（《耶利米書》）、「破碎的瓶」（《耶利米書》十九章）、「生鏽的鍋」（《以西結書》廿四章）等。

異象（vision）可視爲希伯來文學的一大特產，它不以具體的現實生活爲摹寫對象，而著意刻劃某一含義晦澀的幻覺或夢境，再由亞衛、天使或先知對它作出解釋。

這種手法在產生較晚的《以西結書》和《撒迦利亞書》中常可見到，如「神的寶座」、「以西結被帶回耶路撒冷」（《以西結書》）、「馬的異象」、「金燈台的異象」、「飛捲的異象」、「四車的異象」（《撒迦利亞書》）等。

其特色可從「飛捲的異象」中略見一斑：

我再觀看，看見一卷書卷飛過天空。

天使問我：「你看見了什麼？」

我說：「我看見一卷書卷飛過天空，它長九公尺，寬四公尺半。」

於是，他對我說：「那上面寫著送往全世界的咒詛。書卷的一面寫著：所有的盜賊要從地上除去；另一面寫著：所有發假誓的人也要除滅。萬軍的統帥亞衛說，他要發出這咒詛，使這咒詛進入每個盜賊的家和發假誓的人的家。這咒詛要留在他們家裡，使他們都滅亡。」

這個異象由兩部分組成：一、先知看到含義不明的飛卷；二、天使揭開其中之謎：亞衛要用這飛卷咒詛盜賊和發假誓者。

這些描寫，連同俯拾可得的比喻、擬人、誇張等筆法，使先知文學處處顯示出生動活潑的藝術景緻；先知們的意圖就在這神奇多姿的藝術世界中得到成功的表達。

先知文學的思想特質

對先知文學思想特質的考察應分兩步進行：首先，客觀地了解這些作品的自身邏輯體系；其次，再對這一體系進行由表及裡、去僞存眞的分析，以期揭示出它們的精神內核。

必須承認，全部先知學說都鑲嵌於猶太教的神學框架之中，其理論基石即「上帝中心論」。在先知們看來，亞衛上帝是全知全能的宇宙統治者，他的能力不僅彰顯於創世之際，也表現於自然界和人類歷史之中。他能支配日光、雨水，使蝗蟲成災，也使五穀豐登；他從埃及帶出希伯來人，又使他們被擄到亞述和巴比倫；他以亞述人、迦勒底人為發泄怒氣的鞭，又以波斯王古列實現對被擄之民發出的返鄉諾言。

亞衛還是世界道德的統轄者，他聖潔、公正、正直、有憐憫心，不喜愛鋪張的儀式和「虛浮的供物」，而要求人們「停止作惡，學習行善，尋求公平，解救受欺壓的，給孤兒伸冤，為寡婦辯屈。」（《以賽亞書》）

同時，亞衛還是信守與希伯來人所立契約之神：他從萬族之中揀選出希伯來人，以自己的律法和誡命反覆教誨他們；他雖將不忠的子民一度交到敵國手中，但最終仍將眷顧他們，拯救他們。

先知言論的另一基本命題是希伯來人的犯罪與受罰。

先知們認為，長期以來，希伯來人並未信守與上帝所立之約，他們崇拜偶像，追隨異神，褻瀆安息日；驕傲、奢侈、放縱、強暴；在社會生活中行欺詐，在男女交往中縱淫欲；還不擇手段地欺壓貧困無助的窮人、奴隸、孤兒和寡婦。因而，這就必然招來亞衛上帝的暴怒，遭到他最嚴厲的懲罰：國破家亡，淪落異邦。

那麼，怎樣才能平息亞衛的怒氣？先知們連篇累牘地呼籲人們悔改，聲稱只有盡心盡意歸向亞衛，走他所喜悅的正路，民族復興才有指望。

為了鼓舞被擄之民光復故國的信心，多數先知都論及亞衛對希伯來四鄰敵族的仇恨，說他要對侵犯過以色列、猶大的埃及、亞述、巴比倫、敘利亞、非利士、以東、亞捫、摩押等國施行無情的審判，燒毀他們的宮殿，擄走他們的國民，殺戮他們的首領，把他們國王的骸骨「焚燒成灰」。

同時，還三番兩次地傳來令人欣慰的喜訊：一個以耶路撒冷爲中心的「新天新地」就要出現，在那裡將「再也聽不到哭泣和哀號的聲音，再也看不到數日夭亡的嬰孩。」（《以賽亞書》）這新天新地將由亞衛委派的「彌賽亞」統治，他是大衛的苗裔，由一個童女懷孕所生，名爲「以馬內利」[24]

……

聖經先知書卷帙浩繁，內容駁雜，各書側重點每每不同，書與書之間，甚至同一書中還常有牴牾。但就總體而言，正典先知們的主要觀點從上述簡介中可見一斑。

那麼，如何分析、評價這些思想，從其神學外殼中發掘出合理的民主思想的寶藏？關鍵在於首先澄清這一事實：先知書關於上帝懲罰、救贖希伯來人的全部神話都是人爲杜撰的，書中宣稱爲「神諭」的東西，其實不過是先知本人對當時社會問題的見解；而所謂「上帝」，僅僅是他們爲了更有效地威懾人心而選擇的一個傳聲筒和揚聲器。

之所以必須使用這個傳聲筒和揚聲器，則是由特定的歷史文化條件決定的：對於剛剛擺脫蒙昧、步入文明門檻的希伯來人來說，再不可能有其他東西比「上帝之言」具備更大的權威性。

當我們試將先知文學中「亞衛如此說」之類術語全部抽掉時，宗教迷霧便消失了，希伯來先知們的思想底蘊便清晰地顯現出來。這時，人們不難發現——

---

[24] 以馬內利（Immanuel）：意謂「神與我們同在」。

首先，希伯來眾先知是當時社會的無情揭露者和猛烈批判者。他們抨擊暴虐荒淫的統治者、無惡不作的官吏、貪得無厭的奸商和腐敗墮落的社會風習，同情災難深重的下層人民，表現出強烈的民主主義意識。

例如，彌迦嚴厲斥責以色列當權者的十惡不赦：他們「厭惡公平，在一切事上屈枉正直。」甚至「從人身上剝皮，從骨頭上剔肉；剝他們的皮，吃他們的肉，」再「打折他們的骨頭。」

阿摩司揭露商人、高利貸者的奸詐邪惡：「賣出用小升斗，收銀用大戥子，用詭詐的天平欺哄人。」「用銀子買貧寒人，用一雙鞋的價值換一個窮乏人，將壞了的麥子賣給人。」對整個社會道德淪喪、劣跡充斥的譴責更是舉目可見，何西阿嘆道：「這地上無誠實，無善良，」但「起假誓、不踐前言、殺害、偷盜、奸淫、行強暴、殺人流血接連不斷。」以賽亞說，到處都是黑白顛倒，是非混淆，人們「稱惡爲善、稱善爲惡，以暗爲光、以光爲暗，以苦爲甜、以甜爲苦。」

如此一個污濁的世界，給人們帶來了多麼深重的苦難：「在一切寬闊處必有站立的聲音，在各街市上必有人說，哀哉！哀哉！」（《阿摩司書》）面對這慘痛的社會現實，先知們悲憤地吶喊：「惟願公平如大水滾滾，使正義如江河滔滔！」（《阿摩司書》）

其次，先知們都是熱誠的愛國主義者。在國難當頭、民族危亡之際，他們四處奔走，呼喚民眾停止分裂，警惕強敵；亡國之後，又鼓勵國民堅定信念，爲復興故國而不懈奮鬥。如，以賽亞曾這樣描繪即將來臨的敵軍，以喚醒民眾的警覺：

看哪！他們急速奔來。……他們的箭鋒利無比，弓也上了弦。馬蹄堅如頑石，車輪好似旋風。他們的吼叫像母獅子，咆哮像少壯獅子；他們要咆哮捕食，坦然叼去，無人能救回。

又如，在囚居巴比倫期間，著名先知以西結不僅預言埃及、巴比倫、摩押、亞捫、推羅等國的滅亡，宣告以色列、猶大必能再度復興，還設計過重建故國的具體方案。

先知們對本民族深沉的愛往往與對四鄰敵族無比的恨交織在一起。在對待外族異邦的態度上，多數先知都表現出偏激的民族主義觀念，只是一味地痛加咒罵；但也有個別後期先知講出「天下大同」、「普世皆爲上帝民」的新見解，代表人物即第二以賽亞。在他看來，亞衛的仁慈不僅施於自己的子民，而且推及「萬民萬族」，「傳揚於列國之中。」（《以賽亞書》）因此，對仇敵也應有寬容仁愛之心：

人打我的背，我任他打；人拔我腮頰的鬍鬚，我由他拔；人辱我吐我，我並不掩面，……稱我爲義者與我相近，同我爭論者也可與我一同站立。（《以賽亞書》）

這些思想在希伯來宗教中上佔有極重要的地位，它標誌著猶太教向基督教的演進邁出了新的一步。

再次，希伯來衆先知又是理想世界的天才設計者和熱烈追求者。現實的一切如此污濁，敵國的力量如此強大，先知們爲之憤怒過，憂慮過，哀泣過……，但他們並未就此頹喪，而是在罪惡的泥潭中，在敵人的鐵蹄下站立起來，一面針砭時弊，咒詛強敵，一面馳騁美麗的想像，爲痛苦掙扎中的國民描繪出未來世界的遠景。

在艱難淒苦的囚居生活中，第二以賽亞曾傳來鼓舞人心的信息：

諸天啊，要歡呼！
大地啊，要歡唱！
群山啊，要大聲頌揚！
因爲亞衛要安慰他的百姓；
要憐恤他的困苦之民！（《以賽亞書》）

亞衛要使耶路撒冷成爲「新天新地」，在那裡，居民「永遠歡喜快樂」，甚至連野獸也改變了傷人害物的本性：「豺狼必與羔羊同食，獅子必像牛一樣吃草，蛇必以塵土作爲食物。」

另一位先知何西阿也用優美的詩句憧憬著民族的新生：

他必如百合花開放，
如黎巴嫩的樹木扎根……
他的榮華如橄欖樹。
他的香氣如香柏樹。
曾住在他蔭下的心必都歸回，

興旺如五穀，開花如葡萄樹。

這些動人的景象怎不給苦難中的人們以希望、信心和力量！

上述分析表明，希伯來先知本是一批思想敏銳的社會活動家、堅強的民族衛士和無所畏懼的時代弄潮兒。

與約略同時的偉大哲人相比，他們的學說雖不如蘇格拉底的精於思辨，不如釋迦牟尼的古奧幽玄，不如孔夫子的更重倫理，但卻蘊含了更濃烈的激情，與現實生活的聯繫也更爲密切。他們的著作所體現的相當程度的民主主義性質、愛國主義精神和對獨立、平等的理想世界的執著追求，在人類文化史上將永遠有其可貴的價值。

但聖經先知文學的進步思想內核，畢竟裹上了宗教神學的外衣，這就必然表現出種種思想局限性。

從總體上來看，它們從神學歷史觀出發，鼓吹神權至上，就不能不貶低人的尊嚴、價值和地位。

具體地說，先知在譴責社會罪惡時要求人們皈依上帝，改邪歸正，這種說教在嚴酷的現實中無疑顯得蒼白無力；他們在面臨外族入侵時，主張乞靈於上帝庇護，而反對與鄰族結盟（參見《以賽亞書》；《何西阿書》等），就越發荒唐、幼稚；他們固然描繪了理想世界，但這不過是寄希望於上帝恩賜的烏托邦，它縱能給苦難同胞以某種精神慰藉，但同時亦不啻是一帖自我安慰的麻醉劑。

馬克思在總結英國革命的經驗時說過：「克倫威爾和英國人民為了他們的資產階級革命，就借用過《舊約全書》的語言、熱情和幻想。當眞正的目的已經達到，當英國社會的資產階級改造已經實現時，洛克就排擠了哈巴谷。」[25]

這裡的「《舊約全書》的語言、熱情和幻想」和「哈巴谷」實際上是同義反覆，「哈巴谷」則可視為「希伯來先知」的代名詞。

從這段話可看出，馬克思對希伯來先知評價甚高，對聖經先知文學的進步歷史作用也作了充分肯定。

---

[25] 馬克思所著的《路易・波拿巴的霧月十八日》。洛克（一六三二～一七〇四年），英國哲學家，英國資產階級革命後主張保護私有財產，維護資產者的利益。哈巴谷書是先知哈巴谷的預言書。

抨擊現實的激揚文字
——一組小先知書

公元前八世紀中葉，正當亞述帝國甚囂塵上，對西亞各民族的生存造成嚴重威脅時，先知阿摩司、何西阿、彌迦相繼登上希伯來政治舞台，以昂揚的政治熱情和犀利的文學筆觸，對國內的腐敗現實進行了猛烈抨擊。他們的著作是聖經先知文學的第一批碩果，也是先知文學思想成就和藝術特色的重要體現者。

本篇試對《阿摩司書》、《何西阿書》和《彌迦書》略作分析，人們將《阿摩司書》等十餘卷作品稱為「小先知書」，但這並不是說它們價值不高，而是與《以賽亞書》等「大先知書」相比，它們的篇幅較短小。

《阿摩司書》

阿摩司是第一位正典先知，他大約生活於公元前七五〇年前後。其生平事蹟在卷中有較詳細的記載：他「原不是先知，也不是先知的門徒。」而是南方伯利恆南五英里的一個小村莊提哥亞的農民，以牧羊和修剪桑樹為生。

他在猶大王烏西雅和以色列王耶羅波安二世在位時作先知，主要向北國以色列講預言，有時也論及南國猶大和四鄰諸國。他因預告「耶羅波安必被刀殺，以色列民定被擄去，離開本地。」而引起伯特利（北國聖地）一祭司亞瑪謝的不滿。亞瑪謝一面向耶羅波安二世告發、一面勸他離開北國，「逃往猶大地去，在那裡糊口。」但阿摩司予以嚴辭拒絕。

阿摩司作先知時，以色列正呈現一派繁榮興盛的景象。在耶羅波安二世統治下，國為列國之首，人最著名，疆域擴展，人民生計尚好。但阿摩司發現，所謂繁榮安定不過是表象。其實，隨著城市的發展和商業貴族的興起，大量財富逐漸集中在少數人手裡，富者更富，貧者益貧，窮苦大眾與少數豪富之間的矛盾日趨尖銳；政府腐敗，法律不公，致使下層民眾的仇恨與反抗愈演愈烈；加之正在勃興的亞述帝國對以色列虎視眈眈，整個國家已是危機四伏。然而，不少人卻抱著膚淺的樂觀態度，以為歌舞昇平的日子會永世長存。這使阿摩司憂慮、焦急、憤激，不得不登高疾呼，痛責種種社會罪惡；淋漓陳辭，以期喚醒國民的警悟。

《阿摩司書》是全部先知書中保存最完整的書卷，也是最明白易懂的作品之一。它由九章組成，可明顯分為三部分：

一、從第一章至第二章五節。這是一組簡短的演說詞，共同主題是譴責以色列各鄰國（敘利亞、非利士、推羅、以東、亞捫、摩押和猶大）的罪行。作者認為，他們侵略和欺壓別國人民，「三番兩次地犯罪」，因而亞衛降天火於其國中，燒毀他們的宮殿，殺戮他們的國民。

二、第二章六節至第六章。這組言論針對以色列而宣講，它們揭露當時的社會弊端，宣稱北國必遭審判；同時奉勸民眾秉公行義，棄惡向善。這是全書價值最高的章節。

三、第七章至九章，這部分主要記述了五個異象。「蝗蟲的異象」和「火的異象」內容相仿，都講亞衛要毀滅以色列，但因先知的祈禱，災難得以免除。「準繩的異象」說亞衛要以準繩爲尺度，嚴格衡量以色列人的行爲，「不再寬恕他們」。「一筐夏天的果子」的異象以成熟的果子作比喻，說明以色列人罪大惡極，已到了非毀滅不可的地步。「亞衛站在祭壇旁邊」的異象再次預言以色列即將大難臨頭——

……要擊打柱頂，使門檻震動，
打碎柱頂，使之落在眾人頭上；
所餘之人我必用刀殺戮，
無一人能倖免，無一人能逃脫。
他們雖然躲進陰間，
我的手必將他們取出；
雖然爬上天去，我必將他們拿下。
雖然藏在迦密山頂，
我必將他們搜尋捉出；
雖然從我眼前藏入海底，
我必命水蛇咬傷他們；
雖被仇敵擄去，

我必用刀劍追殺他們；
我要定睛注視他們，
不是降福而是降禍。

詩行通過亞衛之口，淋漓盡致地道出作者對民族危機的深刻認識。此後還有兩段話，談到以色列的結局和未來的復興，聲稱審判之後以色列要「分散在列國中」，但亞衛不會忘記與大衛家族所立之約，因而要使「以色列被擄的歸回」，使他們「重修荒廢的城邑居住，栽種葡萄園，喝其中所出的酒；修造果木園，吃其中的果子。」這些詩句與全書基調不甚吻合，故很可能是後人的補作。

全書第二部分嚴厲抨擊以色列的腐敗現實，高度強調道德淨化的意義，集中體現了《阿摩司書》的思想成就。

在這部分中，先知憤怒地揭露王公、貴族的驕奢淫逸：他們住著「象牙的房屋」，躺臥在鋪有繡花毯的象牙床上，「彈琴、鼓瑟、唱著消閑的歌曲，……大碗喝酒，用上等的油抹身。」同時指出，他們縱情揮霍的財富無不來自欺詐和掠奪：他們「踐踏貧民，向他們勒索麥子；」「苦待義人，收受賄賂，在城門口屈枉窮乏人。」……先知還注意到整個國家道德低下、世風墮落的狀況：父子與同一個女人行淫，女人則醉酒作樂，又慫恿丈夫去壓榨、欺凌貧苦的窮人……

鑒於這種現狀，先知認爲，一切傳統的宗教祭祀都已失去意義，即便有隆重繁冗的祀典、慷慨的什一奉獻、昂貴的燔祭素祭，以及從大衛時代承襲而來的美妙動聽的音樂，都無法挽救日益加劇的民族危機。要想免於罹難，只能弘揚公平和正義。

於是，他嚴正地傳來了這樣的「神諭」——

我厭惡你們的節期，
也不喜悅你們的嚴肅會。
我不悅納你們的燔祭和素祭，
也不顧念你們用肥畜獻的平安祭。
你們的歌唱在我耳中只是一片喧鬧，
我也不願聽到你們琴瑟的響聲
惟願公平如大水滾滾，
使正義如江河滔滔！

聯繫現實可知，這裡呼喚的「公平」、「正義」並非空洞抽象的概念。當時，富人和上層祭司醉心於宗教禮儀，企望以豐盛的供奉、鋪張的祭典來取悅神靈，以便突出他們在宗教和政治上的特權地位；阿摩司針鋒相對地貶低宗教禮儀的價値，強調善德與善行的意義，實際上正是作爲下層勞動群衆的代表，向爲富不仁的上層權貴進行強烈抗議。

阿摩司的這些言論賦予亞衛神以鮮明的道德性，從而爲猶太教的宗教理論向「道德神論」發展開拓了道路。此後，經其他先知進一步闡釋，一種對「道德」（或善惡）的徹底的一神論解釋逐漸形成：

一、獻祭和聖殿（亞衛神廟）只能提供一種虛假的安全，亞衛是否賜福給人們，取決於人們是否行善。

二、善來自亞衛，是亞衛的屬性，人間的公義和道德是人們順從亞衛的結果。沒有善惡兩種神（否定宗教二元論），只有善和背離亞衛的不善，不善的後果是招致亞衛的懲罰。

三、上述觀點再發展一步（質樸的阿摩司還未達到這種水平。）就是，只有亞衛無所不在的一個世界，而沒有天堂、人間、地獄之別，沒有今生和來世之分；也沒有靈魂和肉體的截然界線，因爲人不過是被亞衛賦予了生命力的物，而非物化的靈魂。

這些觀念雖未鼓吹以暴力手段反對現政權，卻已導致耶羅波安二世和亞瑪謝的驚恐不安，此事實足以說明阿摩司思想的革命意義。

《阿摩司書》以熱情奔放、簡練有力著稱。它通篇洋溢著熱烈、誠摯、激昂的情調，猶如先知正在向聽眾們慷慨演說。書中大半篇幅是詩體講演詞，充滿感染人心的藝術力量；局部兼有記傳式散文（七：一〇～一七）和記事性散文（第七到九章中的五個異象），也同樣燃燒著烈火般的激情。阿摩司以剛直不阿的品格、嫉惡如仇的精神被後人尊爲「以色列的良心」，《阿摩司書》也因其精闢的見解和鋒利的辭采，博得歷代學者的普遍贊譽。

《何西阿書》

何西阿是北國以色列的先知。他的生涯也開始於耶羅波安二世在位時，但比阿摩司稍晚些。當時東北方正在崛起的大國亞述以咄咄逼人之勢對以色列造成嚴重威脅，國內政局動蕩不安。耶羅波安二世不久後死去（約前七四五年），其子撒迦利亞繼位。撒迦利亞繼位僅六個月，就被沙龍所殺。沙龍篡位剛一個月，又被米拿現所殺。

上行下效，全國各處都被劣跡敗行所充斥：「官長最愛羞恥之事」、「首領因飲酒過量而成病」，祭司公然瀆職犯罪，偶像崇拜之風盛行……總之「這地上無誠實，無善良，無人認識神；但起假誓、不踐前言、殺害、偷盜、姦淫、行強暴、殺人流血接連不斷。」這幅圖畫正是公元前七二二年北國京都撒瑪利亞陷落前的社會剪影。何西阿就是在這一背景下度過其先知生涯的。

《何西阿書》集中表現了先知對時局的見解和對民衆的教誨——國難已迫在眉睫；大難將臨是國民叛離亞衛所致；出路只有一條，就是痛改前非，回歸亞衛。他在第一至三章中以自己娶淫婦爲妻的經歷喻示亞衛對子民的寬宏與厚愛，奉勸民衆改邪歸正，重新忠於自己的民族信仰；在第四至十四章中，又相繼發表一系列短論，反覆宣講以色列的罪惡、即將來臨的災難、亞衛的聖潔、公義與慈愛，以及民族復興的希望。

《何西阿書》最感人的章節是何西阿與失節妻子歌蔑的故事。這個故事表面描寫了一幕家庭悲劇：慈愛的丈夫娶了不貞的妻子，正當妻子在罪惡的泥潭中沈淪時，丈夫又寬容仁慈地將她贖回，並勸她棄惡從良。但作者並未孤立地講說故事，而是巧妙地從中引申出更深的寓意——亞衛與以色列人的相互關係。

在何西阿看來，亞衛與以色列人恰如丈夫之於妻子，西奈山的立約便是亞衛婚娶以色列的標誌。立約後亞衛始終恩待以色列人，以色列卻未信守盟約，而是追隨異神，崇拜偶像，一如歌蔑背棄丈夫，墮落爲一個可恥的淫婦。但亞衛卻不念前嫌，仍然厚愛以色列人，堅信他們必將回歸正道，最終再得他的恩惠。這種兩樁婚姻交織描述的手法可從第三章中約略窺見：

亞衛對我說：「你再去與那個背棄丈夫、淫亂放蕩的婦人重修舊好吧，就像我愛以色列人一樣；他們雖然轉向別的神，又獻祭給他們，我不還是照樣愛他們嗎？」於是，我就用十五兩銀子和二百八十斤大麥把她贖了回來。我對她說：「你當多日爲我獨居，不可行淫，不可歸別人爲妻，我會等候你的。」

以色列人也要這樣單獨地渡過一段日子，那時他們沒有君王和領袖，沒有祭祀和廟宇，也沒有祭司和家裡的神像。其後，以色列人必定回心轉意，尋求他們的神亞衛和他們的王大衛。在末後的日子，他們必以敬畏的心歸向亞衛，領受他的恩惠。

此前產生的中東上古神話曾廣泛描述過神祇之間的婚戀，如蘇美的豐饒女神伊南娜與牧神杜姆士的故事、巴比倫的大神迦勒底與女神瓦魯巴尼的故事等，但聲稱某神與一個民族互爲夫妻，卻是一種嶄新的觀念。

何西阿別開生面地以此彰明亞衛與以色列民族的關係，正是由於他從夫妻關係中發現一種至深和恆常的愛，並認爲只有這種愛，才足以表明亞衛對以色列人的態度。這個譬喻的內容今天看來固不可取，但它遠在兩千多年前就能以如此生動的形象，深入淺出地揭示出深奧的道理，卻不能不使人對古希伯來人的藝術才賦深表贊嘆。

何西阿因熱衷於傳揚愛的福音而被稱爲「愛的使者」、「愛的先知」。他自幼在北國長大，對自己的國民和國土懷有極深的感情，因而所傳之道不僅剴切而中肯，而且飽含對骨肉同胞的深沉摯愛。

他和阿摩司同中有異：兩人都痛責以色列的罪惡，奉勸民衆棄惡向善。但阿摩司強調亞衛的公義，表現出審判官的嚴厲；何西阿則渲染亞衛的慈愛，顯示出一個多情丈夫的溫柔與寬宏。

統觀全書，他有溫和之心，又不時爲義怒所震顫；有慈憐之愛，又不時流露出切膚之痛；寬厚仁慈，又不失莊嚴和嚴峻；對未來雖不悲觀，對現實卻時時失望。

《彌迦書》

據本書第一章一節載，彌迦是「摩利沙人」，此地可能是耶路撒冷西南迦特附近的一個小山村。彌迦生活於公元前八世紀下半葉，比阿摩司、何西阿稍晚，而與大先知以賽亞同時。這時，以色列與猶大已失去阿摩司時期的平靜，雄踞中東東北部的亞述帝國不但對敘利亞、以色列等北方國家造成直接威脅，也給南方的非利士、猶大等帶來覆亡的陰影。但以色列、猶大的統治者並未因此而儆醒，而是依舊沈溺於紙醉金迷的逸樂之中。

農夫出身的彌迦從貧窮的鄉村來到繁華的撒瑪利亞和耶路撒冷，吃驚地發現這兩座京城到處都充斥著腐敗和邪惡：奸商、高利貸者不擇手段地聚斂財富，國王、貴族、先知、祭司蛻變爲貪污受賄者、酒徒和殺人凶犯，僞善、貪婪、欺詐等不義之事舉目可見，貌似文明的都市早已成藏污納垢之所。

彌迦爲此而義憤塡膺，便用深惡痛絕的言詞斥責種種醜惡現象，同時對那些深受欺壓的下層勞動者寄以極深的同情。

一般認爲，《彌迦書》中的七章預言來自多種渠道，其中前三章大體是彌迦本人的言論，後四章則有較多他人的增補。前三章幾乎全部由詈罵或威嚇性詩句組成，中心內容是借亞衛之口痛責撒瑪利亞和耶路撒冷的各種劣跡。先知的怒火首先指向地主和惡霸：

禍哉！那些躺在床上籌劃惡事、
圖謀不軌的人！
你們仗著自己的勢力，
天一亮便起來行惡。
你們想得到田地，
就去霸占別人所有的；
你們想得到房屋，
就用欺壓的手段去強取。

先知警告說，這種人必有一日會遭到亞衛的嚴懲，陷於大災之中：

到那天，仇敵要作詩譏諷你們，
你們要唱起悲慘的哀歌說：
「我們全然敗落了！
亞衛把我們的產業交給別人，
我們被趕離家園；
田地也被別人掠奪去了！」

接著，先知又以極大的義憤痛斥以色列的首領：

以色列的首領，你們要留心傾聽，
難道你們不懂得公平？
你們棄善好惡，苦待人民，
從人身上剝皮，從骨頭上剔肉。剝他們的皮，吃他們的肉，
又打折他們的骨頭……

以「剝皮」、「吃肉」、「打折骨頭」等語詞控訴當權者的十惡不赦，揭露尖銳對立的階級

關係，這在先知書中尙屬罕見。作者隨後進一步指出，正是這些「厭惡公平」、「屈枉正直」的首領，使錫安染滿血腥，使耶路撒冷遍佈罪行：

法官爲賄賂行審判，
祭司爲薪俸施訓誨，
先知爲銀錢行占卜。

面對這般情景，作者不禁發出最沉痛的預言：

錫安必像田地一般被人耕種，
耶路撒冷必變爲廢墟，
聖殿所在的山也必荒蕪，成爲叢林一片。

以賽亞曾稱聖殿爲神聖不可侵犯之地，而彌迦竟宣告了它的毀滅，預言亞衛的居所將變爲一片廢墟——還有什麼更深的憂憤能甚於此！這段著名的預言給人留下的印象如此深刻，以至一百多年後的《耶利米書》還將其原文引用。

《彌迦書》第四、五章是一組有關以色列未來遠景的預言。先知指出，災難過後必有復興，在「末後的日子，亞衛聖殿所在的山必被豎立，超乎諸山，高於萬嶺，萬民都要流歸這山。」到那時，各國之間將不再兵戎相見，人們「要將刀打成犁頭，把槍打成鐮刀；這國不舉刀攻擊那國，他們也不再學習戰事。」

這幾節與《以賽亞書》第二章二至四節幾乎完全相同，故有人認為彌迦與以賽亞生前可能有過思想交流。但也有人推測這是後代編者所造成：相比之下，《以賽亞書》這段話與其前後文不甚諧調，因而宜將其視為彌迦的言論，而後來又把它編入了《以賽亞書》。

第五章二節聲稱，將有一位君王出自伯利恆，「他的根源從亘古，從太初就有。」——這是聖經先知書中較早出現的一段「彌賽亞預言」。

全書最後兩章的內容比較繁雜，但基本論題仍圍繞著道德問題展開：再次譴責以色列人的種種惡德，並重申亞衛喜悅善良、厭惡祭祀的性格。這兩章對各種失德者的抨擊並不亞於開頭三章，上至君王、富戶、下及平民百姓都在批評之列：

統治者們「雙手作惡，君王徇情面，審判官要賄賂，位高者心懷惡意，他們都彼此勾結行惡；」「富戶肆行強暴，」用「不公道的天平」和「詭詐的砝碼」賺取「非義之財」；就連家庭成員之間也善德喪盡，「兒子藐視父親，女兒抗拒母親，媳婦抗拒婆婆，人的仇敵就是自己家裡的人。」

總之，「地上虔誠人滅絕，世間沒有正直人，人人埋伏要殺人流血，都用網羅獵取兄弟；……他們最好的不過是蒺藜；最正直的不過是荊棘籬笆。」

在尋求社會出路時，彌迦與阿摩司、何西阿殊途同歸，都呼籲人們敬畏亞衛，棄惡從善，完善道德。這些要求在各書中一再表現為將亞衛塑造成喜悅善良、厭惡祭祀的道德神：繼阿摩司之後，何西阿曾講出這樣的名句——

我喜愛善良，不喜愛祭祀；
喜愛認識上帝，勝於燔祭。

在《彌迦書》中，先知再次說出類似的話：

亞衛豈喜悅千千萬萬的公羊或油脂嗎？……世人哪，亞衛已指示你們為善。他向你要的是什麼呢？只要你行公義，好憐憫，存謙卑的心，與你的神同行。

他們都認為，只有虔誠、善良、富於愛人與憐憫之心，才能得到亞衛的福佑，國家才能興盛發達；而徒具形式的隆重儀禮，沒有眞正或超驗的意義。

在希伯來正典先知中，彌迦以嫉惡如仇的鬥爭精神給人留下深刻的印象。他既有以賽亞的頑強鬥志、阿摩司的犀利目光，又不乏何西阿的滿腔衷情。面對即將到來的國難，他曾哀嘆：「我必大聲哀號，赤腳露體而行；又要呼號如野狗，哀鳴如鴕鳥。」一顆拳拳赤子之心躍然紙上。他的文章一如其人，率直、純樸之中飽含深摯的愛國之情，實乃聖經先知文學的精品。

意蘊情深的絢麗幻想

——啓示文學

先知運動衰落二百多年後，一種新型作品在希伯來文壇上異軍突起，這就是啓示文學。啓示文學是希伯來書面文化遺產中最晚出現的文類，發展、繁盛於公元前二世紀至後一世紀。

啓示文學的繁榮有著廣闊的歷史文化背景：就創作動機和社會效用而言，它們與現實生活息息相關；從思想特質和藝術技巧上看，它們則直接繼承了先知遺產，並從四鄰諸族文學中汲取了豐富的營養。

時代背景

公元前後三百來年的巴勒斯坦，正處於希臘化後期和羅馬人統治時期，這是一個遍佈血污與淚痕，交織著呻吟與吶喊的時期。

公元前一九八年，塞琉古家族的安條克三世從托勒密王朝奪走巴勒斯坦。因頒布保護希伯來人的宗教信仰、維護聖殿的神聖性等法令，塞琉古王朝一度受到擁戴。但好景不長，前一七五年安條克四世繼位後，猶太教遭到希臘文化前所未有的猛烈衝擊。

安條克四世在耶路撒冷和巴勒斯坦各地強制推行異教習俗，支持大祭司耶孫按希臘城邦的樣式修造各種城市設施，並對猶太男子仿效希臘習慣進行的裸體競技大加贊賞。

前一六八年，他指揮敘利亞軍隊進駐耶路撒冷，頒發一項使巴勒斯坦完全希臘化的敕令：禁止行割禮，不得守安息日，處死收藏「妥拉」（法律書）的人，聖殿用來改拜奧林匹斯主神宙斯，其祭壇改以各種不潔之物供奉異族神祇。

當敕令遭到猶太人的本能抵制時，他竟洗劫聖殿，屠殺無辜居民。有史以來，猶太人第一次僅僅因爲履行其民族信仰而被置於死地。

同年，在耶路撒冷西北部農村，一批不甘受辱者在馬卡比（「揮錘者」）家族的領導下揭竿而起，反抗當權者的迫害。面對希臘人的血腥鎮壓，起義者們浴血奮戰，頑強抗爭，終於在前一六四年十二月奪回耶路撒冷，再次潔淨聖殿，恢復獻祭。

嗣後數十年，猶大國處於哈斯蒙尼人（馬卡比家族的後裔）的控制之下。哈斯蒙尼人取得了某些物質成就，但國家仍始終戰亂不息，人民生活極不安寧。在意識形態領域，希臘文化的滲透造成猶太教內部的嚴重分裂與爭端，當羅馬將軍龐培於公元前六十四年揮師東進時，希伯來民族已接近其發展的最低點。

羅馬人佔領西亞後，巴勒斯坦成爲羅馬帝國的一個行省，由皇帝任命的總督、分封王、巡撫管理。這些代理人大多積極效命外族主子，不遺餘力地鎮壓本族同胞。如，公元廿六至卅六年任職的龐丟斯．彼拉多就曾命令把繡有羅馬皇帝肖像的旗子打進聖殿，公然對猶太教徒的傳統信仰進行挑釁；另一個總督弗洛魯斯也以謀反罪名將許多無辜者判處死刑。這使反羅馬的猶太戰爭終於公開爆發。

公元六十六年，戰爭發端於該撒利亞城，隨後迅速蔓延到整個巴勒斯坦。戰爭初期，反抗者雖因指揮官們的內訌而削弱了自身的戰鬥力，但仍頑強抵抗羅馬大將維斯帕欣的進攻；後來，終因寡不敵衆而節節敗退。公元六十七年加利利失陷，七十年耶路撒冷聖殿再次被焚，七十三年義軍全部慘遭鎮壓。

當最後一處山頭要塞被羅馬人攻陷時，「守衛在那裡的只剩下兩位婦女和五個孩子，他們可以傳揚九百六十名守衛者的悲壯事蹟。」戰爭期間，成千上萬的猶太人被釘死在十字架上，更多的人被賣爲奴。

戰爭過後，猶太人又進行了兩次反羅馬戰爭，也都以失敗告終。公元一三七年冬，最後一批起義者被虐殺，起義領袖巴爾·科巴壯烈犧牲。至此，猶太人完全喪失了獨立地位，古希伯來民族徹底淪亡。

啓示文學就是在這腥風血雨的淒慘年代應運而生的。它們隱晦地折射出當年希伯來人的痛苦呻吟、悲憤抗議和對希望之光的熱烈渴求。

基本思想

「啓示」一詞譯自希臘文 apokalyptein，原意爲「以神諭方式揭開隱蔽的眞理」。這一內涵規定了啓示文學作品的主要特徵：通過描寫各種奇異古怪的「異象」，在「傳達上帝啓示」的名義下曲折地宣傳作者對當代問題的見解和主張。那麼，啓示作品揭開了何種「隱蔽的眞理」，表達了哪些見解和主張呢？——集中到一點，就是所謂「末世論」（Eschatology）思想。

末世論是猶太教的主要神學命題之一，論述世界末日的情景和世人的最終結局。其基本論點是：世界的末日已指日可待；屆時亞衛上帝將實行最後審判，使義人享永福，惡人受永罰；爾後建立由彌賽亞永遠統治的新天新地。

在宣揚這些論點時，啓示文學的作者首先極力強調亞衛的超卓地位。他們說，亞衛是獨一的上帝，是全知和全能的主，其權力遍及天上、地下、自然界和人間，其旨意無論何物都無法違抗。亞衛還決定著歷史的進程，這進程他已啓示給他的僕人——歷代先知們，先知將啓示筆錄成卷，就有了啓示文學作品。

根據亞衛啓示的歷史進程，世界的末日不久就要到來（甚至可用具體的數字計算日期）。當「末世」到來時，天使和魔鬼、光明和黑暗將進行空前激烈的決戰，上帝將降臨世界實施最後的判決——使天使戰勝魔鬼，光明戰勝黑暗；讓義人領受賞賜，惡人遭到懲罰。至於賞賜和懲罰的形式，各書說法不同，最値得注意的是有關死人「復活」的觀念：

> 睡在塵埃中的，必有多人復醒。其中有得永生的，有受羞辱永遠被憎惡的。智慧人必發光，如同天上的光，那使多人歸義的，必發光如星，直到永永遠遠。（《但以理書》）

最後判決標誌著現存世代的終結，也意味著另一個新世代的到來。因爲「至高者不是造了一個世界，乃是造了兩個。」（《以斯得拉二書》）當現世的腐敗達到極點時，另一個公平、美滿的新世界——上帝之國就要來臨。

在「上帝之國」來臨之際，亞衛將派一個至關重要的角色——彌賽亞降臨。《但以理書》第七章十三節稱彌賽亞爲「一位像人子的」：

我在夜間的異象中觀看，看見一位像人子的，駕著天雲而來，被領到亙古常在者面前。……

不同於早期彌賽亞被描寫成一個由「童女懷孕」而生的「嬰孩」（《以賽亞書》）；這時，他本來就存在於天上，當最後的時刻到來時，他將出現於榮耀的寶座上，代替上帝對世界實施審判，送罪人去受永恆的懲罰，接義人享受永遠的酬報，並永久統治「上帝的國度」：

他得了權柄、榮耀、國度，使各方、各國、各族的人都事奉他。他的權柄是永遠的，不能廢去；他的國必不敗壞。（《但以理書》）

——以上就是「末世論」思想的大致輪廓。這幅景象看似神秘怪誕，但聯繫希伯來人紀元前後的慘痛歷史，其世俗性基礎仍可清晰窺見。

如前所述，紀元前後的三百來年，是希伯來民族徹底淪亡前的最後年代。這一時期，希臘塞琉古王朝和羅馬帝國的野蠻、殘暴程度，遠遠超過歷代的異族統治者。

此前的新巴比倫人雖將數萬猶大居民擄至美索不達米亞，但在當時，囚居者並非完全過著難以忍受的痛苦生活。他們可以通婚，組織正常的家庭，有人還擁有房產；他們的社團享有一定程度的自治權，並能進行本族的宗教活動。

波斯大帝居魯士征服中東後，對異教諸族也很寬容。他允許被征服者保持各自的民族習慣，還頒發敕令，許可被囚的希伯來人返回耶路撒冷，重建聖殿。

希臘化前期（前三〇一～前一九八年），統治巴勒斯坦的托勒密王朝承襲了波斯人的宗教寬容政策。

他們雖對希伯來人施加了沈重的經濟負擔，但卻允許他們在其他方面不受干擾地管理自己的民族事務。因此，這幾百年中猶太人雖屈身爲奴，卻很少採取暴力行動反抗異族的統治。通過發展宗教，他們的苦難心靈得到了撫慰，重壓下的靈魂獲得了某種平衡。

然而，從安條克四世起，情勢卻急轉直下。宗教——猶太人的最後避難所遭到無情地衝擊；爲維護民族信仰，他們甚至一次次付出血的代價。這時，忍無可忍的人們除了拿起武器、以死相拼，已再無其它出路。

然而，由於力量弱小，寡不敵衆，起義先後都遭到慘敗——直至古希伯來民族最後淪亡。

啓示文學正是在現實的自救希望日趨渺茫之際，幻化出「末日審判」的壯麗景觀的。其作者企圖以此告慰絕望的同胞：莫因當今的不幸而憂愁沮喪，亞衛上帝賞善罰惡的時刻就要來臨，猶太人永遠昌盛的國度終將建立。可見，啓示文學的本質乃是基於現實苦難的狂熱理想主義。

「末世論」觀念的前身繁多而複雜。

首先是希伯來先知關於「亞衛審判日」的概念和對彌賽亞的盼望。早在第一位正典先知阿摩司筆下，「亞衛日」便被稱爲「黑暗而沒有光明」的日子。（《阿摩司書》）猶大亡國前，西番雅認爲，在「亞衛發怒的日子」，不僅耶路撒冷的罪惡之民要遭到攻擊，迦南等地的外邦人也要滅亡。「那日是忿怒的日子，是急難困苦的日子，是荒廢淒涼的日子，是黑暗、幽冥、烏雲密布的日子，是吹角吶喊的日子。」（《西番雅書》）

此後，大先知耶利米也以同樣的歷史觀看待末世，想像著那時不但世人必遭審判，自然界也將混亂一團。（《耶利米書》）再後，在《以西結書》和《撒迦利亞書》的部分章節中，末世論的意味更加濃重。但不同於啓示文學，末世論在先知書中只局部涉及，而未成爲系統表述的基本主題。

對彌賽亞的盼望也源於先知著作。（主要見於《以賽亞書》、《耶利米書》、《撒迦利亞書》等卷。）

在先知書中，彌賽亞最初是一個以援救以色列爲己任，出自大衛血統的世俗君王。之所以必須出自大衛血統，是因爲希伯來人篤信，王位已被亞衛上帝永遠許諾給大衛家族。（《撒母耳記（下）》）

後來，第二以賽亞稱波斯皇帝古列（即居魯士）爲彌賽亞，認爲上帝選擇了他將被囚之民送回故鄉。另一位先知哈該則將此榮譽授於所羅巴伯——一個指揮重建聖殿的王族後裔。但直到此時，彌賽亞仍是現世性或歷史性的；他是人們期待的眞實民衆首領，雖具備上帝賦予的超常權能，本身卻不是神。

而到了啓示文學，彌賽亞形象發生了質變——一躍成爲一個超現世或超歷史的角色；他乃上帝由天上派遣而來，在末後的日子協同（或代替）上帝施行審判。

除先知書外，末世論的形成還受到異族文化的不少影響。布萊特（John Bright）指出：「啓示文學所光輝表明的，是以色列人借用與適應的本領。他們能把借用的東西變成爲自己的東西。」

考查證明，啓示文學中的宇宙二元論和倫理二元論傾向，以及將歷史視爲若干階段、篤信末日將臨、最後審判陰森可怖、人死後仍能復活等觀念，就或多或少地借鑒了波斯、腓尼基和亞蘭神話的類似說法。

比如波斯人認爲，宇宙永遠處在善與惡兩大神系的搏鬥中，人類也受其影響而爭鬥不已。因正義方面往往失敗，善良而忠誠者便不得不「藉一種希望自慰，期望不久的將來有一次大災變，那時惡勢力將遭毀滅，全人類經最後審判，正直的人，不論在世的還是已死的，都將在一個新世界中享受一種新的生活。」（羅伯遜：《基督教的起源》）

文學特徵

啓示文學生活的沃土，又從前代遺產中汲取了豐富的營養。在民族文學的長河中，它們是先知書的直接後繼。「啓示」者，乃「啓示亞衛旨意」之謂，而「啓示亞衛旨意」正是先知們自詡的使命。

啓示文學的基本主題——以「亞衛審判日」概念和對彌賽亞的盼望為核心內容的末世論觀念，如前所述，也早就出現在一些先知著作中。此外，它們還繼承了先知書的「語言、熱情和幻想」，以及先知們哀國憂民的深摯感情、悲憤犀利的文章風格，和寓言、異象等表現手法。啓示文學之所以接近先知文學，從根本上說，是二者都產生於民族危機日愈加深之際，又有著前後相承的時間聯繫。

但啓示文學卻不是先知文學的簡單重複。在不少方面，它們體現了全新的文學風貌。一般說，先知書最初是先知們向民衆講演時的演說詞，講演的目的是奉勸國民棄惡從善，以免受罰。這時賞罰主要還是現世的：獎賞是在亞衛應許的國土上得享安樂，懲罰則來自外族入侵——二者均毋需借助超自然的外力。

相對於此，啓示書卷最初卻是書寫的文章，作者的意圖是告訴族人，上帝已制訂了何種計劃，將來會發生什麼事——以超現實的描寫給族人以心靈的慰藉和滿足（而非勸人改邪歸正）。因具有某種「批判現實」的特質，先知書中以直陳其事的政論文居多；而啓示文學既將筆觸指向「末世」，文體也相應轉變為含義晦澀的象徵性描寫。

啓示書卷中常有一個縱貫始終的線索性人物，他看到寓意不明的異象，這異象一般以離奇古怪的畫面表達既定的思想，（如，以一隻怪獸吞滅另一隻怪獸，說明一個國王推翻另一個國王。）其含義則通過某個解釋者——大多是天使——予以澄清。

不同於先知書皆以現世的弊端為指摘對象，啓示文學向人們展示的，是一幅幅寓意抽象、歷史背景淡化的宇宙性衝突。衝突的場所時而在天上，時而在地面，時而在陰間；衝突的雙方有時是人與獸，有時是天使與魔鬼，有時是上帝和世間的邪惡勢力。（然而，具有諷刺意味的是，這些衝突雖被描述爲「宇宙性」的，卻只發生在世界的一角——巴勒斯坦及鄰近地區，只與少數人——猶太人和早期基督徒有關！）

但在某些章節中，衝突的世俗意義也有相當清楚的暗示，如《但以理書》第七章廿、廿一節談到一隻怪獸頭上長出的小角時說：

> 這角有眼，有會說誇大話的口，形狀強橫，甚於牠的同類。我觀看，見這角與聖民爭戰，勝了他們。

聯繫上下文，「這角」明顯是指褻瀆猶太教、欺壓希伯來人的安條克四世。

最後，區別於先知書大多留有作者的眞實名字，啓示文學往往僞托古人之名，把已發生過的歷史當作上帝向古人的「啓示」來陳述。在各啓示作品中，這位古人多是歷史上或傳說中的偉大人物，如亞當、以諾、摩西、以賽亞、巴錄、但以理、以斯拉等。

但以理就是希伯來人中一位有口皆碑的智者，有關他如何聰明機智的故事早已流傳於民間。《以西結書》曾三次提到他的名字，將他與挪亞、約伯並稱爲義人。

那麼，啓示文學何以要簽署古人之名？除顯而易見的原因——爭取更多的讀者和更大的社會效應外，加百爾（J.B. Gabel）認爲：「這種作法是當時的文學慣例，」啓示書卷「表達了寫作者的觀點，卻簽署上過去某個偉大宗教人物的名字，這是當時傳遞思想見解的某種既定形式——要想使自己的觀點被別人知曉，就勢必如此而行。」

上述種種差異的產生均與特定的歷史條件有關。以主題的轉換爲例，先知時期，希伯來民族固已災難重重，但畢竟還未到窮途末路之際，因而先知們無不熱衷於現實問題的解決；而到了啓示文學時期，復興的可能日趨渺茫，以致不甘淪亡的猶太文士不得不把筆觸指向虛幻的宇宙大決戰，企望到「末世」能天地改觀，乾坤扭轉，希伯來人的「理想國」最終能夠實現。

《但以理書》

《但以理書》是啓示文學的代表作之一。全書十二章，明顯分爲兩部分：第一至六章是但以理的故事，描述但以理等愛國者在異邦宮廷中如何維護本民族的宗教信仰；第七至十二章是一系列異象和預言，隱晦地說明巴比倫等帝國的興衰和世界的最終結局。

按前六章的記載，但以理出身於猶太貴族，尼布甲尼撒摧毀耶路撒冷時被擄至巴比倫，在那裡獲選入宮侍奉皇帝；數十年後，波斯取代巴比倫，他又在波斯朝廷中擔任要職。這一階段，但以理最有名的事蹟是爲尼布甲尼撒解夢和投入獅窟而不受傷害。

前者說的是：一次，巴比倫王尼布甲尼撒作了一個奇怪的夢，醒來時再也回憶不出，因而心煩意亂，四處找人釋夢。巴比倫的術士、巫師和哲人無一能解，於是求助於但以理。

但以理從夜間的異象中了解了其中奧秘，便前往宮中給國王解釋。他說，國王夢見一個巨像，「這像的頭是金的，胸膛和手臂是銀的，肚腹和腰是銅的，腿是鐵的，腳是半鐵半泥的。」有一塊石頭「打在這像半鐵半泥的腳上，把腳砸碎，於是金、銀、銅、鐵、泥，都一同砸得粉碎。」而打碎巨像的石頭卻「變成一座大山，充滿天下。」

接著，他解釋道，這夢以金、銀、銅、鐵象徵巴比倫、波斯、希臘和羅馬四個帝國，它們的國力漸次衰弱，一國不如一國；而打碎巨像的石頭則喻示終將到來的亞衛上帝的永恆國度，這國「永不敗壞，也不歸於別國的人，卻要打碎，滅絕那一切的國。」

尼布甲尼撒聽後，連忙向但以理下拜，說：「你既能顯明這奧秘的事，你們的神誠然是萬神之神、萬王之王。」遂以厚禮賞賜他，「派他管理巴比倫全省。」

後者說：大利烏王統治時，但以理因求告本民族的神而遭到波斯總長和總督的謀害，被投到獅子洞裡，但「神差遣使者封住獅子的口，叫獅子不傷害」他。大利烏見但以理的神顯靈，就下令「把那些控告但以理的人，連他們的妻子兒女都帶來，扔進獅子坑中。他們還沒到坑底，獅子就抓住他們，咬碎他們的骨頭。」隨後，大利烏又降旨曉諭全國，要人們都「在但以理的神面前戰兢恐懼，因爲他是永遠長存的活神。」

在這兩個故事中，作者試圖通過但以理折服異教君王的事蹟，說明亞衛神必將保護希伯來人度過艱難歲月，以此激勵同胞們堅定信仰，以敬虔的行爲等候最終的拯救。在寫作手法上，因它們仍以敘述故事爲主，故應屬於小說範疇。

全書後六章是典範的啓示文學作品。

這部分首先出現的是「四獸的異象」。說的是巴比倫王伯沙撒元年，但以理在床上做夢，夢見如下的景象：

我夜裡看異象，看見天的四風陡起，刮在大海之上。有四個巨獸從海中上來，形狀各有不同：頭一個像獅子，有鷹的翅膀；……又有一獸如熊，用兩隻後腿站立，口中銜著二根肋骨；……又有一獸如豹，背上有四個鳥的翅膀。……第四獸甚是可怕，令人恐怖。它用大鐵牙咬碎獵物，然後用腳踐踏。它與前三獸不同，頭有十角。我正觀看這些角，見其中又長起一個小角；先前的角中，有三個被它連根拔出來。這角有眼，像人的眼，還有口，能說誇大的話。

我正在觀看時，見有寶座設立，上面坐著亘古常在者，他的衣服潔白如雪，頭髮如純淨的羊毛。……事奉他的有千千，在他面前侍立的有萬萬。他坐著要進行審判，案卷都展開了。……

我在夜間的異象中觀看，見有一位像人子的，駕著天雲而來，被領到亘古常在者面前。……

我就走到一位侍從那裡，請他爲我解釋這一切。

於是，他解釋說：「這四頭巨獸是指將在世上興起的四個帝國。然而，至高者的聖民將享受王權，直到永永遠遠。」

這幅畫面典型地體現了啓示文學的基本特點：全文由異象講述人、異象本身、異象解釋者和解釋的內容構成，表達了末日審判觀念和對彌賽亞的盼望，以怪誕的圖景暗示眞實的歷史事件，最終目的是說明：「至高者的聖民（即猶太人）將享受王權，直到永永遠遠。」

隨後相繼是「公綿羊與公山羊的異象」、「有關耶路撒冷的預言」、「底格里斯河的異象」和「末日的啓示」。

它們以象徵手法描寫了從波斯王古列到安條克四世的歷史：波斯衰落後希臘王亞歷山大興起，亞歷山大死後，帝國一分爲四——馬其頓、希臘、敘利亞和埃及，北方的敘利亞和南方的埃及交戰，敘利亞王安條克進攻埃及失敗，失敗後嫁禍耶路撒冷，恣意污穢聖殿，大肆屠殺猶太人。

全書結尾處寫上帝安慰但以理，在末世到來時，智慧人必引導多人歸義，義人將享受永遠的福祉。

從上述內容可見，《但以理書》的眞正作者不可能是公元前六世紀的但以理，而是某個熟悉巴比倫、波斯、希臘等帝國興衰史的人。

關於這卷書的形成時間和寫作目的，恩格斯早就清楚地指出：「《但以理書》的作者，在一六四年名王安條克死前不久，把關於波斯、馬其頓的世界統治的興衰和羅馬的世界統治開始的預言，放在好像尼布甲尼撒時代的但以理嘴裡，以便通過這種證實自己預言效應的辦法，使讀者能夠接受最後關於以色列人會克服一切困難，終將勝利的預言。」

《但以理書》是啓示文學的肇始之書，其後至少產生過十五種以上同類的作品，如《次經》中的《以得拉二書》，《僞經》中的《以諾書》、《摩西升天記》、《巴錄啓示書》，「死海古卷」中的《光明衆子與黑暗衆子的戰爭》等。此外還應提到《新約》中的《啓示錄》。

《啓示錄》是最有代表性的啓示文學作品。書中以五組異象（七印、七號角、七異兆、七碗、基督與魔鬼的戰爭）詳列世界末日的景象，結尾處刻意描寫了基督的勝利。因它表現的基督教的組織形式和教義內容都較簡單，還未脫出猶太教的範圍，故可以認爲，《啓示錄》兼爲最晚的猶太教文獻和最早的基督教文獻，也是連結希伯來文學與基督教文學的橋樑。

世界詩苑中的瑰異景觀
——聖經詩歌綜覽

詩歌在聖經文學中佔有十分重要的地位。僅就篇幅而言，《詩篇》、《箴言》等六部詩歌書已佔全部聖經的五分之一；若連同散見於其它各卷中的詩作，則總量超過四分之一，中文譯本總字數達二、三十萬言。如此一批洋洋灑灑的詩歌遺產，不僅是希伯來文學寶庫中的璀璨明珠，在世界詩苑中也是別有天地的一大景觀。

聖經詩歌的創作和研究

希伯來人是一個善於歌唱的民族。至今雖無法確定最早的希伯來詩歌產生的時間，但可以肯定，在書面作品出現之前很久，希伯來人就已運用唱謠曲、說故事、猜謎語、講格言等方式，將各種古老傳說、歷史故事和人生經驗保存下來，並一代代傳唱下去。

希伯來文化遺產的最早作品「摩西五經」中的一些材料，無疑就來源於這種渠道，而這些材料中的一部分便是詩歌，如《拉麥復仇之歌》（《創世記》）、《紅海勝利歌》（《出埃及記》）等篇的部分章節。

除通過口耳相傳的方式保留早期詩作外，上古希伯來人還編纂過一些詩文集，其中知名的如《亞衛戰記》和《雅煞珥書》。據聖經記載，《邊境線之歌》（《民數記》）、《亞雅崙谷之歌》（《約書亞記》），以及大衛哀悼掃羅和約拿單的《弓歌》（《撒母耳記（下）》）等，即由其中轉載而來。可惜的是，這兩卷古書今已失傳。

從公元前十二世紀左右至公元後一世紀，是希伯來文化，也是希伯來詩歌發展、嬗變、繁榮直至衰落的時代。保留在聖經、《次經》、《僞經》和「死海古卷」中的大量詩歌作品，均寫作（或筆錄）於這一時期。

這批詩作集中薈萃於聖經中的《詩篇》、《哀歌》、《雅歌》、《箴言》、《約伯記》、《傳道書》和《次經》中的《便西拉的智慧》、《所羅門的智慧》等卷，此外還多少不等地散布於希伯來古文獻的其它若干書卷。

公元一世紀後，隨著希伯來民族的淪亡，他們的詩歌創作亦告終結。

從作品透露的情況來看，希伯來詩歌的創作年代長達千餘年——從遊牧時期、出埃及時期、士師時期、王國時期、分國時期、被擄時期、波斯時期直到希臘、羅馬時期；創作地點遍佈巴勒斯坦及四鄰的廣大區域——如紅海之濱、西奈曠野、以色列城鎮、猶大鄉村、耶路撒冷聖殿、巴比倫河邊；作者幾乎來自當時社會的各個階級、各個階層——諸如國王、官宦、祭司、士師、先知，以及樂師、工匠、牧人、香客、囚徒、村民等等。

聖經詩歌的作者大多數是無名氏，只有少數例外。

署名詩作多見於先知書各卷。先知書大都用詩文雜糅的文體寫成，通常是散文，激昂亢奮時便轉而爲詩。

吟誦這類針砭性的詩文在當時要冒殺頭的危險，先知們簽署上自己的名字，正表現了大無畏的精神；可以認爲，這是一批確知作者名字的詩歌。

此外，還有一類署名作品，但很難考證所署之名和該詩的眞正作者是否統一。比如，《詩篇》中有七十三首詩被歸於大衛名下，但論及大衛的著作權時，有人認爲，要想確認其中任何一首是大衛作的，都極爲困難。又如《雅歌》雖署名爲「所羅門的歌」，但學術界眞正把它當作所羅門作品的人並不多。

當然，這樣說並非否認大衛、所羅門可能具備的詩歌天賦。大衛、所羅門終究是希伯來歷史上最負盛名的國王，據稱不僅具有濟世救國的宏謀大略，而且資兼文武，多才多藝。大衛會彈琴歌唱，並發明過多種樂器；所羅門更有聰慧過人、出口成章的美名。不妨認爲，聖經詩歌的繁榮和他們的熱心提倡與帶頭創作是密不可分的。

在考察聖經詩歌的一般特徵時還應看到，希伯來人的詩歌創作和他們的宗教活動常有著密切的聯繫。據《民數記》載，摩西率衆出埃及、離開西奈山後，護送約櫃走在群衆行列的前面，每當約櫃抬起，他就吟道：

亞衛啊，求你興起！
驅散你的仇敵，
使恨你的人逃跑！

每當約櫃停下，他則說

> 亞衛啊，
> 求你回到以色列千萬人中！

這兩句詩表明，聖經詩歌的一些作品是作爲宗教活動的一部分而創作和應用的，它們的吟誦伴有某種動作，這些動作又因詩句的內容而獲得某種喻義。如上句以「約櫃抬起」喻「亞衛興起」，以「約櫃停下」喻「亞衛回到以色列千萬人中」。

希伯來人的宗教儀式中不僅吟誦詩歌，還常有琴笛鼓瑟伴奏，有時甚至出現載歌載舞、蔚爲壯觀的遊行場面。比如，當約櫃運到耶路撒冷時，「大衛和所有以色列人都盡情跳舞歌唱，……他們彈奏各種樂器，有豎琴、七弦琴、小手鼓、響板和鐃鈸。」（《撒母耳記（下）》六：五）可見，某些聖經詩作不僅合樂，還伴以舞蹈。

《詩篇》中的許多詩開頭或結尾處注有「用絲弦樂器」、「調用百合花」、「交與伶長」等說明性用語；詩行中曾七十一次出現音樂性術語「細拉」，這些都是其合樂性的明證。一些研究符號學的學者認爲，「細拉」一詞本身並無意義，它只由聖殿合唱隊的指揮者使用，用時相當於一個重音標記，表示對該處內容的強調。也有人認爲，它類似一個休止符號，示意唱詩至此應有短暫的停頓。

後人對希伯來詩歌的興趣產生得很晚。人們雖然早就知曉聖經中有詩歌存在，但因它們的語言和結構形式迥異於西方詩歌，探險者們便不得不在這座藝術迷宮前勒馬卻步。

中世紀的聖經研究完全被封建教會所壟斷，充當了宣揚神學教義的急先鋒，那時若有人試圖從文學或美學角度談論它，必會被視爲離經叛道。

到了文藝復興時期，聖經先後被譯爲歐洲各國語言，但早期翻譯者們爲了保持希伯來文本、希臘文本和拉丁文本的原貌，均未將詩歌和散文作品加以區分，如最有影響的英文欽定本（一六一一年）和德文馬丁·路德本（一五三二年）便是如此。

直到十八世紀中葉，英國牛津大學教授羅伯特·洛斯（Robert Lowth）才對聖經詩歌進行了卓有成效的研究，其研究成果匯集於《希伯來聖經講演集》（一七五三年）中。正是由於他的鑽研和發現，聖經詩歌才以清晰的面目呈現於世；也正是從這之後，人們對聖經詩歌的興趣才與日俱增。

十九世紀以來，新的聖經翻譯者、編輯者們紛紛將詩歌部分改排詩體，以便普通讀者能順利地將其辨認出來，並作爲審美對象而鑒賞。

同時，一批研究希伯來詩歌的專著也相繼問世，如一九一五年，英國學者格雷（G.B. Gray）發表《希伯來詩歌的形式》一書，專門分析了希伯來詩歌的語言和結構特徵；一九四七年，羅賓遜（T.H. Robinson）和約德（S.C. Yoder）分別在倫敦和賓夕法尼亞出版同名專著《舊約的詩歌》，其中約德一書不僅論及聖經詩歌的產生條件和形成特點，還用詩體重譯了希伯來聖經中的大部分詩作。

一九七九年，布洛克（C.H. Bullock）在芝加哥出版《〈舊約〉詩歌書導論》，該書注意兼收各家論點，並闢專章探討聖經詩歌與中東上古詩歌的傳承關係，顯示了希伯來詩歌研究的新水平。在此之前，新版的希伯來文聖經也將詩歌部分用詩體重新排出。

我國第一個白話文聖經全譯本——出版於一九一九年的「官話和合本」，未及對詩歌和散文加以區分。六十年後（一九七九年），香港聖經公會推出《現代中文譯本聖經》，不僅將詩歌部分按詩體排列，而且增入不少插圖，在若干方面進行了有益的探索。與此同時，香港新力出版社發行中文意譯本《當代聖經》（一九七九年），也將詩歌部分排爲詩體。

聖經詩歌的形式特徵

1 構成單位

一般地說，聖經詩歌是由韻步（rhythmic foot）、行（stich or verse）、節（strophe or stanza）和歌（song；或詩，poem）四個基本層次構成的。

「韻步」是聖經詩歌的最小單位，由一個強音和在一定時間內能完成發音的若干弱音構成。它形成詩句語音的節奏性，而不表達完整的意義。在多數情況下，一個希伯來文單詞（連同其附加的前綴、後綴）即爲一個韻步。其重讀音節往往位於詞的後部。

「行」即希伯來詩歌中的一行詩，由若干個韻步構成，通常是三個，有時也有四個或兩個的。一行詩一般無法表達一個完整的意念，但也有個別的例外。

若干詩行前後連貫，便形成聖經詩歌的基本表意單位「節」。

上述特徵可從《哀歌》的首句清楚地看出：

▼ ▼ ▼
'ēv ah yashev ah vad ad,
▼ ▼ ▼
ha 'īr rab atī 'am.[26]
（這座人煙稠密的城市，現在何竟變得這樣荒涼！）

這節詩由兩行構成，每行三個韻步，每個韻步含一至三個音節，重讀音節多位於詞尾。

類似的例子又如《詩篇》第一〇三首十三節：

---

[26] 這裡用拉丁字母將希伯來文詩句音譯排出，「▼」表示重讀音節。下同。

《詩篇》第十九首二節：

▼ ▼

kerah em'ab 'al-bag īm,

▼ ▼ ▼

rih am yahw eh 'al-yerē' ayw,

（父親怎樣憐恤他的兒女，亞衛也怎樣敬重他的人。）

▼ ▼ ▼

yōm ley ōm yb ī ‘a ’ōmer,

▼ ▼ ▼

wel ayelah lel ayelah yehaweh-d a ‘at.

（這日到那日發出言語，這夜到那夜傳出知識。）

……等等。一般說，韻步與行無法單獨表達完整的意義，只有節才可奏效。聖經詩歌的節多由兩行構成，稱爲「對句」（distich），如上述三例所示。但也有不少例外。倘若某一思想在一行詩中就得到完整的表現，這一行就是一節。如：

誠實的應答表示眞摯的友誼。（《箴言》）

還有些詩節是由三行詩（tristich）構成的：

洪水早已捲走了我們，
浪濤早已淹沒了我們，
急流也早已把我們沖走了！（《詩篇》）

由四行詩（tetrastich）構成的詩節不常見到，但仍可發現一些：

亞衛顯示的神蹟多麼偉大！
他所行的奇事多麼有力！
他的王權永無窮盡；
他的統治代代相承！（《但以理書》）

聖經詩歌中偶爾還可看到五行詩節（pentastich）和六行詩節（hexastich）。下面是一個五行詩的例子：

唯有我是上帝，
我以外沒有別的神，

我使人死，也使人活，
我打傷人，也醫治人，
沒有人能脫離我的掌握。（《申命記》）

「歌」（或「詩」）比節又高一級，一般由十幾節甚至幾十節構成。歌因囊括了許多詩節，故內容比節更爲豐富，而且，一篇歌往往能形成一個中心思想。比如，《哀歌》的第四歌即由二十二節組成，這二十二節都圍繞著一個核心——描寫耶路撒冷陷落後的慘象——而展開。

除以上四個層次外，聖經詩歌中還有幾卷包成體系的詩歌書。它們各由幾篇乃至幾十篇、百餘篇歌組成，表意功能較單篇的歌又勝一籌。《哀歌》、《雅歌》、《約伯記》等便屬這一類型。

應當指出，在聖經詩歌中，類似《哀歌》、《雅歌》、《約伯記》這樣內容豐富統一、體制複雜完全的詩歌書是相當少見的，大多數詩歌篇幅都很短小，只達到了節或歌的層次。「摩西五經」、歷史書中的許多短詩和《箴言》中的大量格言式詩作都是獨立的節，先知書和《詩篇》中的作品則以歌爲主。同時，這種層次的劃分也是相對的，在實際分析詩歌時，往往會遇到各種特例。

2 平行體

聖經詩歌和現代詩歌的基本區別在於：它不注意自身的音響韻律，而講究詩行之間內容的對稱、和諧和局部詩句文意的相對完整，從而形成一種輕韻律、重邏輯的獨特的「平行體」。

聖經詩歌不押尾韻，這明顯區別於其它詩歌；而一般詩歌不拘於局部詩句的工巧與完整，又有別於聖經詩歌。

就聖經詩歌注重詩行間內容的對稱和表意的相對完整而言，它和中國古代的駢體文頗類似，如，「智慧勝過精金；知識強如純銀。」（《箴言》）的表現手法與「物華天寶，人傑地靈。」「落霞與孤鶩齊飛，秋水共長天一色。」（王勃《滕王閣序》）很接近。但不同的是，聖經詩歌遠未達到駢文對句的嚴謹程度，它的平行體還比較自由，表現形態也有若干不同的情況。

聖經詩歌中最常見的平行體有：

(1)同義平行（synonymous parallelism）。即第二行用同樣的格式重複與第一行相仿的內容，但用詞和第一行不同。如：

永固的山岳崩裂；
長存的丘陵塌陷。（《哈巴谷書》）

這種平行體也有三行的：

智者不可誇耀自己的智慧；
勇士不可誇耀自己的力氣；

富人不可誇耀自己的財富。（《耶利米書》）

(2)對句平行（antithetic parallelism）。即前後兩句的含義恰成鮮明對照，如：

朋友出於善意所加的創傷你得忍受，
敵人不停地擁抱你，你要當心！（《箴言》）

(3)綜合平行（synthetic parallelism）。在這種情況下，第二行的內容和第一行既不一致，又不形成對比，而是後者補充或完成了前者，兩行共同表達一個完整的意念。比如：

戰死沙場的人比餓死的人幸福，
因爲後者被饑餓折磨而死。（《哀歌》）

這兩行之間具有邏輯上的因果關係。
再如，有的兩行間形成比較關係：

對明智人講一句責備的話，
比責打愚昧人一百下更有功效。（《箴言》）

還有的第二行以比喻手法對第一行進行解釋：

言不由衷，
猶如粗糙的陶器塗上一層白銀。（《箴言》）

此外，綜合平行還有假設關係（前一行爲假設條件，後一行爲結果）、目的關係（一行寫行爲，另一行寫目的）等不同情況。

(4)攀登平行（climactic parallelism）。即第一行雖已表達了明確的思想，但經第二行進一步補充，全句主旨更加鮮明、突出。

光亮爲著義人在黑暗中照耀，
爲著慈愛、憐憫、正直的人照耀。（《詩篇》）

以上只是孤立地介紹了幾種平行體的概況。在具體詩作中，這幾類平行體往往相互交織，相映成趣。如下面幾行詩：

諸天啊，要歡呼！
大地啊，要歡唱！

群山啊，要大聲頌揚！
因爲亞衛要安慰他的百姓，
要憐恤他的困苦之民！（《以賽亞書》）

前三行爲同義平行，後兩行爲攀登平行，前後兩部分之間又形成具有因果關係的綜合平行。

有時，一組詩行還可能構成「首尾相對」的格式，如《詩篇》第三十首八至十節：

A^1　亞衛啊，我曾求告你。
我向亞衛懇求，說：
B^1　我被害流血，下到坑中，
有什麼益處呢？
B^2　塵土豈能稱贊你，
傳說你的誠實嗎？
A^2　亞衛啊，求你應允我，憐恤我。
亞衛啊，求你幫助我。

在這裡，首尾兩句A^1和A^2相對，中間兩句B^1與B^2相對。在希伯來原文中，A行各有五個韻步，B行各有四個韻步，四個句子的韻步呈現「五：四：四：五」格式。

3 「貫頂體」和「氣納體」

「貫頂體」（acrostic poem）是聖經詩歌在詩體和音韻方面的一項獨創。所謂「貫頂體」，是將希伯來文的二十二個字母，依次排在二十二節詩每節首行的句首：第一節第一行的第一個字母用希伯來文的第一個字母「Alĕph」，第二節第一行的第一個字母用第二個字母「Beth」……，依此類推，第廿一節的首字母用希伯來文的第廿一個字母「sîn（或shîn）」，第廿二節（即全詩最後一節）用第廿二個字母「Tāw」。

聖經中的許多詩都採用了這種寫法，如《哀歌》的前四首、《箴言》中的「論賢妻」、《詩篇》的第十、廿五、卅四、卅七、一一一、一一二、一一九、一四五首等。

體制最爲雄大的「貫頂體」詩是《詩篇》第一一九首，全詩分爲二十二歌，每歌八節十六行，一歌之內各節都用同一字母開篇，二十二歌依次使用希伯來文的二十二個字母。

如此宏偉又嚴密工致的「貫頂體」詩不僅在希伯來文學中，可以說在全世界古詩中都絕無僅有。這種煞費苦心、精雕細刻作成的詩歌，是難以忠實地譯成漢語或其它文字的。

聖經詩歌在音韻方面的另一創造是「氣納體」（kinah）。「氣納體」是一種用於哀悼的詩體，每行五個強音，分爲前後兩段，前段三個，後段兩個，前後之間有一表示哭泣吞聲的停頓，頗能造成悲哀不已、泣不成聲的藝術氣氛。

《哀歌》中的部分段落、《耶利米書》第九章十七至廿二節、《以西結書》第十九章等都採用了這種詩體，其中以《哀歌》最有代表性。

《哀歌》可用中國的「騷體」對譯，每行兩段，前段六字，後段四字，中間用「兮」字隔開並用以表達哀泣之意，甚能傳神。如《哀歌》第四章一至十節的騷體漢譯：

1. 何黃金之變色兮，純金黯淡，
彼神闕之聖石兮，棄諸路畔！

2. 嘆錫安之眾子兮，貴此精金，
今賤於陶工手兮，所製瓦瓶。

3. 顧猛犬能哺幼兮，厥性柔和；
何民女而獷悍兮，沙漠之駝。

4. 彼嬰兒之失乳兮，舌貼焦膛，
兒求餅而嗷嗷兮，孰與乾糧？

5. 享珍饌之王孫兮，伏路孤寒，
曾衣錦而褥朱兮，偃僕糞壤。

6. 所多瑪之速亡兮，非爲人力，
今我民之罪愆兮，更爲可恥！

7. 昔貴胄白於乳兮，皎皎如雪，
豐潤勝於珊瑚兮，冰清玉潔。

8. 今塵容之黧黑兮，莫識於途，
形憔悴而銷鑠兮，枯如槁木。

9. 母餓死於饑荒兮，寧蹈白刃，
不得田園蔬果兮，衰竭昏暈。
10. 哀吾民遭屠戮兮，民女不仁，
親熟兒嬰而食兮，腹饑難忍！（朱維之譯）

偶爾，以三：二節奏爲特徵的「氣納體」也被用來表達喜樂或信靠的情感，如《詩篇》第廿七首一節：

A^1 亞衛是我的亮光和我的拯救，
B^1 我還怕誰呢？
A^2 亞衛是我性命的力量，
B^2 我還懼誰呢？

A^1、A^2爲三韻步，B^1、B^2爲二韻步。

與此類似，有些段落還呈現出四：三節奏反覆重疊的樣式，如《耶利米書》第四章廿三至廿六節：

A 我觀看地，不料，地是空虛渾沌，

B　我觀看天，天也無光；
A　我觀看大山，不料，盡都震動，
B　小山也都搖來搖去。
A　我看不見人跡，
B　連鳥兒也無影無蹤。
A　良田變成荒野，
B　城市都化爲廢墟！

其中凡A行，在希伯來原著中皆爲四個韻步，凡B行，則爲三個韻步。當然，它們已不屬於「氣納體」了——列舉此例是爲了說明，希伯來詩人在從事創作活動時，往往非常注意詩行的形式美，以利其詩作鏗鏘悅耳，易於記誦。

情真意摯的藝術珍品
——抒情詩

一般說，聖經詩歌可分爲兩大類：抒情詩和哲理詩（又稱「智慧文學」）。抒情詩除薈萃於《詩篇》、《哀歌》、《雅歌》三卷詩歌書外，還散見於其他一些書卷。下面就聖經抒情詩的概貌及摩西五經、歷史書、先知書中的散篇作品略作評述。

風格與技巧，聖經抒情詩的先聲

聖經抒情詩最突出的藝術風格是濃烈的抒情性，可以認爲，濃郁的抒情色彩不僅是抒情詩，也是全部聖經詩歌的顯著特徵。

衆所周知，古希臘詩歌的主要成就表現爲敘事性的史詩（《伊利亞特》、《奧德賽》）和戲劇體詩（《被縛的普羅米修斯》、《伊狄帕斯王》、《美狄亞》等）；相對於此，希伯來人更長於吟誦和書寫抒情性作品。

希伯來人是一個富於宗教感情的民族，他們對抒發個人及全民族的情感、體驗、願望和企求更爲熱衷，寫作起來也更加得心應手。《詩篇》中大量的祈禱詩、懺悔詩、贊美詩、詛咒詩、朝拜詩和著名的《哀歌》，便是其中的翹楚。

縱觀全部聖經抒情詩，不難感到，希伯來詩人對愛、憎、歡樂、哀傷、憂愁、期待……等情感的體驗都十分強烈。

《詩篇》第一三七首是突出的一例。詩中生動地展示了一群囚居巴比倫的希伯來人的內心世界：「俘虜我們的人要我們唱歌，折磨我們的人要我們歡娛他們。」但身處外邦異國，怎能爲敵人歌唱呢？詩人坐在巴比倫河畔，遙望故國，不禁聲淚俱下：

耶路撒冷啊，要是我忘了你，
願我的右手枯萎，再也不能彈琴！
要是我不記得你，
不以耶路撒冷爲我最大的喜樂，
願我的舌頭僵硬，再也不能唱歌！

接著，又對敵人發出詛咒：

巴比倫哪，你定要被毀滅！
照著你加給我們的殘暴報復你的人，
他是多麼有福啊！

抓起你的嬰孩，把他們摔在石頭上的人，
他是多麼有福啊！

對故國的深切懷念和對仇敵的無比痛恨宣泄無遺。

在另一些詩中，他們的歡樂感情以同樣強烈的程度表現出來。當慶祝勝利或歡度節日之際，群山、衆水、叢林，乃至鄉間的土路和聖殿的高牆，都與詩人一起張開了瞭亮的歌喉，舒展出歡快的舞姿。可以說，愛和恨的波濤始終激蕩在聖經詩歌的字裡行間；詩人們時而飛升到樂而忘憂的峰巔，時而又沉降到哀愁鬱結的深淵，感情的潮水此起彼伏，澎湃不息。

除抒情詩外，聖經詩歌中還有《箴言》、《約伯記》、《傳道書》等哲理書卷和《底波拉之歌》等敘事詩。但即使它們，大多也程度不一地顯示出某種抒情色彩。比如，《傳道書》表達了懷疑主義，享樂主義等哲學觀念，同時也流露出濃重的悲觀厭世情緒；《底波拉之歌》敘述了情節連貫的故事，又始終洋溢著頑強抗敵、決戰決勝的愛國激情。

聖經抒情詩的寫作運用了多種藝術技巧，突出的如「貫頂體」、「氣納體」和重疊句法。重疊句法指同一詩中連續出現句式相仿、甚至語詞完全相同的詩句，從而強化了抒情表意的效果。如相仿句式的重疊：

亞衛的律法完備，
使人的生命更新；

亞衛的命令可靠，
　使愚蠢人獲得智慧；
亞衛的法則公正，
　使順從的人喜樂；
亞衛的訓誨正確，
　使人心明眼亮。
亞衛的典章純眞，
　永遠留存；
亞衛的判斷準確，
　始終公道。（《詩篇》）

布局工致，結構嚴整，節奏分明。又如相同句子的重複：

我的心哪，你要稱頌亞衛；
要用整個身心稱頌他的聖名！
我的心哪，你要稱頌亞衛；
不要忘記他的仁慈。（《詩篇》）

這種隔行重複同一句子的詩歌常可見到，最典型的例子是《詩篇》第一三六首。《詩篇》第一三六首是一篇啓應體贊美詩，全詩二十六節，每節兩行，前一行由儀式主持人領誦，後一行是信徒們齊聲回答的答語。答語無一例外地都是「他的慈愛永遠長存」，讀之鏗鏘有力，蕩氣迴腸。

抒情詩的重疊技巧甚至波及到散文的寫作。如，在膾炙人口的創世故事（《創世記》第一章）中，「晚上過去，清晨到來，這是第一（二、三……六）天。」之語連續六次重現；在「亞衛要懲罰以色列」（《以賽亞書》）中，「儘管如此，亞衛的怒氣仍未停息，他仍要伸手責打他們。」一句也四次出現，它們都爲敘事或議論性散文增添了濃郁的詩意。

聖經抒情詩的創作除得力於希伯來詩人的天賦才能外，還受惠於前代文學遺產的滋養。在蘇美、巴比倫和古埃及，各類抒情詩（如贊美詩、勞動歌謠、戀歌等）都曾廣爲流行，其中不少和聖經詩歌的風格、技巧十分接近。一首蘇美贊美詩《憤怒之神寧錄達頌歌》中有如下詩句：

我王平定叛邦毀其房　，
偉大的主恩利爾，
唯獨你，大有能力！
主寧錄達平定叛邦毀其房　；
偉大的主恩利爾，
唯獨你，大有能力！

這是詩中的一節。全詩每節兩行，每行輪流以「我王」和「主寧錄達」發端，以相同的內容結尾，聖經抒情詩與這類作品明顯屬於同一文學傳統。

摩西五經中的抒情詩

摩西五經中的抒情詩大多年代遠古，在筆錄成文前曾長期口傳於民間。由於顯見的世俗性質，它們編入聖經時已被刪略得所剩無幾。據約德研究，現存約二十多篇，分布在除《利未記》之外的各卷書中。

載於《創世記》第四章廿三、廿四節的《拉麥復仇之歌》是一首十分古老的歌謠。歌中，拉麥對他的兩個妻子說：

亞大、洗拉，要聽我說，
　拉麥的妻子要細心聽。
我殺害那傷害我的人，
　我殺死那擊傷我的少年。
殺害該隱的人要賠上七條性命，
　殺死我的人必賠上七十七條命。

按聖經的說法，拉麥是人類始祖亞當的第六世孫，他娶了兩個妻子：亞大、洗拉。詩歌寫拉麥如何向她們誇耀自己的殘暴性格，活畫出一個狂傲漢子的粗野嘴臉。

歌中「殺害該隱的人要賠七條命」一語，典出於《創世記》第四章九至十五節：亞當之子該隱殺了弟弟亞伯，亞衛罰他「在地上到處流浪」，該隱擔心被人殺死，亞衛回答：「殺你的人要賠上七條性命。」拉麥據此稱，殺害自己的「必賠上七十七條命」，居然十餘倍於上帝對該隱的許諾！詩行雖短，原始民族嗜血復仇的野蠻風習卻躍然紙上。

在技巧上，這首小詩是「平行體」的最古範例。拉麥要「殺害那傷害我的人」、「殺死那擊傷我的少年」——要殺一個人還是兩個人呢？搞清「平行體」的特徵，問題就迎刃而解了：一個人。全詩雖只六行，但因一與二、三與四、五與六行兩兩對應，作品主旨卻得到有力地強化。

《民數記》第廿一章十七、十八節所載《井歌》，正面抒寫了古希伯來人的勞動情景，值得引起特別注意：

井啊，湧出水來！
我們要歌唱慶賀！
這口井是領袖和民間的紳貴，
用權杖、手杖所開掘的。

這大約是挖井時詠唱的謠曲，詠唱的目的是「借歌詞的魔力以協助工程的進行。」詩中將掘井的功績歸功於領袖和紳貴，暗示當時已出現勞動群衆與貴族當權者的明顯分化。

祝福辭與詛咒辭是五經詩歌的重要一類，其前身大約是上古巫師施行巫術時的咒語。列維·布留爾在《原始思維》中證實，在巫術儀式上，巫師們總要叨念一些「爲聽衆所不懂得、有時連念誦人也不懂得的歌曲和經咒。」以求感化神靈，達到祛災得福的目的。所以如此，是因爲在古人眼中，巫師的語詞「具有神秘的性質和力量。」能溝通冥冥中的神靈，給人帶來或福或禍的影響。

印度最古的詩歌總集《吠陀經》有《阿闥婆吠陀》一種，內中便多爲驅邪求福之作，或祈禱消除疾病、猛獸、魔鬼、仇敵，或企望獲得長壽、富貴、和睦、安全，甚至愛情。

聖經祝福辭、詛咒辭有其自身的顯著特點，即將賜福降災的權能只歸於一神亞衛——具體表現爲，詩中常常出現習慣性套語「願亞衛賜福於你」、「蒙亞衛賜福」等。

摩西五經收入了以撒、雅各對兒子們的祝福、巴蘭對以色列人的祝福，以及摩西對以色列十二支派的祝福。以撒對雅各的祝福是：

願上帝從天上賜給你甘霖，
使你的土地肥沃。
願他賜給你豐豐富富的五穀和美酒！
願萬國服事你，
願萬民向你下拜。

願你統治所有的親族，
願你母親的後代向你跪拜。
詛咒你的人都要被詛咒，
祝福你的人都要蒙福。（《創世記》）

小詩以祝福辭形式表達了上古希伯來人的生活理想：得到甘霖滋潤的肥沃土地，收獲「豐豐富富的五穀和美酒！」統治萬國萬民和「所有的親族」。雅各臨終前向約瑟也說了類似的話。

聖經中最早出現的詛咒辭是亞衛對蛇、女人和男人的詛咒。（《創世記》）亞當、夏娃受蛇的誘惑偷吃了禁果，觸怒了上帝，遭到無情的詛咒：蛇必須爬行、吃土、與人為敵，女人生育時必須痛楚，男人必須「汗流滿面才能糊口」。——這裡記下的，實際上是中東古人對某些自然現象和生理現象的樸素理解。

摩西五經中的詛咒辭還有《民數記》第廿七章廿七至卅節的《咒罵歌》等。

《紅海勝利歌》和《米利暗之歌》是兩篇早期的戰歌，緊置於「橫渡紅海」故事之後。《紅海勝利歌》（《出埃及記》）的突出特色是：將擺脫埃及追兵描述成一場聖戰，將戰勝法老解釋為以色列人的守護神亞衛的勝利，將歡慶勝利的喜悅轉換為對亞衛的贊美與歌頌，從而使全詩充滿奇異的神話色彩。

《米利暗之歌》（同上卷）可視為《紅海勝利歌》的節選，米利暗是摩西的姐姐。詩中說：

你們要頌贊亞衛，
因爲他 得了光榮的勝利，
他把戰馬和騎兵都扔進海裡！

詩前有如下一段描述性序言：

……女先知米利暗手裡拿著鼓，許多婦女跟著她，一面擊鼓，一面跳舞。米利暗領著她們歌唱：……

勾勒出一個擊鼓奏樂、載歌載舞、有唱有和、歡快熱烈的誦詩場面。

此外，摩西五經中較重要的詩歌尚有《亞當之歌》（《創世記》）、《挪亞之歌》（同上卷）、《邊界線之歌》（《民數記》）和《摩西之歌》（《申命記》）等。

歷史書中的抒情詩

除《以斯拉記》、《尼希米記》外，歷史書其它各卷均有抒情詩存在，著名的如《亞雅崙谷之歌》、《獻給掃羅和大衛的祝辭》（《撒母耳記（上）》）、《弓歌》、《大衛哀悼押尼珥》、《大衛的凱歌》（《撒母耳記（下）》）、《亞衛警告西拿基立》等。它們從一個側面再現了從征服迦南到亡國前後的動亂年代，給人留下或崇高壯美、或悲愴蒼涼的印象。聖經稱其作者分別是約書亞、大衛、以賽亞等，他們的著作權固不可一概否認，但也很難確切證實，因而只能權當一說，作爲讀詩時的參考。

最早出現於歷史書的詩歌是《亞雅崙谷之歌》（《約書亞記》）：

太陽啊，你要停留在基遍，
月亮啊，你要停止在亞雅崙谷！

這是以色列統帥約書亞的一篇簡短禱詞。

相傳約書亞率軍西渡約旦河後，一舉占領迦南中部，接著揮師南下，攻伐南方各城。南方的五個迦南王結成聯軍，在基遍地方與以色列人交戰。約書亞的大軍銳不可擋，將五王聯軍打得落荒而逃。這時，暮色正在降臨，若太陽一落，殘敵就會隱身逃遁。於是，約書亞莊重地向亞衛發出上述禱告。發出禱告後，奇蹟出現了——太陽和月亮果然停在天上不動，直到以色列人把敵寇全部消滅，將五座城市一舉占領。

太陽和月亮停止不動，無疑違反了起碼的科學常識。一些西方史家認爲，當時只是一陣密雲遮住了天空，使人誤以爲暮色降臨；接著太陽從雲層中突然出現，以色列人便借助陽光全殲了逃敵。這一情節經民間傳說加以神話化，才有了約書亞的禱告及隨後的奇蹟。

從文體上看，這首小詩再次顯示了希伯來式「平行體」的特徵：結構對應的兩行詩相互印證，共同表達出內涵相通的某種意象。

《弓歌》（《撒母耳記（下）》）和《大衛哀悼押尼珥》（同上卷）是兩篇著名的哀歌。蓋因生老病死乃人間通則，故各民族都有哀歌（亦稱喪葬歌、悼亡歌或挽歌）流傳。

中國《晉書．禮誌中》載：「挽歌出於漢武帝役人之勞，歌聲哀切，遂以爲送終之禮。」崔豹《古今注．音樂》稱：「《薤露》、《蒿里》，並喪歌也，……《薤露》，送王公貴人；《蒿里》，送士大夫、庶人。使挽柩者歌之，世亦呼爲挽歌」。

古希伯來人中也有不少哀歌傳世。

《弓歌》是大衛悼念掃羅和約拿單的哀歌。大衛擊殺非利士猛將歌利亞後名聲大震，卻招致掃羅的嫉妒和謀害。掃羅之子約拿單十分同情大衛，一再營救他逃脫險境。後來，掃羅父子不幸殉難疆場，大衛不咎既往，以德報怨，寫出情眞意摯的哀挽詩句：

以色列啊，你的尊榮者在山上被殺。
　大英雄何竟死亡！
基利波山哪，願你那裡再無雨露，
　因爲英雄的盾牌，
　在那裡被污丟棄。
以色列的女子啊，當爲掃羅哭號。
　他曾使你們穿上朱紅色的美衣，

使你們的衣服有黃金的妝飾。
英雄何竟在陣上仆倒！
約拿單何竟在山上被殺！
我兄約拿單哪，我爲你悲傷！
你對我的摯愛奇妙異常，
勝過婦女的愛情。
英雄何竟仆倒！
戰具何竟滅沒！（《撒母耳記（下）》一：十九，廿一，廿四～廿七）

全詩奔湧著對掃羅父子的由衷贊頌、深切懷念和沉痛哀悼，尤其「大英雄何竟死亡！」「英雄何竟在陣上仆倒！」「英雄何竟仆倒！」幾行，以相仿的句式反覆抒發出詩人悲痛欲絕的哀思，讀之迴腸蕩氣，感人肺腑。

大衛的另一篇悼亡詩是哀悼掃羅的大將押尼珥的。掃羅死後，押尼珥曾輔佐掃羅之子伊施波設秉政，與大衛爭奪江山。他雖是政敵，大衛仍因他的死而哀痛不已——這裡再次展示出大衛寬厚博大的胸懷。

《亞衛警告西拿基立》（《列王紀（下）》）是聖經中一篇重要的詩作。除《列王紀》外，它還隻字不易地出現在《以賽亞書》第卅七章廿二至廿九節中。這兩處皆稱其出於大先知以賽亞之口。

此詩的背景是：公元前七二二年亞述帝國摧毀以色列京都撒瑪利亞後，亞述王西拿基立（約前七〇五～前六八一年）加緊向西南擴張，給南國猶大帶來嚴重威脅，猶大國王希西家（約前七二〇～前六九二年）爲此而驚恐不安。以賽亞派人向希西家傳達「亞衛的諭旨」，說明亞衛將保護猶大國平安無恙。「諭旨」的一部分即《亞衛警告西拿基立》。

小詩採用亞衛親自警告西拿基立的口吻，對狂妄自負的亞述王進行了淋漓痛快的嘲諷：

現在我要用鈎子穿過你的鼻子，
拿嚼環套住你的嘴；
你從哪條路來，
還要從哪條路拉你回去。

詩人極力表明，西拿基立的一切都在亞衛上帝的掌握之中；只要信靠亞衛，以色列人就能克敵制勝，度過難關。

先知書中的抒情詩

在「先知文學」一篇中，我們曾談到，聖經先知書的文體特徵是詩歌與散文穿插糅合：敘事、描寫時多用散文，抒情、議論時則轉而爲詩。因抒情、議論成分在各先知書中均占很大的比重，故詩體段落時常可見——有些書卷甚至完全用詩體寫成。

這些詩歌雖以「傳達神諭」的面目出現，但抒寫的卻是先知們的憂國憂民之情，及其對時局和未來的種種見解：以色列和猶大危在旦夕，這是亞衛上帝對犯罪之民的公正懲罰；要想免於災難，必須棄惡從善；懲罰過後定有拯救，亞衛決不會遺棄自己的子民；他將派一位彌賽亞降臨，建立起永久和平的國度……下面略舉數例，以求一斑窺豹。

《阿摩司書》中有《先知的使命》一詩，意在申明先知是亞衛的僕人，其使命是傳播亞衛的信息：

兩個人意見不合，
他們會並肩而行嗎？
獅子沒有發現獵物，
會在樹林中咆哮嗎？
至高的亞衛要採取行動的時候，
必定先把計劃告訴他的僕人—先知們。
獅子咆哮的時候，
誰能不心驚膽戰呢？
至高的亞衛講話的時候，
誰能不傳播他的信息呢？

這首詩有兩點值得注意：一、類似中國古詩的比興手法，全詩先言他物，再逐層轉入正題，使讀者由此及彼，觸類旁通地體悟其意；二、詩章由多重反問句構成，一再以疑問語氣強化主題，使作品呈現一種氣勢逼人的雄辯性。

《耶利米書》中也有不少激情澎湃的詩句。

大先知耶利米從公元前六二六年左右開始作先知，前五八六年耶路撒冷陷落後不久去世。他投身社會活動時，北方強鄰亞述已告崩潰，東方大國新巴比倫繼之給猶大國投下濃重的陰影。在數十年的先知生涯中，耶利米一再指責罪惡的國民，警告他們滅頂之災就要來臨；同時也勉勵說，災難過後必將復興，要耐心等待重整家園之日的到來。

他的《預言將臨的毀滅》以一幅幅生動的畫面，設想了即將出現的慘象：

我聽見響亮的軍號，
震耳的呼喊！
我看到災難接踵而至，
舉國遍地硝煙！
我看不見人跡，
連鳥兒也無影無蹤。
良田變成荒野，
城市都化爲廢墟！

《還鄉之歌》則幻想了被擄之民返回故鄉時的情景：

看哪！我要從北方把他們領回來，
從天涯海角把他們集合起來。
瞎眼的、跛腳的、孕婦、產婦，
都要成群結隊地一起回來。
看哪，我的子民將哭著回來……

「彌賽亞詩篇」是先知書中多次出現的一類作品。這類詩作中的彌賽亞形象先後經歷了多次嬗變。

在早期的《和平的君王》（《以賽亞書》九：二～七）中，彌賽亞是一個「要繼承大衛王位」的「嬰孩」（而非神靈），他被稱爲「導師」、「上帝」、「父親」和「君主」，要以「公道和正義」爲基礎而永久統治，決意成就此事的是「萬軍的統帥亞衛」。

接著，《和平的國家》（同上卷）又補充說，這位新王是「大衛的後代」，因有「亞衛的靈」降臨而獲得智慧、聰明、謀略和能力；在他統治的國度中，只有和睦友愛，其樂融融，而「沒有傷害，也沒有邪惡。」

到了晚期《未來的君王》（《撒迦利亞書》）中，彌賽亞又成了謙卑地騎著瘦小驢子的人：

看！你們的君王來了！　他得勝而歸，凱旋而來，
卻謙虛地騎著一頭驢子——
　騎著一頭瘦小的驢子。

這首詩直接影響了《新約》作者對耶穌形象的塑造。《馬太福音》第廿一章一至十一節載，耶穌途經橄欖山進入耶路撒冷之前，特意讓兩個門徒牽來一條瘦小的驢子，騎上它，才來到歡呼的眾民之中。作者如此描寫意在說明，耶穌正是希伯來先知預言過的彌賽亞。

激情澎湃的古詩薈萃——《詩篇》

《詩篇》與《哀歌》、《雅歌》是聖經中三卷著名的抒情詩歌書。其中《哀歌》和《雅歌》篇幅較短，主題單一；《詩篇》則規模宏大，內容豐富。

卷名、篇目、作者、創作目的及其他

《詩篇》在希伯來文正經中原無統一的卷名。希臘文「七十士譯本」稱它爲 Psalmos，意指「（用弦樂伴唱的）詩歌」。拉丁文譯本和英譯本都沿用此名，譯作 Psalms。後世猶太人把它稱爲 Tehillim，意思是「讚美詩」。Psalmos（或 Psalms）顯然有所不當，因卷中之詩並非全能用弦樂伴唱；「讚美詩」亦不妥，因具有讚美性質的詩作只是書中的一部分。中文和日文把它譯成《詩篇》，應當說，這個名稱更能反映它作爲古詩匯集的原貌。

各種版本的《詩篇》一般由一百五十篇構成。它們篇幅不一，最長的達一百七十六節（第一一九首），最短的只有兩節（第一一七首）。不同版本的編排方式也不盡相同，如希臘文和拉丁文譯本兩次把希伯來聖經中的兩首詩合併爲一首，又兩次把希伯來聖經中的一首詩分爲兩首，如下圖所示：

希伯來聖經	希臘文、拉丁文譯本
第九、十首	第九首
第一一四、一一五首	第一一三首
第一一六首	第一一四、一一五首
第一四七首	第一四六、一四七首

因此，就局部而言，不同版本的詩歌數目並不相同，部分詩歌的編號也不相符。另外，個別篇章還出現重複或交叉現象，如：

第十四首＝第五十三首
第四十首十三至十七節＝第七十首
第五十七首七至十一節 加第六十首五至十二節 ｝＝第一〇八首

上述種種現象說明，現存的《詩篇》是不同編訂者多次編輯、整理而成的，而不是一時一地的產物。

《詩篇》的成書經歷了數百年的漫長過程，其最早資料源於何時無確考。一般認爲，它的早期萌芽出現於統一王國時代，多數作品形成於分國時期，尤其是被擄之後，最晚詩作可能延續至馬卡比起義時期。

在這八、九百年中，它們中的一部分先被編成若干較小的詩集，後經多次篩選、合併和修訂，最後才於公元前二世紀形成定本。此後，猶太拉比們於前一世紀又編出另一部抒情詩集《所羅門的詩篇》，其內容、風格均可與《詩篇》媲美，但作品卻未見重出於《詩篇》者。由此推知，《詩篇》應定型於《所羅門的詩篇》行世之前。

在希伯來文《詩篇》中，三分之二以上的作品都在篇首標有題記，用來說明該詩的作者、歷史背景、詩體類型、禮儀用途和音樂提示等。據此說明，全卷有七十三首是大衛所作，十二首是亞薩、十一首是可拉後裔、二首是所羅門所作；另外三首分別是摩西、希幔和以探所作。這樣，除年代不詳的「可拉後裔」外，大多數署名作者都成了所羅門之前人氏。（《歷代誌》第廿五章一節稱亞薩、希幔在大衛的唱詩班中供職。）又因大衛的作品幾乎佔全書一半，有人便稱《詩篇》爲「大衛的詩篇」。

然而，在其他希伯來文獻及中東古代文獻中，並未發現能夠證實這些詩歌作者的確鑿材料。因此，簡單地把它們歸於大衛或某某人，是難以以理服人的。

不少學者研究了各詩的內容後認爲，不能只從題記去判斷作者。那些被歸於大衛的詩大多不可能由他所寫，如第五首和廿六首都提到聖殿，但聖殿在大衛時代還未建造；又如第五十一首有「求你……建造耶路撒冷的城牆。」第六十九首有「亞衛要拯救錫安，建造猶大的城邑。」等句，它們顯然都產生於耶路撒冷陷落之後，也不會是大衛的手筆。

研究還表明，部分篇章的署名只是編者望文生義、主觀臆斷的結果。如，第五十一至七十二首是一組「大衛的詩」，其最末一首的結尾處有「耶西的兒子大衛的祈禱完畢」字樣——它顯然是這組詩的結束語。但這末後的第七十二首卻被奇怪地稱爲「所羅門的詩」。原因何在？原來全詩的第一節是「亞衛啊，求你將判斷的權柄賜給王，將公義賜給王的兒子。」——前半句祈禱智慧，後半句爲「王的兒子」祈禱，這些特點正合所羅門的身份。另一篇稱爲「所羅門之詩」的第一二七首也有類似的情況，它在突出的位置提到建造聖殿，這就難怪編訂者想起建殿的總指揮所羅門了。

既然大衛等人不可能是多數作品的作者，那麼，相應的結論就是：《詩篇》的作者主要是歷代的無名氏詩人。可以推測，某些作品甚至經過數代詩人的多次錘煉才得定形，比如第一一九首——這是聖經詩歌中結構最嚴整的大型「貫頂體」詩。

《詩篇》能在漫長年代中不斷充實完善，與它們的創作具有明確的目的性緊密相關。它們大多因崇拜活動的需要而寫作，寫成後便在各宗教儀式中朗誦，其中優異者成爲聖殿收藏和應用的傳統篇目；亡國之後，聖殿被毀，這些詩歌又在猶太會堂或信徒家中誦讀——總之何時有崇拜儀式，何時就伴有誦詩，這是希伯來抒情詩興旺發達的一個重要原因。

有此詩歌的具體用途可見於篇首的題記，如第三十首用於獻殿，第四十二首用於訓誨，第九十二首用於安息日，第一百首用於感恩等。

另一些詩的用途則見於其它各種記載，如，據「七十士譯本」稱，第廿四首用於星期日的儀式，第四十八首用於星期一，第九十四首用於星期三，第九十三首用於星期五；據拉丁文譯本和亞美尼亞譯本稱，第八十一首用於星期四；據猶太法典他勒目（Talmud）稱，第八十二首用於星期二。

另外，個別詩章的結語也能說明用途，比如第一〇五、一〇六、一一三、一四七、一四八、一四九、一五〇首的末句皆爲「哈利路亞」——（「你們要讚美亞衛！」）這原是唱詩班結束唱詩時，百姓高聲回應的一句歡呼語。

但也並非所有詩篇都與宗教儀式有關。如，有些詩是由格言或智訓組成的，諸如第一、一一二、一二七、一二八首等，它們大致與《箴言》同屬一類；又如，第四十五首是一篇用於君王婚禮的歡慶之歌。

因《詩篇》中的多數作品最初都爲聖殿唱詩班所詠唱，它們便與音樂結下了不解之緣。從一些詩的題記可知，不少歌詞演唱時要配以特定曲調，如第六首「調用第八」、第九首「調用慕拉便」、第廿二首「調用朝鹿」、第四十六首「調用女音」，第五十三首「調用瑪哈拉」、第五十六首「調用遠方無聲鴿」、第五十七首「調用休要毀壞」、第六十首「調用爲證的百合花」、第六十九首「調用百合花」、第八十八首「調用麻哈拉利暗俄」等。

爲曲調塡寫歌詞與中國的塡詞步曲類似，但對字數與聲律的要求不如中國的詞曲那麼講究。有些歌詞演奏時還要使用專門樂器，如第五首「用吹的樂器」、第八首「用迦特樂器」、第五十五首「用絲弦的樂器」等。此外，有些歌詞注明要「交與伶長」，即唱詩班的領隊；還有的提到「耶杜頓」之名，據《歷代誌》上載，此人是當時的一位聖殿樂師。其它音樂標記還有「流離歌」、「金詩」、「細拉」等，但它們的準確含義今已不易考證。

《詩篇》的分類

因《詩篇》體制龐大，內容繁雜，後人便嘗試從各個角度爲之分類，以利於誦讀、體悟和研討。概觀之，主要的分類法有以下數種：

就《詩篇》的目前形式而言，全書分爲五卷——

第一卷：第一至四十一首，

第二卷：第四十二至七十二首。

第三卷：第七十三至八十九首，

第四卷：第九十至一○六首，

第五卷：第一○七至一五○首。

這種分類法與詩歌內容的分類並無內在聯繫。一般認爲，分爲五卷只是爲了求得與「摩西五經」卷數的統一。有人注意到各卷都以一段格式相仿的讚美詩作結，全詩開頭的第一、二首和結尾的第一五○首分別具有引言和尾聲的性質，便得出結論：五卷分類法顯示了《詩篇》最後編纂人的匠心。

有人按各詩產生的時間先後，大略分出遠代詩、前期詩、中期詩和後期詩。這種設想值得首肯。但因大量作品的歷史背景都含混不清，如此劃分的結果事實上很難令人滿意。

根據各詩對神名的不同稱呼，分出「亞衛卷」（稱神為 Jahweh）和「伊羅欣卷」（稱神為 Elohim）兩大類。

研究者們發現，第一、四、五卷和第三卷八十四至八十九首對神名的稱呼幾乎都是「亞衛」，第二卷和第三卷七十三至八十三首則大多是「伊羅欣」。斯普洛（G.Sprau）等人將此現象與摩西五經中的 J．E 兩大底本聯繫起來，認為這兩類作品可能與 J．E 底本有著相同的資料來源。這一推測有助於考查各詩的起源，但仍無法使人對全卷內容獲得清晰的印象。

有人又依據各詩提供的線索，分出若干個小詩集。如——

可拉後裔的合唱詩集：含十首詩。據說，可拉人「在公元前四世紀，從一守門的家族漸漸成為聖殿的一個歌唱團體。」

亞撒的小詩集：含十二首詩。

大衛的詩集：篇數眾說不一。

朝聖詩集：第一二〇至一三四首，因每首開頭都標有「上行之詩」字樣。

埃及詩集：第一一四至一一八首，得名於第一一四首之首句「以色列出了埃及」。

節日詠誦詩集：第一四六至一五〇首。

……等等。

對這些小詩集的了解，無疑有助於把握《詩篇》的早期形態。但因它們既未囊括全部作品，又無統一的詩集劃分標準，故仍然無法滿足認識《詩篇》的需要。

大體按抒情主人公的單、複數形式，將全部作部分爲「個人的詩」和「民族的詩」。國內外都有人作此嘗試。香港的許牧世先生就採用了這一方法。他把以第一人稱單數寫作的詩稱爲「個人的詩」，以第一人稱複數寫作的稱爲「集體的詩」。前者如：

我的生命像煙霧消逝；
我的身體如火焚燒。
我的心像枯乾的草被踩碎；
我連食慾也喪失了。

後者如：

以色列啊，你說吧，
要不是亞衛幫助我們，會怎樣呢？
……
那麼，仇敵攻擊我們，
向我們發烈怒的時候，

早已活生生地把我們吞下去了！

後者也有以第三人稱複數形式出現的：

有些人生活在黑暗和死蔭中，
被痛苦的鐵鏈捆綁著：
因爲他們背叛亞衛的命令，
拒絕了至高者的教訓。
他們辛勞操作，憔悴不堪；
他們跌倒，沒有人能夠幫助。

經過這種分類觀察，許牧世發現集體性詩篇與個人詩篇有許多不同，如前者傾訴了「全民的憂、喜、疑懼、怨懟、感頌、悔恨和願望」，而後者則抒發了「屬於個人的心聲」；「國家民族的患難多半是被強敵欺壓，或遭遇天災，如瘟疫、饑荒之類；但個人的不幸種類繁多，所愛的人死亡、自己的事業失敗、貧病潦倒、孤苦無告、被誣陷或毀謗、被敵對者暗算或迫害等等。」

應當承認，這確是《詩篇》研究的一條可行之路。但它也有不足：分類過於寬泛，不適於深入細緻的研究——換言之，若欲深入研究，必須再度分類。

最後，最簡便易行、也最常爲研究者們採用的方法，是依據各詩的內容特徵加以分類。比如，布洛克將《詩篇》分爲六大類：讚美詩、懺悔詩、智慧詩、彌賽亞詩、詛咒詩和登基詩。約德則分爲十一類：特殊詩、懺悔詩、彌賽亞詩、自然詩、詛咒詩、歷史詩、祈禱詩、埃及詩、朝拜詩、讚美詩和節日詠誦詩。一般說，這種方法可克服上述諸分類法的缺陷，從分析各類作品入手，由點及面地得出對全書的總體認識。

內容簡析

本書認爲，最能體現《詩篇》特色的作品宜分爲七類：讚美詩、懺悔詩、祈禱詩、詛咒詩、歷史詩、智慧詩和自然詩。現逐類簡析如下：

1 讚美詩

猶太人將《詩篇》直呼爲「讚美詩」，無疑有其道理。希伯來文化的基本特徵即宗教性，這一特徵在《詩篇》中得到極其充分的體現。《詩篇》一以貫之的基本精神，就是對「唯一眞神」亞衛的崇拜與讚頌。

對亞衛的讚美實際上融進了詩人們心靈的安慰和人生的信靠。這類作品不勝枚舉，其中不乏膾炙人口的名篇。如第廿二首描寫作者雖遭遇艱險和死亡的威脅，但因有有亞衛的關照與保護，仍能履險如夷，安然無恙：

亞衛是我的牧者，
我必不至缺乏。
他使我靜臥在青草地上，
領我在可安歇的水邊。……
我雖然行過死蔭的幽谷，
也不怕遭害；
因爲你與我同在，
你的杖，你的竿，都安慰我。

詩章運用牧者放牧羊群的巧妙比喻，描摹出一幅情景交融的優美圖畫。其中「死蔭的幽谷」一詞現已成爲西方人用以表示「極端痛苦的境地」的習慣用語。

第一四六至一五〇首被稱爲「大哈利路亞頌詩」，它們常用於歡慶重大節日時的歌舞或詠誦活動。其中第一五〇首寫道：

要頌讚亞衛！
要在他的聖所頌讚他！
要在彰顯他能力的天空頌讚他！
要頌讚他大能的作爲！

要頌讚他至高無上！
要吹號筒頌讚他！
要彈琴奏瑟頌讚他！
要擊鼓跳舞頌讚他！
要奏樂吹簫頌讚他！
要用響亮的鐃鈸頌讚他！
要用鏗鏘的鐃鈸頌讚他！
一切有生命的被造物都要頌讚亞衛！
要頌讚亞衛！

這是一首典型的頌神詩。其神學思想今日固不可取，但它的內容和技巧對研究猶太教的宗教觀念及希伯來詩歌的藝術特點仍有重要的文獻價值。如詩中提到不少樂器（號、琴、瑟、鼓、簫、鐃鈸等）及演奏這些樂器的動作（吹、彈、奏、擊、跳等），形象地顯示出希伯來人誦詩時的具體情景；又如，全詩以同類句式多次重疊、逐層遞進的修辭手法佈局謀篇，成功地加強了抒情效果。

2 懺悔詩

懺悔詩的發展與先知們進行的宗教改革運動密切相關。由阿摩司等先知發起、在申命運動中繼續深化的猶太教改革，多方面影響了當時的社會生活，其中之一即促使人們由注重外表的宗教儀式轉向關注內心的道德純潔。隨著這一轉變，在各種宗教活動中，獻祭禮儀簡化了，旨在淨化心靈的各種講道、誦詩活動相應地得以加強。懺悔詩作爲檢討個人缺點和過失的重要方式，也在這一背景下不斷興盛起來。

《詩篇》中最著名的懺悔詩有第六、卅二、卅八、五十一、一〇二、一四三首等。除個別篇目外，它們大都被歸在大衛的名下。如第五十一首的部分內容：

慈愛的亞衛啊，
求你憐憫我，除去我的罪污。
求你洗淨我的罪孽，使我恢復清潔。
我要承認自己可恥的行爲，
我的過失晝夜纏繞著我。
我實在冒犯了你，
我做了你視爲邪惡的事。
你的判決是公正的，
你所喜愛的是內心的誠實，
求你在我內心的深處給我智慧。
求你不再計較我的罪過，

求你爲我把它們抹掉。
亞衛啊，求你在我體內造一顆純潔的新心，
讓它充滿清潔正確的意念。

詩的開頭有一小注：「大衛所作的詩，寫於拿單先知提醒他與拔示巴行淫、謀殺其夫烏利亞，將受上帝審判之後。」但詩中第十六節有「你不喜歡祭物，……也不喜悅燔祭。」之語，明顯反映出公元前八世紀之後先知們的思想，故此詩不宜視爲大衛的作品。托名大衛，只是爲了自神其詩而已。

3 祈禱詩

《詩篇》中祈禱詩的數量很多，這也與希伯來人的特殊經歷有關。千餘年間，他們長年掙扎於四鄰大國的鐵蹄之下，飽嘗了戰亂之苦和亡國之恨。每逢大難，因在現實中無力自助，他們便習慣性地轉向虛幻的神靈，祈望獲得上帝的恩賜與福佑。如下面這些詩句：

亞衛啊，求你復興我們！
你顯示慈愛，我們就能得救！
亞衛——萬軍的統帥啊，求你回心轉意，
從天上俯視我們，拯救你的子民！

求你庇護你所豎立的國家，
保護你所挑選的子民！

有時，祈禱的內容只關係到個人遭遇，如渴求得到扶助與庇護、期望免除災禍與病痛等。第卅八首是一個這方面的例子：

亞衛啊，求你不要在烈怒中懲罰我，
也不要在盛怒之下折磨我。
我的腰痛似被火燒，
我全身遭受疾病的苦纏。
我枯槁憔悴，啞口無言，
爲著心中的創痛而呻吟。
我心亂跳，我力衰竭，
我的眼睛也逐漸模糊。
拯救我，亞衛啊，
求你快快幫助我。

祈禱詩約佔全卷總篇幅的四分之一。它們真切地記錄了希伯來人在各種天災人禍中的痛苦呻吟，抒發了他們擺脫苦難、謀求新生的強烈祈願。

4 詛咒詩

與渴求自身興盛發達的祈禱詩恰成對照，《詩篇》中另有一類表達對仇敵刻骨仇恨的「詛咒詩」，著名者如第卅五、五十五、五十八、六十九、八十三、一〇九首等。

摩溫克爾（Mowinckel）認爲，這些詩由原始巫術中的咒語演化而來。在巫術流行時期，不少民族相信，巫師的咒語能對外界發生強有方的影響效用。

到了聖經形成時代，它們主要被用來詛咒敵族或抽象的「惡人」、「仇敵」等。第八十三首是一篇詛咒以東、以實瑪利、摩押、夏甲等敵對民族的詩，詩中呼求亞衛「把他們驅散，像驅散風中的塵土和碎稭一般。」第五十八首六、八節抒發了對仇敵的痛恨：

亞衛啊，求你打斷他們的牙根，
拔掉這些幼獅的利齒。
願他們像蝸牛一樣腐化爲塵土，
又像死嬰未見太陽就夭折。

第一〇九首流露的仇恨心理更深刻：

願他受審，被判有罪；
願他禱告也算犯罪，
願他的壽命縮短；
願別人取代他的職位！
願他們的兒女成爲孤兒，
他的妻子成爲寡婦！
願他的兒女無家可歸，沿門求乞；
願他們從殘破的家室被趕出去！

在基督教看來，這類詩歌與《詩篇》其他作品的寬容仁愛精神實難兼容，如羅賓遜（G.L. Robonson）指責它們是「一部充滿了聖徒精神的書中的不和諧音符。」但我們認爲，它們卻是忠實反映歷史生活的優秀之作。《詩篇》的作者們既抒發了對本民族的深沈熱愛，又表達出對民族之敵的切齒仇恨，正體現出他們愛國主義精神的兩個側面。而不迴避「以牙還牙，以眼還眼」的復仇心理，恰是猶太教與基督教的重要區別之一。

5 歷史詩

《詩篇》中還有一類以歷史事件爲題材的詩歌，值得引起讀者注意。

希伯來人的歷史交織著各種艱難曲折的經歷，回顧、詠誦這些經歷，是他們加強民族團結的慣用手段，也是文學創作的重要主題。本書「史傳文學」篇第二節談到，希伯來史家別具匠心地將本民族的歷史描述成一部亞衛眷顧、揀選、福佑、拯救其子民的歷史，從而使史傳文學變成神學宣傳的得力武器。

《詩篇》中的歷史詩也有類似性質，不同的只是將冗長的散文紀事換成了簡潔洗煉的詩體。第七十八、一〇五、一〇六、一一四等首是這類詩歌的名作。它們從亞衛與早期族長立約寫起，依次談到亞衛如何應許賜予迦南之地、約瑟如何被賣爲奴、以色列人在埃及如何遭受虐待、摩西如何率領民衆出埃及、出埃及後又如何在西奈曠野輾轉奔波，最後寫到大衛如何被召選爲希伯來人的國王。詩中雖不乏歷史事項的羅列和大量宗教說教，但也有不少生動活潑的段落，比如奇渡紅海、橫穿曠野的景象：

亞衛分開大海，讓他們突然渡過，
大海在兩旁立起，築成堤岸。
白天他以雲柱帶領他們，
晚上他又以火柱爲導引。
他在荒漠中擊打磐石
供應他們汪洋似的水源。
溪水從磐石中溢出，
有如湧流的江河。

又如以色列人出埃及後的聲威：

滄海看見就奔逃，
約旦河水也倒流。
大山踴躍如公羊，
小山跳動如羊羔。

譬喻、誇張、擬人等筆法運用得十分爛熟。

6 智慧詩

智慧詩雖不常見，但卻因內容獨特，也成爲《詩篇》的重要類型之一。前文述及的幾類作品無一例外地渲泄了濃烈的感情；或愛、或恨、或歡樂、或悲傷、或狂喜、或絕望……而智慧詩只呈現一種沈思默想的心態，並未流露出明顯的情感色彩。事實上，它們應歸於聖經智慧文學一類，其作者也很可能是智慧教師或民間智人。這類詩有的勸人力戒行惡：

不從惡人的計謀，
不與罪人爲伍，
不坐褻慢人的座位。

有的論述生命重於財富：

生命的價值實在太高，
遠非財富所能買贖。
即使用盡所有世財，
也無法使人永生不死。
人居尊貴中不能長久
總會像畜類一樣亡去。

相似的作品還有第卅四、卅七、一一二、一二七、一二八首等。其中前三首在希伯來原文中均為「貫頂體」，第卅四首的頭韻尤為規則。這三首都以宗教目光探索「義人和惡人的結局」：

與其擁有惡人的財富，
倒不如淡泊一生，正直自持。
因為惡人的力量終會衰竭，
亞衛卻必定扶持義人。

與《箴言》相比，這些短詩論題狹窄，宗教色彩過濃，顯然受了《詩篇》整體風格的制約。

7 自然詩

最後還應著重提到的是自然詩。可以說，希伯來詩人都是大自然的熱愛者和讚美者。他們生活於地形多變、氣象萬千的地中海東岸地區，美不勝收的自然景色成爲其文學活動取之不盡的創作素材。然而，在宗教思想的支配下，自然萬物卻成了他們用以描述上帝神奇創造力的媒介：

諸天宣佈亞衛的榮耀，
蒼穹傳揚他的作爲！
日日述說，夜夜傳播。

《詩篇》中出現過各種各樣的自然景物：從太陽、月亮、星辰、雲彩等宏偉的天象，到高山、大海、岩石、河流等壯觀的地貌，直至花草、樹木、禽獸、爬蟲等植物、動物……但在詩人的筆下，它們都與「上帝」結下了不解之緣：

日月的光輝顯示了上帝的光華，蒼穹的高遠展示了上帝的至高，群山的雄奇象徵著神力的超卓，大海的浩瀚喻示出神力的宏偉。雲層是上帝的隱身之處，雷鳴是上帝的怒吼之聲，香花、野草、飛鳥、游魚……皆是上帝所造之物。第廿九首曾這樣以雷鳴渲染亞衛的聲威。

亞衛的聲音從雲中傳來，
榮耀的上帝從天上發出雷聲。

它震斷香柏樹，劈開黎巴嫩的巨樹，
使群山顫動如驚跳的小牛。
亞衛的聲音中有火光閃出，
它迴響不絕，震動加低斯的曠野。
亞衛的聲音驚得母鹿落胎，
也使林木剝落凋零。

類似的名篇還有第八、一〇四、一三九、一四八首等。就其對自然景致的細緻觀察和傳神描繪而言，它們迄今仍不失為優秀的自然詩章──以上只是粗略評介了《詩篇》的幾類重要作品。此外，尚有不少篇章為歷代研究者們所重視。如第二、八、廿二、七十二、一一〇等首被稱為「彌賽亞詩篇」，詩中期待著一位全能「救主」的來臨，以拯救飽經憂患的以色列人脫離苦難；（後世基督徒則認為，它們「預表」了耶穌的降臨。）第一二〇至一三四首有一個共同的副標題「上行之詩」，據說這是一組信徒在朝拜聖地的途中詠唱的「朝拜詩」；第一三七首寫一群囚居巴比倫的希伯來人對故都耶路撒冷的懷念，充滿哀國憂民的民族感情。

第四十五首則是一篇世俗婚禮歌，歌中對英俊的君王和佳麗的公主極盡溢美之辭：

偉大的君王啊，佩上你的寶劍吧！
你何等尊榮，何等威嚴！

你的衣冠透出沒藥、沉香、肉桂的香氣，
在象牙宮中有美妙的音樂使你歡欣。
公主在宮中，多麼美麗呀！
她的華服用金線織成。
她身穿錦繡，被引到君王面前，
陪伴著她的侍女們也蒙引見。

但在特定的文化背景下，這篇婚禮歌也染上了「上帝永遠賜福予你」一類宗教性套語。

簡言之，《詩篇》是數百年中希伯來抒情詩的主要收獲，它多方面展示了希伯來人的生活場景和精神世界，是研究希伯來文學、歷史、宗教、民俗的珍貴資料。它最主要的思想特徵是宗教性，具體表現爲，希伯來人的各種世俗慾望、追求、意念和情感都披上了宗教外衣，轉換成了對其民族之神亞衛的歌頌、讚美、祈禱和懺悔。

今天，我們從根本上否認上帝的存在，但這並不影響了解、鑒賞、研究這份文學遺產，亦不妨礙在世界文學史中給予它一席應有的地位——正如我們對待古希臘神話的態度一樣。

悲切深沉的愛國絕唱
──《哀歌》

哀挽之歌是聖經抒情詩的基本文類之一。希伯來人創作過不少這類作品，如大衛哀悼掃羅和約拿單的《弓歌》（《撒母耳記》）、以西結為以色列王所作的《挽歌》（《以西結書》第十九章）等。但最著名的，還是相傳為大先知耶利米所作的《哀歌》。

卷名、著作權、時代背景

在英、德、中、日文聖經譯本中，《哀歌》大多被譯為《耶利米哀歌》。但在希伯來原著中，其標題是全書正文的第一個字母 'ēvah，它相當於英語的感嘆詞 how，意謂「何意如此！」這個題目字面上並無「哀歌」之意，更未注明作者是耶利米。只是到了七十士希臘文譯本，「哀歌」之稱才出現，同時卷首附以如下說明：「以色列人被擄之後，耶路撒冷荒蕪，耶利米坐著為耶路撒冷哀哭，唱此哀歌。」從此，將本書的著作權歸於耶利米；再後，基督教的《新舊約全書》乾脆把它置於先知書部分的《耶利米書》之後。

稱《哀歌》為耶利米所著一派的主要理由是：

一、《哀歌》表現了和《耶利米書》大體相同的情緒和風格，二者都使人對作者產生「流淚的先知」之印象。

二、兩書都以公元前五八六年耶路撒冷陷落的慘狀爲描寫對象，其中許多細節非常接近。

三、兩書共同使用了一些其它各書不常出現的詞匯，如 reshet（羅網）、rōdēph（追趕）、dawah（暗淡、虛弱）等。

四、《歷代志》上第卅五章廿五節曾記載耶利米作哀歌：「耶利米爲約西亞作哀歌。直到今日，所有歌唱的，無論男女，都以唱哀歌悼念約西亞。這件事在以色列人中成了定例。這些歌記載在《哀歌書》上。」

但十九世紀以來，越來越多的研究者否認耶利米的著作權。認爲：《哀歌》本身並未提供有關作者的任何內證；歌中五章的內容、文風並不完全相同，其中只有二、四兩章寫作於耶利米活動最頻繁的亡國之際；《歷代志》所述之哀歌並非《哀歌》，故不足爲憑。

更重要的是，《哀歌》某些詩句的觀點與耶利米的思想相悖，如第三章六十四至六十六節要求亞衛詛咒、報復巴比倫人，「追擊他們，把他們鏟除淨盡。」而耶利米卻始終視巴比倫爲亞衛之神鞭，認定他們的入侵是神意的體現——上帝要藉此懲罰犯罪的子民，以期他們悔過自新，與其另立新約。

因而，這五篇哀歌大約是不同作者在不同時期分別寫就的，最後由於會堂誦詩的需要才逐漸匯集、編訂成書。顯然，後一種說法較有說服力，即《哀歌》是一部亡國前後若干作者陸續寫成的詩歌集，而不是一人一時之作。但耶利米有可能是諸作者之一。

《哀歌》在全部聖經中以描寫最淒慘、情調最悲切著稱。這是希伯來民族國破家亡的悲慘經歷的眞實回聲。

公元前七二二年撒馬利亞陷落、北國淪亡後，南國猶大在日薄西山的頹勢中艱難維持了一百餘年。到前七世紀末，迦勒底人興起，猶大戰戰兢兢地生活於新巴比倫和埃及兩大帝國之間，稍不留神就會獲罪某一方。

公元前六〇八年，約西亞之子約哈斯繼位僅三個月，就被埃及法老尼歌帶到尼羅河谷關押起來。約哈斯之後，約雅敬、約雅萬和西底家先後稱王。

約雅萬統治時（前五九七年），新巴比倫王尼布甲尼撒二世攻陷耶路撒冷，將這位年輕國王連同眷屬並猶大國民一萬餘人帶往巴比倫。

西底家統治末期，猶大國再次遭到新巴比倫軍的入侵，耶路撒冷被圍攻長達十八個月之久。在城牆遍布寬大的裂口、任何得救的希望都已破滅時，西底家攜帶衛士棄城而逃，企圖到約旦河東岸隱匿起來，但他們卻在耶利哥平原被追兵俘獲。在尼布甲尼撒的總部駐地利比拉，一場簡短的審訊之後，巴比倫人當著西底家的面殺死他的兒子們，然後剜去他的雙眼；接著，把他編入長長的囚徒行列，與數萬國民一道驅趕至巴比倫城附近的殖民區。

在猶大國徹底覆亡的日子裡，希伯來人陷於空前絕望的悲慘境地。重兵圍困之中，糧食、水源、肉食、葡萄酒的供應都被切斷，窮困、饑餓、疾病和死亡折磨著人們，氣息奄奄的婦女竟至將自己的親生骨肉煮熟吞吃。國民祈禱著亞衛的拯救，但他們的希望終於徹底破滅。

彈盡糧絕之際，他們目睹敵軍從城牆裂口處蜂擁而入。幾天功夫，神聖的聖殿、豪華的王宮、高大的城牆化為一片焦黑的瓦礫。搶劫、掠奪、奸淫、凶殺……遍及全城每個角落。死亡的恐怖、絕望的哀號交織著猩紅的血斑，在希伯來民族史上留下了極其慘痛的一頁。

《哀歌》就是在這樣的背景下產生的。

思想內容和詩體特徵

一般說，《哀歌》五章的共同主題是：通過描寫公元前五八六年新巴比倫軍攻陷猶大國首都耶路撒冷後京城被毀、眾民遭擄的淒慘景象，抒發詩人強烈的亡國之恨和憂民之情。這一主題在第二、四、五章中表現得最為充分。如第二章中的部分詩句：

亞衛何竟發怒，使烏雲籠罩錫安？
他把以色列的榮耀從天上摔向地下，
竟使自己的宮殿變為廢墟。
亞衛毫不留情地毀滅所有的房屋，
憤怒地把猶大的城堡夷為平地，
他羞辱了這國家和她的領袖。
他劍拔弩張，有如仇敵一樣發動攻擊，
把最優秀的人民全然殺掉，

他的怒火把猶大的帳幕焚燒一空。
亞衛定意折毀錫安的城牆，
他旨意既定，就斷不肯收回成命，
他使城牆與堡壘一同倒塌。
錫安的父老坐在地上，默然無聲，
他們腰束麻布，頭蒙灰塵；
耶路撒冷的少女都垂頭至地。
我的眼睛因痛哭而失明，
我心腸絞痛，肝膽塗地！
因爲我民慘遭毀滅，孩童都倒臥街頭。
亞衛實踐了他昔日所定的計劃，
毫不憐惜地傾覆了耶路撒冷，
他助長仇敵的氣焰，使他們趾高氣揚。
亞衛啊，求你垂顧，你爲何如何而行？
母親怎能吃掉自己的骨肉？
祭司和先知豈能在聖殿中被殺？

可以說，若無親臨其境的切身體驗，是無法寫出如此逼眞、如此感人的詩句的

第四章又有突出特色，即多次運用對比手法，展示出耶路撒冷昔日的榮光和今日的災難。詩人哀嘆道：精純的黃金竟失去了光澤，聖所的石頭竟亂堆在街上！錫安的人民原來珍如純金，現在竟淪爲粗糙的瓦器！野狗尚知哺育幼兒，民衆卻像荒野的駝鳥一樣殘暴無情！昔日飽嘗山珍海味的人，如今卻流落街頭；一向衣冠楚楚的人，今日竟衣衫襤褸。錫安的貴冑素來比雪純淨、比奶皎潔、比珊瑚紅潤、如青玉光滑；現在他們都黧黑如炭、枯瘦如柴，連路人都辨識不出！……

這些兩兩對照的詩句，極其精采地抒發出希伯來人國破家亡的切膚之痛。

第五章的主體部分重述了京城被毀、人民遭劫的慘狀：

我們的產業，歸與外邦人，
　我們的房屋，歸與外路人。
我們成了喪父的孤兒，
　我們的母親成了寡婦。
進攻我們的，在我們頸上加上重軛；
　我們困倦疲乏，得不到安息。
我們已死的祖先犯了罪，
　他們的罪責卻要我們承擔。
過去的奴僕成了我們的主人，

沒有一個人來解救我們。
我們要在荒野的刀劍中搏鬥，
才能得到裹腹的糧食。
酷熱和飢荒使我們皮膚變黑，
有如爐膛一般。
錫安的婦女遭人強暴，
猶大的少女被人玷污。
王子被人縛手吊起，
父老遭面侮辱。
青年被迫推磨服役，
孩童背柴仆倒地上。
老人不再安坐城門，
少年也不再奏樂高唱。
我們心中的快樂消失了，
我們的舞蹈成了哀嘆。
榮耀的冠冕從我們頭上掉下，
我們犯了罪，我們遭禍了！

這章較前兩章明顯遜色：它不如第二章生動傳神，飽含激情；不如第四章構思巧妙，精雕細刻。它的第十七、十八節說「錫安山蕭瑟荒涼，狐狸成群出沒其間；此情此景使我們眼目昏花，黯然神傷。」似乎表明此章並非國難當日所寫，而是若干年後對此事的追憶。

不少跡象說明，第一章的寫作時間更晚。這時，故都荒蕪，城廓破敝，詩人重遊舊地，撫今追昔，不禁腸斷魂銷，潸然淚下：

這座人煙稠密的城市，
　現在何竟變得這樣荒涼！
這個一度威揚萬邦的強國，
　現在卻悽慘得像寡婦一樣！
這個曾經傲視各省的皇后，
　現在卻淪爲奴婢，
她在夜間痛哭飲泣，
　淚水流滿雙頰。
舊日的知心，無一前來慰問；
　朋友們都出賣了她，成爲她的仇敵。
耶路撒冷的榮光已成爲陳跡，
　她淒涼荒廢，追憶著已逝的榮華。

她的人民落入敵掌，無人救助，
仇敵看見她，都嗤笑她的衰亡。

第三章可能是最晚寫成的一章。這章似乎不是對民族災難的哀悼，而是對個人痛苦的驚懼與戰慄。它與衆不同的是，全章六十六節經文沒有一處能確證其背景是耶路撒冷的陷落。它們大多用第一人稱單數「我」陳情寫意，只是在第四十至四十七這八節中改用複數「我們」，詩章才稍有悼念故國的意味。

其大致內容是：先說「我」在「亞衛盛怒的杖責」下受盡折磨——皮消肉削、筋斷骨折、孤獨可憐、歷盡艱辛；接著哀求憐憫，認爲「亞衛絕不會把人永遠棄絕；」最後請求亞衛主持公道，將「辱罵我、攻擊我、誹謗我、謀害我」的仇敵鏟除乾淨。

然而，細細體味後又可感到，本章的抒情主人公雖是個人，它揭示人生災難的深廣程度卻已遠遠超出個人不幸的範圍。如果說其它各章都側重正面描述民族悲劇的本身，那麼或可認爲，第三章忠實地再現了這場悲劇在一代人心靈深處造成的長久驚悸和創傷。

由此推之，第三章的寫作時間應是囚居巴比倫時代的末期。

《哀歌》在抒發詩人國破家亡的巨大悲慟的同時，也表達了復興故國的強烈祈願。他們堅信「亞衛絕不會把人永遠棄絕，他若使人憂傷，也必同時按自己豐盛的慈愛廣施憐憫。」詩中熱烈地呼求：

亞衛啊，求你使我們回心轉意，歸向你，
求你使我們恢復昔日的榮光！
難道你永遠拒絕我們？
難道你的忿怒永遠不息？

「恢復昔日的榮光」，這正是當時掙扎於亡國之痛中的希伯來人的民族最強音。《哀歌》唱出了這一最強音，寄托了濃烈的愛國主義情思，因而深得後世猶太人的喜愛，成爲他們每年國恥紀念日（阿部月九日，約公曆八月初。）的必誦詩章。

《哀歌》的詩體形式也非常嚴整。它的前四章均爲「貫頂體」，其中第一、二章各二十二節，每節三行，首行用頭韻，即：

1. 'Alěph…　……　……，
……　……　……，
……　……　……。
2. Běth…　……　……，
……　……　……，
……　……　……。
………………
22. Tāw…　……　……，
……　……　……，
……　……　……。

第三章共六十六節，每節一行，每三行換一個字母，即：

1. ’Alěph⋯　⋯⋯　⋯⋯。
2. ’Alěph⋯　⋯⋯　⋯⋯。
3. ’Alěph⋯　⋯⋯　⋯⋯。
4. Běth⋯　⋯⋯　⋯⋯。
5. Běth⋯　⋯⋯　⋯⋯。
6. Běth⋯　⋯⋯　⋯⋯。

⋯⋯⋯⋯⋯⋯⋯⋯

64. Tāw⋯　⋯⋯　⋯⋯。
65. Tāw⋯　⋯⋯　⋯⋯。
66. Tāw⋯　⋯⋯　⋯⋯。

第四章又是二十二節，但每節兩行，其中第一行用頭韻，即：

1. 'Alĕph… …… ……，
…… …… ……。
2. Bĕth… …… ……，
…… …… ……。
………………
22. Tāw… …… ……，
…… …… ……。

這種別具一格的詩體不僅易於記誦，且給人以整齊規範的視覺印象。

在音律方面，《哀歌》運用了希伯來詩歌獨有的「氣納體」句法，每句分前句兩段，前段三韻步，後段二韻步，中間有短暫間隙，成功地傳達出因嗚咽吞聲、悲愴氣塞而難以卒讀之狀。

《哀歌》不但被希伯來人視爲民族的絕唱，對世界其他被壓迫民族也產生了積極的影響。早在廿世紀初，魯迅先生就在《摩羅詩力說》中對其進行了高度評價，指出：「特在以色列族，則止耶利米之聲；列王荒矣，帝怒以赫，耶路撒冷遂隳，而種人之舌亦默。當彼流離異地，雖不遽忘其宗邦，方言正信，拳拳未釋，然《哀歌》而下，無度響矣。」

優美熱烈的希伯來情歌
——《雅歌》

《雅歌》是希伯來文學中一支獨放異彩的奇葩，也是世界上古文學中不可多得的藝術珍品。

按照猶太傳統，希伯來聖經中有五卷別具意義的作品，它們每年分別在五個大節期中向民衆朗讀。這些作品是：在「普珥節」（三月一日前後）朗讀的《以斯帖記》、在「逾越節」（四月一日前後）朗讀的《雅歌》、在「五旬節」（五月下旬）朗讀的《路得記》、在「京城陷落日」（八月初）朗讀的《哀歌》和在「住棚節」（十月初）朗讀的《傳道書》。它們統稱爲「五卷書」（the Five Rolls，或 Megilloth）。《雅歌》作爲「五卷書」之一，其重要性是不言而喻的。

卷名、作者、成書年代、成書地點和闡釋方法

《雅歌》又名《歌中之歌》或《所羅門之歌》。所謂「歌中之歌」，即「所有詩歌中之最佳者」。但「所羅門之歌」的含義卻不甚明了：譯爲中文「之」字的希伯來文字母「1」兼有「屬於」、「獻給」和「爲了」數意，因而這個短語可指「所羅門所作之歌」，也可指「獻給所羅門的歌」或「爲所羅門而寫的歌」。這便導致解釋本書作者時的歧義。

紀元前後的猶太拉比們衆口一辭地認定：《雅歌》的作者是所羅門。除「所羅門之歌」這一標題外，他們視爲證據的還有：《雅歌》第一章五節、三章七、九、十一節、八章十一、十二節都明文提及所羅門：《列王紀》上第四章卅二節曾稱所羅門「作詩歌一千零五首」——如此顯赫的成就使所羅門理所當然地成爲希伯來民族的最大詩人；既是最大詩人，最優秀的詩作當然也應歸之於他。

近代聖經研究的成果雄辯地駁斥了上述觀點：所羅門既以作品人物身份出現，便不可能再是作者；由某一有關所羅門的傳說推測出他作了《雅歌》，更是牽強附會；另外，詩中有亞蘭文出現，可視爲作品定形於遠離所羅門的較晚時代的明證㉗。

當代學術界一般認爲，《雅歌》是典範的民間文學作品，成書前曾在民間長期傳唱，最後於公元前三、二世紀形成定本。

至於成書地點，一說是南方的耶路撒冷地區，因書中多次出現「耶路撒冷的衆女子」之語；另一說是北國某地，因詩中一再提到北方地名，如黎巴嫩、黑門山、大馬色、得撒、沙崙、基列、希實本、瑪哈念、書拉密等。

持「北國說」的人同時將《雅歌》解釋成一部諷刺性作品，認爲詩章借所羅門一次失敗的求愛，（一位權傾一世的國王竟敗在一個鄉間牧羊人的手下！）對這位曾將重稅和苦役加諸北方各

㉗亞蘭文曾在波斯帝國稱霸中東時期（公元前五三八～前三三二年）流行於希伯來人的聚居地巴勒斯坦一帶。

支派的南方君王進行了辛辣的嘲諷。

近兩千年來，不計其數的文人學者運用多種方法對《雅歌》進行了詮釋。公元一世紀，猶太拉比們曾因《雅歌》、《傳道書》、《以斯帖記》三書能否編入聖經正典而爭吵不休。這時，一位權威人物亞吉巴（Akiba, ?-135）首次運用「寓意法」闡釋出隱藏於《雅歌》表面字義下的宗教寓意——《雅歌》對世俗愛情的描寫只是爲了象徵「神人之愛」：上帝對以色列人的愛和以色列人對上帝的回愛——從而爲其登入聖經大堂掃清了道路。

後來，基督教教父們繼承了「寓意法」，但認爲詩中寓示的是耶穌基督與教會或信徒之間的互愛。到了中世紀，天主教又在女主角身上發現了童貞女馬利亞。

就這樣，《雅歌》終於叩開猶太教和基督教聖典的大門，得以完美無缺地流傳下來。

古代影響較大的另一闡釋方法是「預表法」。所謂「預表」，即認爲作品的素材是已經發生過的某一事件，而寫此事件的目的卻是「預先表露」出將要發生的另一事件。首倡此說者是提歐多（Theodore, -429），他宣稱，《雅歌》以所羅門婚娶法老的女兒（或其他公主）一事爲歷史根據，「預表」了耶穌基督將要與「外邦人」聯合。近代德國宗教改革領袖馬丁·路德在解釋《雅歌》時，也運用了「預表法」。

二十世紀上半葉，隨著「神話——原型批評」的興起，西方有些學者嘗試以「神話——原型」方法解釋《雅歌》。比如，密克（T.J. Meek）認爲，《雅歌》的原型乃是兩河流域上古神話中植物守護神塔模斯（Tammuz）與女神伊什塔爾（Ishtar）的戀愛故事。故事中，塔模斯遇難墮入地府，伊什塔爾隻身奮力將他救回，並使之死而復生的情節。因此，《雅歌》的意圖是間接表達對搭模斯和伊什塔爾的崇拜。

上述「寓意法」和「預表法」皆用來爲神學張目，故不足爲訓；以「神話——原型批評」解釋《雅歌》雖不無道理，但它將人間愛情完全轉換爲神界婚戀，也難免失之偏頗。

與此不同的是，近二百年來，越來越多的《雅歌》研究者力求擺脫「神」的陰魂，直接從作品本身發掘其世俗意義。開此先河者是十八世紀中後葉的門德爾松（M. Mendelssohn, 1729-1786）。這派學者旗幟鮮明地指出：《雅歌》之中，除了對世俗愛情的歌頌，再無它物可尋。他們的方法被稱爲「字義法」。顯然，只有「字義法」最能揭示《雅歌》的原貌。

文體類型

歷代研究者對《雅歌》最感興趣的議題之一是它的文體。《雅歌》屬詩體作品，對此人們早就確認無疑；但它是一部什麼類型的詩作——是一首牧歌、一個劇本，還是一部愛情詩集？制或是別的什麼詩體？諸種觀點都有一批擁護者，他們各執一端，莫衷一是，至今無法兼容。

主張「牧歌說」的主要代表是二十世紀上半葉的美國學者摩爾頓（Riichard G. Moulton）。他在《聖經之文學研究》一書中說，《雅歌》缺乏戲劇應有的若干必要特徵，如，未按事件發生的先後順序一幕幕地展開劇情，不像在戲劇中那樣每句話都由確實的角色說出、都與特定的地點相連；相反，卻具備抒情牧歌的一些特點，如三次出現重疊詩句、數處信筆插入追憶往事的對話等。

依牧歌之說，《雅歌》有兩位主人公——所羅門王和書拉密牧羊女；全詩從國王迎娶牧羊女開篇，先寫盛大的婚禮，然後追述戀愛經過：

初春的某日，所羅門王到黎巴嫩山的離宮附近行獵取樂，途中偶遇健美的書拉密牧羊女。他爲其艷麗所傾倒，遂墮入情網；不料那女子卻羞見生人，翩然逸於叢林深處。國王想盡辦法，卻不得與之相見……最後他喬裝牧童，孤身入山，迎著初開的朝陽，高唱眷戀的情歌，終於打動了牧羊女的心。於是，所羅門王用豪華的儀式將牧羊女娶回宮中——這便是全詩開頭的情景。

美國學者約德（S. C. Yoder）在《〈舊約〉的詩歌》（一九四八年）一書中也贊成「牧歌說」，但他認爲主人公不是兩個，而是三個，除所羅門、書拉密牧羊女外，還有一個牧羊女的鄉下情郎。

將《雅歌》解釋爲戲劇的最早嘗試人是公元三世紀的基督教教父奧里根（Origen）。十二世紀時，猶太拉比伊本·以斯拉（Ibn Ezra）進一步提出劇中有三個人物。十九世紀以來，主張「戲劇說」的人很多，如格布哈德（Gebhardt:）、德立茨（F. Delitzsch）、金斯伯里（C. D. Gingsbury）、雅可比（J. S. Jacobi）、艾瓦爾德（H. Ewald）等。

他們大致分爲兩種觀點，其一認爲劇中人物僅所羅門王和書拉密牧羊女二人，劇情和上述「牧歌說」的理解相仿；其二則稱劇中有所羅門王、牧羊女和牧羊郎三人，劇情相應變成國王追求牧羊女，牧羊女因傾心於鄉間情人而拒絕國王的求婚。

「三主角說」的主要情節是：所羅門王到山間的離宮附近行獵，不期遇見一位美貌的書拉密女子，便一見鍾情，設法把她帶到宮中。在宮中，宮女們組成的歌隊首先歌唱，試圖激起牧羊女對國王的欽敬和愛慕，接著，所羅門王親自數次求愛。

但牧羊女的心始終不為榮華尊貴的君王所動，因她早已愛上山林中一個英俊的牧羊小伙子。她深情地回憶起自己與牧羊人相親相愛的往事，一再謝絕國王的求婚。最後，所羅門王被她的一片眞情所打動，為玉成這個「完人」，便屈尊地放她回家與心愛的牧羊人團聚。

在歡樂的抒情氣氛中，全詩以牧羊人呼喚書拉密女登山嬉樂告終。

我國著名希伯來文學家朱維之教授也基本同意「三主角說」，認為此說「有矛盾，有鬥爭，合乎戲劇創作的要求。」他在《希伯來文學十二講》一書中，全文重譯了《雅歌》，將其編排成十場小歌劇。

然而，在解釋這首不足四百行的詩歌時，人們何竟產生如此重大的分歧？細細推究，答案是不難發現的：

倘若《雅歌》確係戲劇，則它並非現代意義上的「戲劇」，它無「幕」、「場」、角色分工等提示性術語，全文原本只是一篇散文詩式文章——這便使學者們分析劇情時不能不帶有某些猜測成分；《雅歌》的情節也不甚明晰，為能自圓其說，主張「牧歌說」或「戲劇說」的各家事實上都補入了一些必要細節或其他說明。這樣，他們的解釋就或多或少地帶有再創作性質，以致形成各自的特色。因而，彼此間出現種種分歧，就是在所難免的了。

基於這種觀察，另一批學者放棄從中尋找統一情節的企圖，而把《雅歌》視為一部由若干短詩匯合而成的愛情詩集。

德國狂飆運動的理論指導者赫爾德（J. G. Herder）首倡此說，隨後得到大詩人歌德的支持。持此見解的還有葛底斯（Gordis）、艾斯菲爾德（Eissfeldt）等。葛底斯將全詩分爲廿九篇，艾斯菲爾德分爲廿五篇。

一八七三年，普魯士駐大馬士革領事魏斯坦（J. G. Wetzstein）發表關於《雅歌》的論文，有力地鞏固了「愛情詩集說」。魏斯坦在敘利亞鄉間觀看當地農民的婚禮時，注意到婚禮上演唱的歌曲與《雅歌》極爲相似。他寫道：

「敘利亞人的婚禮通常都在陽春三月舉行。這時雨季已過，而太陽又不像以後月份那樣熱得灼人。婚禮節在遍地花草的露天地上舉行。新郎新娘坐在特定的位置上，客人們圍著他們又唱又跳。歌中唱的是年輕夫婦的美麗。新郎新娘穿著漂亮的結婚禮服，整周坐在椅子上不做任何事情，專聽別人唱歌和欣賞青年人如何尋歡作樂。新娘有時要站起來跳舞，以便讓新郎觀賞她的美色。」

「敘利亞農民一生中最美好的日子是婚後第一周。新娘夫婦把自己化裝成國王和王后，而村上的男女老少都要爲他們服務。」

後來，人們進一步證實，這種民歌曾長期在西亞地區流傳；直至當代，還爲敘利亞農民所演唱。

本書認爲，「愛情詩集說」較易於克服前兩說遇到的困難。若將《雅歌》理解爲用於婚禮慶典的一組情歌，則無須從中尋找前後連貫的完整情節，因而就不必補入種種細節。那些被前兩說視爲疏漏或游離的地方，若改用「愛情詩集說」分析，便不復存在。（當然，這樣說並不排斥詩中有某種「弱化情節」的可能性——爲期一周的慶典依循一定的程式進行，各個階段的歌舞由某一情節連貫起來，是完全可能的。只是這種情節有別於較嚴密的戲劇情節罷了。）

同時，「愛情詩集說」並未排除前兩說的主要長處：它也用所羅門王和書拉密女解釋主人公的身分，並合理地揭示了新郎新婦以此比附的原因——所羅門是最榮耀的君王，書拉密女是最美麗的少女。〔參見《列王紀（上）》〕它還用對唱、獨唱、合唱、伴唱等形式理解作品的文體特徵，這與「戲劇說」之對白、獨白、歌隊伴唱等說法不無相通之處。

內容和手法

除歷代猶太教、基督教解經家外，各派學者對《雅歌》思想內容的看法大體是一致的：其基本主題是表現婚戀生活的各種感受，贊美充滿田園氣息的、純潔、堅貞、熱烈、歡快的愛情。明顯區別於聖經其它各卷，《雅歌》——開頭便使人耳目一新：

（女）吻我吧！吻我吧！
因爲你的愛比美酒更香甜。
你的膏油這樣芬芳，
你的名聲如此顯赫，
難怪少女們都傾慕你。

你帶我走吧，讓我們一起走吧！

接著，詩章多處以對唱形式抒寫了愛侶間的欽羨和慕悅。比如：

（女）我是原野的玫瑰花，
是谷中的百合花。
（男）我的佳偶在少女中，
好像荊棘中的一朵百合花。
（女）我的愛人在男子中，
好像森林中的一棵葡萄樹。

除這類直抒胸臆的熱情詩句外，詩章還兩次描寫少女熱戀中的幻覺，在恍惚迷離的境界中揭示出主人公心靈深處的情感騷動。如：

（女）我雖躺在床上，
心中卻很清醒。
我聽見我愛人在叩門……
我被他的誠懇感動了，

趕忙起來給他開門；
門開了，可是，
他卻不在了！……
我到處找他，卻找不著；
呼喚他，卻聽不到回答。……………
耶路撒冷的眾女子啊，
我懇求你們，
倘若你們遇見我的愛人，
請告訴他，我已因愛成病。

這個片段與我國《詩經．蒹葭篇》頗類同：

蒹葭蒼蒼，白露爲霜。
所謂伊人，在水一方。
溯洄從之，道阻且長；
溯游從之，宛在水中央。
……　……

二者都恰到好處地摹繪出別離中的情人酷思愛侶時的感受：儘管愛侶求之不得，情人們仍為之魂不守舍，坐臥不安。

與上古其它各民族的愛情詩相仿，《雅歌》也多處抒寫配偶的身姿容貌之美，以抒發歌唱者的由衷慕戀之情。比如英俊少年對美貌少女的贊頌：

我的愛人啊，你眞是美極了！
你那面紗掩映的眸子如同鴿子的美目。
你的秀髮好像躍下基列山岡的羊群。
你的皓齒白如新剪洗淨的羊毛，
排列整齊，毫無缺遺。
你的櫻唇好像朱紅的線，
你的嘴兒嫣紅欲滴
你的桃腮在雲鬢間艷似石榴。
……　……
親愛的，你的唇似有蜂房滴蜜，
你的舌下有蜜糖和奶油。
你的衣服散發出幽香，
恰似黎巴嫩山芬芳怡人的香柏樹。

少女對情郎的誇耀也不遜色：

我的愛人英武出眾，超乎萬人之上。
他有硬朗的頭顱，烏潤濃黑的鬈髮；
他的眼睛純良和善，深沈而平靜。
他有鳳仙花和香草一般的雙頰，
又有散發著沒藥香氣，百合似的嘴唇。
他的雙臂好像鑲滿水蒼玉的金杖，
他的身軀如同嵌上藍寶石的象牙。
他的雙腿猶如精金座上的白玉石柱，
又像黎巴嫩山中挺拔的香柏樹。
他嘴裡的話語叫人心甜，
他整個人兒都那麼可愛。

這些詩句遍採自然界中的優美物象，將少女的撫媚體態、情郎的雄健身姿刻畫得惟妙惟肖。值得一提的是，這裡對少女的描繪側重面容：美目、秀髮、皓齒、櫻唇、桃腮……；而對情郎則從頭部一直寫到全身：頭顱、鬢髮、眼睛、雙頰、嘴唇、身軀、雙腿。二者的區別形象地說明希伯來人擇偶時的不同審美情趣。

上述詩行有力地證實，在欣賞和再現人體的形式美方面，希伯來人並不亞於同時期的希臘人和印度人；後來只是由於戰亂的劫掠和猶太教祭司們的刪改，這類作品才所剩無幾。

《雅歌》抒寫主人公的濃烈感情時，還成功地運用了多種民間創作慣用的表現手法。比喻、誇張堪稱俯拾皆是，其它又如渲染與烘托、對比與反襯、雙關、重章疊唱等。

第二章十一至十三節刻意渲染了自然景色的美妙，從而有力地烘托出人間愛情的美好：

嚴冬過去了，雨水已經止住。
萬花開放，百鳥爭鳴的季節已經來臨。
斑鳩的歌聲清晰可聞，
無花果樹結滿了果子，
葡萄樹也正開花，散發出陣陣芳香。

第三章六至十節則通過渲染所羅門婚娶行列之聲威和所乘華轎之精美，烘托出國王——即婚禮中之新郎——的高貴。

對比與反襯曾數度出現，突出的一例是第六章八、九節：

我雖然已有六十皇后、八十妃嬪，
還有無數宮女，

但我的小鴿子，我的完人啊！
在後宮佳麗之中，
我心裡只有你，沒有人能比得上你！

「後宮佳麗」與「我的完人」形式鮮明對照，後者在前者的反襯中更顯嫵媚動人。雙關運用得也很巧妙。如第二章五節，少女「因愛成病」後，請求情郎「給我葡萄乾增補我力，給我蘋果暢快我心。」——其中的「葡萄乾」和「蘋果」就既是食物，又是愛情食糧。（二章三節之「我歡歡喜喜地坐在他的蔭下，品嘗他果子的滋味而覺甘甜。」可證。）

重章疊唱手法主要指第二章七節、三章五節和八章四節的重疊句法，這三節重覆唱出「耶路撒冷的眾女子啊，我指著田野間的羚羊和母鹿懇求你們，不要挑逗我的愛情，要等到它自發。」不僅加強了詩章的韻律感，也強化了作品的愛情主題。

《雅歌》對愛情的禮贊在臨近結尾處達到最高潮：

愛情如死亡一般堅強，
嫉妒如陰間一樣殘酷。
愛情發出的火焰，
就是亞衛的烈焰。
眾水不能熄滅這愛火，

洪流也不能把它淹沒。
若有人想用家財換取愛情，
他必全然被藐視。

這段詩從不同的角度揭示出愛情的崇高地位：「如死亡一般堅強」，它發出的火焰是「亞衛的烈焰」，這烈焰勝過眾水和洪流，愛情決非財富所能換取。對愛情如此推崇備至，應當承認，在整個世界上古文學中都是罕見的。

其中除世俗特徵外，希伯來民間詩人還別具一格地賦予愛情一種神聖的價值。在他們看來，兩性之間的互相愛慕是由神的意志決定的。因而，這裡將愛情與神的烈焰等量齊觀，不啻是對男女之愛的最高頌贊。

但稱世俗愛情具有某種神聖性質，並不意味著它含有宗教寓意。全詩僅此一處出現神的名稱，不但無損其世俗特性，反而更顯感情的熾烈奔放。學術界也有人認為，「亞衛的烈焰」一語乃後人補入，並非原文所有。

益人心智的哲理沉思
——智慧文學

希伯來智慧文學一般指聖經中的《箴言》、《約伯記》、《傳道書》三卷詩歌書。此外，它們還散見於部分歷史書、先知書和抒情詩集《詩篇》中（如《士師記》、《以賽亞書》、《詩篇》等部分篇章）。

這些作品或總結某種生活經驗，或探尋某一宇宙法則，多使人在優美的藝術形式中，得到精神的訓導和心智的啓迪，故被稱爲智慧文學。

智慧文學的先聲，智慧和智人

希伯來智慧文學的先聲是上古中東地區的智慧語錄。一般認爲，迄今所知最古的智慧言論，是產生於公元前二八〇〇年左右的《普塔霍蒂普箴言》。它是埃及古王國大臣普塔霍蒂普（Ptah-hotep）教訓兒子的言論匯集，內容涉及道德、宗教、政治及個人養生處世之道等。嗣後，古埃及歷代都有智慧語錄問世。

在上古中東另一個文化中心美索不達來亞，蘇美——巴比倫人也創作過不少智慧作品，其中相當一批流傳至今，如以「巴比倫的《約伯記》」聞名的《一位正直受難者的詩篇》，被稱爲「《傳道書》的姐妹篇」的《悲觀主義對話錄》等。

從聖經的記載可知，除埃及、蘇美——巴比倫外，在希伯來人之前或與其同時，腓尼基、以東、亞述、波斯等地也有不少智人在活動（參見《以西結書》、《耶利米書》、《以賽亞書》、《以斯帖記》等）。希伯來人定居迦南前後，曾與中東各國頻繁交往，此間顯然不斷接受了它們智慧文學的影響。

聖經用來表示「智慧」的最常見的詞是 Mashal（複數形式爲 Meshalim）。在希伯來文中，Mashal 原指一類勸誡性語錄，包括格言、諺語、謎語、諷語、寓言等。它們一般由精闢的語句構成，目的是「引起人們的注意，喚起人們的共鳴，從而牢固地留在人們的記憶中。」使聞之者對各種實際問題做出聰慧的判斷和處理。

但在聖經中，Mashal 不僅指短小精悍的勸誡之語，還可指篇幅較長的思辨性短論（如《箴言》中的「智慧頌」），甚至《約伯記》、《傳道書》一類洋洋灑灑的長篇詩文。

與內涵豐富的「智慧」相似，聖經中的「智人」也是一個指代頗廣的概念。在不少地方，它被用來描述具有某種技藝專長的人，如，爲祭司製做聖衣的裁縫（《出埃及記》），紡線的婦女（同上卷），設計、建造會幕的匠人（同上卷），以及船上的舵手（《以西結書》）等。但這些人僅僅被稱爲「有智慧者」，而無更詳盡的說明，故很難給人留下深刻的印象。

在敘事生動的《撒母耳記》和《列王紀》中，情況則有所不同。其作者在記述王國興衰史時，生動地記載了另外兩類智人：供職官方的謀士和民間的「聰明婦人」。前者的突出代表是亞希多弗和戶篩。

押沙龍叛亂初期，他所以能所向披靡，一舉占領耶路撒冷，很大程度上得力於軍師亞希多弗的謀劃。

亞希多弗是當時有名的智人，原為大衛的謀士，後又輔佐押沙龍反叛大衛。聖經談到他料事如神的才智時曾驚呼：「亞希多弗所出的主意，好像上帝的話一樣；他昔時給大衛，今日給押沙龍所出的主意都是如此。」（《撒母耳記（下）》）

然而，大衛手下更有高明之士戶篩。戶篩潛入叛軍，以更傑出的謀略和辯才駁倒亞希多弗，贏得押沙龍的信任；以致亞希多弗一氣之下棄職歸鄉，自縊身亡。

在同一篇故事中，一類被稱為「聰明婦人」的民間女智者也十分引人注目。

據《撒母耳記（下）》第十四章載，約押得知大衛思念叛逃的逆子押沙龍，便差人前往提哥亞地叫來一個聰明婦人，讓她到大衛面前游說，以期徵得大衛的同意，請押沙龍返回耶路撒冷。這婦人在國王面前處處表現出職業性的幹練和機敏，言辭鋒利，談吐縝密，先縱後擒，使大衛無形之中便接納了她的勸諫。

隨後，《撒母耳記（下）》第廿章記載了另一個聰明婦人的活動，此人比前者又勝一籌。當時以色列元帥約押正率軍攻城，這婦人從城牆上挺身而出，高聲呼叫：「聽著！聽著！請約押近前來，我要與他說話。」約押出陣後，她代表全城和他談判，迅速與他達成協議，接著，又「憑著她的智慧去勸眾人」履行協議。於是，「約押吹響號角，眾人就離城而散。」在這一過程中，這婦人表現得極為機智、勇敢、果斷，大有幾分將帥風度。

以上幾類智人都是「實踐型」人物——其智慧只通過某種技藝或處理實際事務的超常才幹顯示出來，而不表現爲形而上的理性思維。

此外，希伯來人中還有不少「思辨型」智者——上至國王、官宦、文士，下及技工、村夫、牧人等普通百姓。正是他們勤奮思索和總結了各種人生和社會經驗，這些經驗被後人編入聖經，成爲流傳至今的寶貴智慧遺產。

智慧文學的形成和發展

希伯來智慧文學的形成和發展經歷了漫長的歷史過程。最早見於聖經的智慧文字是《士師記》中的「樹王的寓言」和「參孫的謎語」。

前者說，林中衆樹欲膏立一王，先後請橄欖樹、無花果和葡萄樹接納王位，但它們都因造福人類而拒絕「飄搖於衆樹之上」。隨後，樹木們又邀請荊棘稱王，哪知無一是處的荊棘竟欣然應諾。

只是因爲善良的人們都忙碌於各自的事務，邪惡者才有了爭權奪勢之機！寓意之深刻，比喻之巧妙，言辭之精練，都不亞於後出的伊索、拉封丹或克雷洛夫寓言。

收錄「樹王的寓言」的《士師記》反映的是希伯來人定居迦南時期（約公元前十三至前十一世紀）的社會生活。這時，希伯來文字尚未創制，文學活動還處於口頭傳唱階段。「樹王的寓言」能達到如此精湛的水平，決非朝夕傳唱之功所能奏效。可以想像，很可能早在士師時代之前數百年，一個口耳相傳的智慧文學傳統已存在於希伯來人之中。

從士師時代起，聖經中有關希伯來人尊重智人、推崇智慧的記載開始逐漸增多。參孫在與三十個非利士人打賭時曾借助於一個謎語：

吃的從吃者出來，甜的從強者出來。

在今天看來，這不過村野之夫玩弄機智的雕蟲小技，幾乎難以稱之爲謎語。但將它放到三千年前的古代社會進行考察，其智慧之光便燦爛奪目起來。參孫何不以勇氣和武力與對手們較量，像各民族上古勇士們常幹的那樣，而鬥之以心智呢？答案是清楚的：當時在希伯來人中，崇尚智慧，以智愚分高下已蔚然成風。一個貪色嗜睡之徒尚能如此，何況那些以聰慧著稱的智人們！

稍後於此，《撒母耳記（上）》第十章十二節中記載了聖經中首次出現的諺語：

掃羅也可以做先知嗎？

在作者看來，正在尋找驢子的俗人掃羅，竟擠進一個神聖的先知團體，這分明是極不相稱之事。

「掃羅也可以做先知嗎？」約略相當於「凡人也可以成聖嗎？」或「朽木也可以雕嗎？」其

精妙之處在於，作者以反諷口吻告誡世人：凡事應量力而行，而不應有非分之想。

接著，該卷第廿四章十三節寫到大衛赦免追殺他的掃羅時，又稱大衛引用了古諺「惡事出於惡人」，以顯示自己乃不行惡事的仁慈之人。

到了所羅門時代，智慧文學的發展進入一個新的階段。這一時期是整個希伯來古史中最光輝的時刻，其光輝來源於舉世聞名的「所羅門的榮華」和「所羅門的智慧」。

相傳所羅門聰慧超人，曾作箴言三千句、詩歌一千零五首，熟知花草樹木、飛禽走獸、昆蟲水族之習性，還擅長判案斷獄。（《列王紀（上）》）這段記載集君王、學者、文學家、自然科學家和律師於所羅門一身，並強調其十八般武藝皆來自非凡的智慧。前文曾提到過幾類智人，他們只在局部範圍施展了才幹；而所羅門則大大地超過他們，其用武之地已突破國界的局限。

據《列王紀》載：「所羅門的智慧超過東方人和埃及人的一切智慧，……天下列王……都差人來聽他的智慧言論。」（同上卷）

這種說法雖顯得言過其實，但所羅門時代在希伯來文化史上的重要地位卻不可否認。此時期，耶路撒冷聖殿落成，國家機構日漸完備，各種文職官員不斷增多；與之俱來的是希伯來文字在借鑒腓尼基文字的基礎上逐漸創制完成，文字的創制又反轉來促進了宗教、史學和文學的進一步繁榮。

所羅門作爲這個時代的象徵，既是一個實踐型智人，又是一種思辨的學者。他的哲理詩雖大都散佚，現存於《箴言》中的詩作也無以確認其眞筆，但他的積極倡導、率先創作之功，對希伯來智慧文學的勃興所發揮的重要作用，卻是普遍公認的。

所羅門之後，智慧文學的發展可從聖經的記載中找到證據。《箴言》第廿五章開頭說：「以下也是所羅門的箴言，是猶大王希西家的人所謄錄的。」清楚地表明如下史實：猶大王希西家（約前七一五—前六八六年）曾組織人馬整理、編纂過當時所見的智慧遺產。

這組箴言具有主題單一、篇幅短小的共同特徵，可推測它們確係較早時代的產物。從這批箴言的數量之多、論題之廣來看，所羅門辭世後的二百五十年間，智慧文學又獲得新的碩果，它們已從古諺、謎語等的片斷記錄，發展爲初具規模的格言匯集。

亡國前後的先知書中也常有智慧言論出現。如，《耶利米書》第卅一章廿九節和《以西結書》第十八章二節都引用了「父親吃了酸葡萄，兒子的牙酸倒了。」一語。這句話曾長期被古希伯來人視爲金科玉律，意即「父親犯罪，兒子受罰。」但先知們卻從否定方面談及此語，認爲「各人必因自己的罪而死亡，凡吃酸葡萄的，自己的牙必被酸倒。」（《耶利米書》）《以西結書》第十六章四十四節的抨擊族人的罪惡時引用了另一古語：「有其母必有其子」，試圖說明以色列人屢屢犯罪，是因其父亞摩利人，其母赫人皆「傲慢狂妄、耽於口腹」所致。不僅轉引古諺，有的先知還仿效智慧文學的風俗講論，如「勇士搶去的豈能奪回？該擄掠的豈能解救？」（《以賽亞書》）

希伯來智慧文學的黃金時代是被俘以後的時期。公元前五八六年新巴比倫軍摧毀耶路撒冷，將數萬俘囚擄至巴比倫，這國破家亡的民族災難迫使希伯來人不得不進行沈痛的歷史反思，對人生與社會的各種難題做出嚴峻的回答。聖經智慧文學的三大名著——《箴言》、《約伯記》、

《傳道書》就是在這一背景下脫穎而出的。

在三大名著中，《箴言》因總結指導日常行爲方式的各種具體經驗，而被視爲「較低的智慧」（Lower Wisdom）；《約伯記》和《傳道書》則因探尋「神的公義是否存在」、「人生意義何在」一類宇宙觀或人生觀問題，而被稱爲「較高的智慧」（Higher Wisdom）。

紀元前後的二、三百年，又有文人學士編出《所羅門的智慧》、《便西拉的智慧》和《馬卡比傳四書》等智慧文獻，收入《次經》或《僞經》中。它們是希伯來智慧文學的最後成果。

智慧文學的主要特徵

相對於若干不同的文類，智慧文學表現出以下突出的特徵：

一、**哲理性**——聖經文學有幾種基本類型，各類型都有藝術的獨到之處：它的神話、傳說充滿傳奇色彩，史詩、故事和小說富於質樸的敘事格調，史詩文學具有某種程度的實錄風格，先知書帶有強烈的政論性，抒情詩以濃郁的抒情性著稱。

與此對照，智慧文學的首要特徵即鮮明的哲理性。這類作品既是希伯來人的文學創作，又是他們的哲學著作。其中，不論是短小精悍的實用型格言，還是鴻篇巨製的思辨型論叢，都滲透了認眞嚴肅的探索精神，閃射出去蕪存菁後的哲理光輝。它們不僅對研究希伯來文化有著重大意義，有些至今仍能給人以有益的啓迪。

二、**世俗性**——希伯來人曾自稱：「我們有祭司講律法，智慧人設謀略，先知說預言，都不

能斷絕。」（《耶利米書》）

由此可看出，希伯來文化中有「祭司——宗教」、「智者——哲學」和「先知——政治」三種主要的思維方式。三者之間互有滲透，但彼此又相互區別。其中，前者強調信奉亞衛對民族命運的至關重要性，始終將「亞衛的意志」作爲解釋歷史的出發點和歸宿，代表作品如「摩西五經」、《歷代志》等；後者主要表現在十餘卷大、小先知書中，它們實際上是一批希伯來愛國志士直接干預現實的政論文，但限於特定的歷史要求，都披上了「傳達神諭」的神聖外衣。

智慧文學的思維方式和它們明顯不同，它既不圍繞著上帝兜圈子，又無需借助上帝作傳聲筒，而是直接根源於五彩繽紛的世俗生活，將大量感性地體驗提升爲對人生和宇宙的理性認識。當然，作爲上古時代的產物，它們不可能完全擺脫宗教的影響，對此，我們自然不會過分苛求。

三、**片斷性**——這一特徵是在古希臘哲學的映襯下顯示出來的。

在古代文化史上，「二希」歷來並稱，因此考察某一方時注意從另一方進行觀照，實爲行之有效的門徑。

在希臘的蘇格拉底、柏拉圖、亞里士多德等衆多哲人和卷帙浩繁的哲學遺產面前，希伯來哲學無疑顯得過於貧乏與單薄。它的主要著作《箴言》都是寥寥數行的短詩，各詩的思想容量微乎其微，《約伯記》和《傳道書》篇幅雖已相當可觀，但大體也仍是小型詩論的匯集，其間缺乏嚴密的理論邏輯，冗贅、重複、牴牾、疏漏、含渾之處舉目可見。

造成這一現象的原因在於，在特定的歷史背景下，希伯來思想家的興奮焦點在宗教而不在哲學；在創立一神論宗教學說方面，他們的成果不僅遠遠超過希臘人，而且舉世無雙。

四、文學性——作爲哲學的希伯來智慧文學遠遜於希臘，但它作爲文學又遠勝於希臘的哲學著作。它的基本文體樣式是詩歌，主要體裁是並行體，即一首格言由相互平行的兩行詩構成。如：

智慧人的舌，善發知識；
愚昧人的口，吐出愚昧。（《箴言》）

與中國古典詩歌的對偶句相仿。

但這種平衡又不拘一格，有的下句重複上句的含義，強化上句的主題；有的下句對上句作出補充，兩句共同表達一個議題。

在後一情況下，兩句間又可形成對照、比較、遞進等多種關係。除兩句並行外，還有三句、四句甚至五、六句並行的，並行的各句間節奏大體照應，讀之抑揚頓挫，音韻優美。

行文中，比喻、擬人、誇張、對比、設問、呼語等修辭手法比比皆是，它們將抽象的哲理展示於爲人熟知的具體形象之中，使人於藝術美的鑒賞中深深獲益。

五、教悔性——在希伯來詩歌的兩大類作品中，以《詩篇》爲代表的抒情詩主要用於贊美上帝、懺悔罪惡、祈禱神恩等宗教禮拜活動，而哲理詩則以教誨民衆接受知識或道理爲首要目的。《箴言》中許多段落是以父親教訓兒子的口吻出現的，如「我兒，要留心我智慧的話語，側身聽我聰明的言詞……」（五：一）；還有些更清楚地標明了教誨用途，如第卅一章一開頭就說，本章內容是利慕伊勒王的母親「教訓他的眞言」。

《約伯記》的教訓意義較小些，但卷中也有不少富於訓誨色彩的片段，如亞衛從旋風中對約伯的答覆（卅九～四十一章）。這段文字一連提出數十個問題，涉及天文地理、動物植物、人類神祇等諸多方面，它們大多問答相間，頗似考問學童的現場實錄。不妨設想，這種回答方式正是希伯來人古代教育的基本形式之一。

寓意深邃的智慧結晶——《箴言》

《箴言》是希伯來人各種日常經驗的結晶。它們「將實際的觀念和眞理，摘錄成有趣的成語；把生活中的老生常談，提升到一個新的精神領域；使平凡而陳舊的觀念，煥發出智慧的眞知卓見。」

不同於脫離實際的中世紀經院哲學，它們根植於現實生活，又以指導人生、提供個人行爲的準繩爲根本的創作目的。

作者與成書年代

按照猶太教的正統解釋，《箴言》的作者是名王所羅門。主要理由是：一、《列王紀》等書多處渲染了「所羅門的智慧」，稱他曾作箴言「三千句」；二、《箴言》全書的題記——第一章一節明文注有「以色列王大衛兒子所羅門的箴言」之語；三、第十章一節、廿五章一節等處也出現「所羅門的箴言」字樣。

然而，深入研讀全書後不難感到，所羅門的著作權面臨著挑戰。

且不說第卅章一節和卅一章一節已標明該兩章的作者是「亞古珥」和「利慕伊勒王的母親」，即便在「所羅門的箴言」的標題下，許多言論也很難歸之於他，如「天之高，地之厚，君王之心測不透。」「恆常忍耐，可勸動君王；柔和之舌，能拆斷骨頭。」等，顯然不會是君王的自白，而更像是宮中官宦們的感慨。

另外，在同被稱爲「所羅門的箴言」的集子裡，完全相同的句子竟出現了四次，大致相仿的詩句更多。很難想像一個作者會兩次使用相同（或基本相同）的語言表達同一個意思。

因此，儘管不能排除《箴言》中確有所羅門作品存在的可能性，但所羅門對全書的著作權是應予否認的。

否認了所羅門的著作權，相應的結論便是：從全書揭示生活哲理的深廣程度來看，《箴言》應是衆多普通百姓和文人學士集體智慧的產物。

《箴言》給人的另一印象是：這卷智慧詩集是在漫長的年代中陸續形成的，希伯來民族各個時期的社會生活都在其中留有印記。

第廿七章廿三至廿七節載：「你要徹底認識你的羊，小心照料你的牲畜；……羊毛可以給你做衣服，賣羊的錢可以購買田地，羊奶只足夠養活你一家和你的僕婢。」反映出尙以牛羊、牲畜爲基本生活資料的遊牧時期的社會特徵。其中提到「賣羊的錢可以購買田地」，又暗示了從游牧向農耕轉折階段的某些特點。這類格言可能先在游牧之民中口耳相傳，希伯來文字形成後，才筆錄成文。

與此不同的另一些短詩，如「屯積居奇的，人人咒罵；誠實賣糧的，必蒙福佑。」「努力耕耘的，可得豐衣足食；追求虛榮的，卻是愚不可及。」等則明顯表現了定居迦南、以務農為業之後的生活。

此外，書中還有不少總結經商要訣的格言，諸如「神喜愛公平的酷碼，憎惡騙人的天平。」「亞衛厭惡一切用欺騙手段所進行的買賣。」「仗著高利貸致富的，他的財富終會落在善心人手中。」之類，它們顯然與俘囚之後希伯來人流散各地、大量從事商業貿易活動的社會背景有關。

統觀之，書中表現游牧和農耕生活的作品較為少見，大批詩作都與商業文明及較晚時期的倫理道德和神學觀念相關。由此推論，《箴言》的成書下限很可能晚至公元前三世紀，即希臘化中期。

經過此時期編者的最後修訂，曾充斥於摩西五經中對獻祭等宗教禮儀的強調已幾無蹤影，阿摩司、何西阿、第二以賽亞等先知倡導的道德純潔原則成為全書的根本指針；曾遍布早期歷史文獻中的多神崇拜的遺跡消失了，代之而來的是申命派、祭司派史家力倡地徹底的一神學說。

與此同時，智慧被抬舉到前所未有的高度，尋求智慧的呼聲響徹全書的每個角落——這一特徵使人深感希臘哲學思潮對希伯來文化的強勁衝擊。但書中尚未出現自公元前二世紀起風靡巴勒斯坦的「末世論」思想，（「末世論」是紀元前後大量湧現的啓示文學作品著力表達的基本主題。）可見在此之前，《箴言》已最後定型。

結構與文體類型

除第一章一節的題記外，《箴言》全書由九個自然段構成——

①引言（第一章二至三節）

②智慧論集（第一章七節至第九章十八節）

③所羅門的箴言（第十章一節至第廿二章十六節）

④智慧之言三十則（第廿二章十七節至第廿四章廿二節）

⑤智慧人的箴言（第廿四章廿三節至卅四節）

⑥希西家的人所謄錄的所羅門的另一部分箴言（第廿五章一節至第廿九章廿七節）

⑦亞古珥語錄（第卅章一節至卅三節）

⑧利慕伊勒王的言語（第卅一章一節至九節）

⑨論賢妻（第卅一章十節至卅一節）

就文體特徵而言，載於上述九個自然段中的作品可約略分爲五種類型——

（一）兩行格言：第③、⑥兩段。

（二）兩行格言，兼以四行格言：第④、⑤、⑧三段。

（三）數字哲理詩：第⑦段後半部。

（四）小型哲理論叢：第①、②兩段。

（五）貫頂體哲理詩：即第⑨段的「論賢妻」。

下面就各類文體稍作介紹。

由兩行構成的平行體對句，是《箴言》中最常見的詩體形式。如：

遊手好閑的人，必致貧乏，
勤奮努力的人，終享富足。

義人得勝，遍地歡騰；
惡人當道，人人趨避。

這兩首詩皆為反義平行。反義平行在書中出現得最多，它們的前後兩句形成鮮明對照，從而給讀者留下更深的印象。此外，同義平行、綜合平行、攀登平行等類對句也很常見。

當對句難盡其意時，兩行便常常擴展為四行，比如：

不可搶奪貧窮的人，
也不可仗勢欺壓困苦的人；
因為亞衛必為他們申冤，
必奪去那掠奪者的性命。

這首四行詩實際上是由兩首同義平行的對句連綴而成的，兩對句間又形成邏輯上的因果關係。

第卅章中有一組數字哲理詩，詩中多處出現「三」、「四」兩字，其中對「四」字的興趣尤濃。如下述兩例——

精深奧妙、令人猜不透的奇事有四件：
鷹在空中飛翔之道，
蛇在石中爬行之道，
船在海中航行之道，
男女愛戀交歡之道。

地上絕頂聰明的小動物有四種：
螞蟻是無力之類，卻在夏天儲備糧食；
沙番是軟弱之類，卻能在磐石中造房；
蝗蟲沒有君王，卻能整齊地列隊飛行；
蜥蜴以爪抓牆，卻能居住於王宮。

它們雖不無刻意雕琢之嫌，但仍顯示出詩人的精心設計、巧妙構思之功。

那麼，這裡為何對「四」如此厚愛？原來，在希伯來人心目中，「四」是一個神聖數字：在詩文中，它常被用來表示「圓滿」、「完全」、「衆多」，甚至某種神秘意義。

如，伊甸園中有四河（《創世記》）、天空中有四風（《以西結書》、《但以理書》、《撒迦利亞書》）、地上有四極（《以賽亞書》）、以色列女子每年為耶弗他的女兒哀哭四日（《士師記》）、約伯得見子孫四代（《約伯記》）、四種毀滅之預言（《耶利米書》）、四種災難之警告（《以西結書》）、以西結看到四種動物，它們各有四副臉面、四個肢膀（《以西結書》）、撒迦利亞發現四角、四匠、四車、四馬（《撒迦利亞書》）、但以理以四獸預言四王將興（《但以理書》）……等等。

小型哲理論叢主要見於《箴言》第一至九章。因其多以十餘節乃至數十節表達同一主題，故思想容量遠遠大於兩行或四行小詩。在寫作手法上，它們有時以長者勸誨年輕人的口吻出現；有時將智慧擬人化，生動地摹繪其「行為」，轉述其「語言」；還有時先描畫一個場面，再從中闡發某種哲理。後者如第七章「淫婦的罪惡」：

我從家裡的窗户往外看，從窗格中俯視，看見一群無知的青年，其中一個實在愚不可及，他在街頭上徘徊，走近淫婦所在的巷口，乘著日暮黃昏，天色朦朧，就竄進了她的家門。

看哪！那淫婦……纏著他，和他親吻，厚顏無恥地對他說：「……我的床鋪上了埃及錦繡床單，又蓋上了繡花毯子；我用沒藥、沉香、肉桂把床薰得噴噴香。來啊，讓我們好好地享受春宵，直到天明，在歡愛中盡情取樂吧！我的丈夫出門遠去了，不到月圓他是不會回來的。」

淫婦花言巧語地勾引他，用諂媚的話來誘惑他。那青年就乖乖地跟著她，像一頭被引進屠場的公牛，又像一隻自陷圈套的雄鹿，直到利箭貫穿他的心肝。他眞像一隻闖進羅網的小鳥，完全不知自己的生命已經危在旦夕！

孩子啊，你要專心遵循我的教導，不要羨慕淫婦那糜爛的生活，不可誤入歧途。因爲她已經使許多人仆倒喪命，成爲她的犧牲品。她的家是通往陰間的道路。

這段文字首先繪聲繪色地勾勒出一個淫婦的輕佻動作和放蕩語言，以及那位意志薄弱者如何像公牛「被引進屠場」、像雄鹿「自陷圈套」、像「小鳥闖進羅網」，最後才點明全段主旨：不可羨慕淫婦的糜爛生活，因淫婦的家是「通往陰間的道路」。

聖經智慧文學的突出特徵之一，即哲理性與文學性彼此兼融，這個片段可視爲一個極佳的範例。

最後，全卷結尾處是一首格律嚴整的貫頂體哲理詩。其體裁特點可參見「聖經詩歌綜覽」篇中的有關部分。

內容概要

上文提到，《箴言》全書由九個自然段構成。從內容上看，這九個段落大體分爲三類：

（一）贊美智慧的哲理論叢：第①、②段（即第一至九章），

（二）各類箴言匯編：第③至⑥段（即第十至廿九章），

（三）全書附錄：第⑦至⑨段（即第卅、卅一章）。

在這三類作品中，一般認爲，各類箴言匯編的產生年代最早，（首次輯錄於所羅門時代，中經猶大國王希西家整理，末後於波斯時期或希臘化初期基本成型。）卷尾的附錄部分次之，卷首的贊美智慧之詩最晚——它們主要體現了希臘化中期的最後編訂人的思想意識。下面依先後次序略作分析。

先看《箴言》第一至九章。這部分的突出議題是對智慧本身的認識和禮贊，而非對各種具體生活經驗的總結。在強調智慧的崇高地位和尋求智慧的極端重要性時，它們常以一個廣見博聞的長者訓導其涉世不深的兒輩的口吻出現。比如：

> 孩子啊！不要忘記我的教導，要把我的誡命存在心裡。……找到了智慧、得到了　明的人實在是有福的，因爲智慧所帶來的益處遠超金錢之上，她的成果、價值遠勝純金。她比珠寶更可貴，你所渴慕的一切，都難與她相比。智慧可使你得享長壽、富貴、尊榮、歡樂和平安。

人們所渴慕的一切都無法與智慧相比，智慧是所有世俗幸福的源泉——從這些迥異於神學說教的見解中，人們不難感到以科學、理性為基本特徵的希臘文化思潮的浸潤。

在這部分中，最引人注目的段落是第八章的「智慧頌」。「智慧頌」以第一人稱的獨白手法，揮灑自如、生動活潑地謳歌了智慧的超卓地位和非凡功能。詩中說，在山間小路、通衢大道、十字街頭，智慧處處像先知一般放聲宣講：

世人啊，我向你們呼喚！
我向全人類發出呼籲！
我有機智和眞知，
又有卓越的見解和大能。
帝王安邦定國，審判官秉公行義，
領袖執掌政權，貴胄治理天下，
都依靠了我才能成事。
愛我的，我也愛他；
懇切尋求我的，必能尋見。

凡成就大事者都有賴於它，凡欲成大事者都必尋找它——那麼，這位法力無邊的智慧源於何時、來自何處呢？詩章接著說：

在造化的起頭，萬物創造之先，
亞衛就有了我。
沒有深淵，沒有泉源之前，
我已經誕生。
亞衛尚未創造大地、原野和塵埃，
我已經出生。

這裡表露的思想是，智慧先於天地萬物而存在。非但如此，甚至連上帝的創世壯舉也有賴於智慧才得成功：

亞衛建立高天，我已在場；
他在淵面上劃出穹蒼，
鋪展雲層，固定深淵的源泉，……
那時，我早已在他身旁
他藉著我創造了這一切，
我天天令他歡喜，
常常在他面前雀躍……

如此不遺餘力地推崇智慧，甚至不惜貶損上帝的「全能」形象，這在古代世界是極爲罕見的。

然而，囿於時代的局限和民族思維定式的制約，《箴言》的編著者不可能徹底擺脫宗教偏見的束縛。於是，在一些詩中，智慧的獲得便與敬畏神靈聯繫了起來：

敬畏亞衛是智慧的開端，
認識至聖者便爲明智。

這樣，科學與宗教、理性與信仰便取得了表面的統一。但此類格言在書中爲數不多，它們並未妨害全書散發的泥土清香。

除讚美智慧外，前九章的另一基本論題是勸人多行善，勿作惡。在《箴言》的作者們看來，行善與尋求智慧和敬神是一致的：善人的首要條件是敬神，敬神才能求得神所賜予的智慧，而智慧對人的要求又以公正、正直和善良居先。因此欲求得智慧，就必須杜絕種種視爲惡的行爲。《箴言》第六章說，亞衛恨惡七件事：「高傲的眼睛，撒謊的舌頭，殺害無辜者的手，詭計多端的心，疾行作惡的腿，謊話連篇的假證詞，挑撥弟兄、掀起爭端的人。」而統觀整篇，作者們攻擊最猛烈的行爲還是姦淫，如「娼妓使人傾家蕩產，蕩婦叫人喪失性命。」又如前面引述的「淫婦的罪惡」一段所示。

全書的第二部分是數百首簡短的格言、諺語和智慧語錄。在這些短詩中，推崇智慧和智者、針砭愚昧和愚人的論題仍給人以深刻印象，如「智慧的人積累知識；愚昧的人開口便惹禍。」「愚妄人口中驕傲，如杖責打己身。」等，但更多作品則從不同方面概括和總結了各種倫理道德準則。

此類作品判別是非的出發點是當時流行於希伯來人中的善惡觀念。依這些觀念，崇尚智慧者必向善，愚頑蒙昧者必作惡；善良的含義是敬神、公義、仁愛、誠實、貞潔、謙卑、勤勉、慷慨等，反之，瀆神、不義、仇恨、奸詐、放蕩、傲慢、怠惰、慳吝等則是邪惡的表現。因而，詩中鼓吹公義：

不義之財，毫無益處；
惟有公義，能解救人脫離死亡。

提倡仁愛：

吃素菜，彼此相愛，
強如吃肥牛，彼此相恨。

讚美謙卑：

驕傲是敗亡的先導，
謙虛是尊榮的前驅。

褒揚慷慨：

慷慨好施，樂意周濟窮人的，
必定蒙福。

宣揚善有善報：

好施捨的，必得豐裕；
滋潤人的，必得滋潤。

倡導勤勞致富：

手懶的，要受貧窮；
手勤的，卻要富足。

……等等。

顯而易見，這些智慧的火花都來自平凡的勞動與生活，都以直觀的感性經驗為出發點。其中蘊含的生活哲理大多溶進了下層勞動群衆的感情，閃射出民主思想的光華。

《箴言》概括出的大量倫理規範都涉及婚姻和家庭。總的看，它們確認社會的基礎是家庭，家庭的基礎是婚姻；男女一旦成婚，就應互相承擔義務、彼此忠誠——男子不可與外女行淫，「與婦人行淫的便是無知，行這事的必喪掉生命。」「婦人不可淫亂，淫亂者必陷入死地，邁向陰間。」

不少跡象表明，《箴言》所談論的家庭遠非游牧時代的一夫多妻制家庭，而是典型的一夫一妻制家庭。一段提醒男子遠離淫婦的詩句說：

孩子啊，你當喝自己池中的水，飲用自己井裡的泉。……要使家庭蒙福，就要忠實於你的髮妻。她高貴可愛、宛如美鹿。願她溫柔的懷抱使你滿足，願她的愛使你歡欣。

這種家庭觀念顯然是較晚時期的產物。但在家庭內部，《箴言》對女方卻提出遠遠高於男方的要求，認為一個理想的妻子應能悉心侍奉丈夫，善於管理家財，還要通情達理，秉性溫柔。書中多次出現「寧可住在曠野，也不與爭吵使氣的婦人同住。」一類語句，明顯表現出當時男子對凶悍女性的厭惡。

在長幼關係上，《箴言》強調父母教育孩童的重要性：

不忍用杖打兒子的，是恨惡他；
疼愛兒子的，隨時管教。

同時認爲幼輩應敬重長輩：

聰明的兒子聽從父親的教導，
褻慢的人才不接受勸責。

總之、夫、妻、父、子都要各盡其職，兼愛他人，而不可隨心所欲，爲所欲爲。作爲家庭倫理的進一步延伸，不少格言還歸納出交友之道，以及處理主僕關係、鄰里關係和君民關係的種種規則。

比如，要珍重朋友的批評：「當面的責備強如背地的愛情；朋友所加的傷痕，出於忠誠。」對僕人要嚴加管教：「只用言語，僕人不會接受教導；他雖明白，卻不留意。」要敬重鄰居：「相近的鄰居強如遠方的弟兄。」「藐視鄰居的，毫無智慧。」要畏懼君王：「王的威嚇如同獅子吼叫，惹他動怒的是自害己命；」君王則應體恤庶民：「帝王榮耀在乎民多；君王衰敗在乎民少。」等等。

以上種種看法不難使人聯想起中國的儒家倫理觀念。可以認爲，《箴言》所體現的希伯來人的倫理觀，與以「三綱五常」爲核心的儒家倫理道德體系在總體上是相通的：兩者都注重人倫關係，強調群體意識；貶低個人欲望，壓抑個性發展——這些或可視為「東方型倫理」的共同特徵。

不同的是，《箴言》的倫理思想遠不如儒家觀念那樣嚴密、系統，其中也沒有儒家推崇的人間聖人；而體系嚴謹、尊崇聖人之言的儒家學說則與希伯來式的天上神靈無緣。

此外，這部分中還論及修身養性之道、經商辦事要訣等。比如，主張少發怒、戒多言、勿暴躁：「人有見識就不輕易發怒。」「寡言少語的有知識，性情溫良的為聰明。」認為悲在樂中、樂極生悲：「人在歡笑中，心也憂愁；快樂之極，便生愁苦。」倡導買賣公平：「亞衛憎恨所有奸詐的交易，騙人的籌碼也為他所恨惡。」強調人多智廣：「獨斷專行，計劃失敗；集思廣議，馬到功成。」等。這類詩句不少迄今仍有積極的思想意義。

《箴言》第卅、卅一章是全書的附錄。第卅章卷首稱該章內容是「雅基的兒子亞古珥對以鐵和烏甲所說的話。」其中的雅基、亞古珥、以鐵、烏甲均不可考。本章的前半部論述誠實、適度、謙卑、尊重父母等日常道德規範；後半部主要是四首形式工巧的數字詩，它們通過對自然物象的觀察和思索，機智地揭示出某些人生哲理。

第卅一章的題記是「利慕伊勒王的言語，是他母親教訓他的真言。」「利慕伊勒」亦不可考。全章也由兩部分構成：前九章是一位國王之母對兒子的訓誨，中心內容是勸勉兒子不可沉迷女色，不可貪戀美酒，不可幹那些「足以使君王斷送江山的事；」而應「秉公判決，為貧苦的人主持公道。」可以設想，這些言論最初是用來諷諫君王或被君王用以自勉的。

第十至卅一節即著名的「論賢妻」。這二十二節詩嚴格按照「貫頂體」寫成，各節首字母依次照應了希伯來文字的二十二個字母。詩章有一個單純的主題，即描繪理想婦女的形象，贊美作者心目中的賢淑妻子。

在作者看來，賢淑的妻子「比珠寶更珍貴，」「一生都叫丈夫有益無損；」她不僅自己精力充沛，夙夜辛勞，還善於「指點婢僕料理家務；」她以力量和尊嚴贏得家人的尊敬，又以歡樂和慈愛博取稱頌：她不但把家務安排得井井有條，還樂於周濟貧困無助、無依無靠的窮苦人。因而作者感嘆道：「姿色是虛幻的，美麗也只是泡影；」只有「美德」才備受衆人的尊崇。

在婦女地位尚很低下的古代東方，這篇詩歌表達了作者對女人的樂觀看法。詩中細緻地展示了各種家庭生活場景，爲後人研究希伯來人的家庭觀念和生活習俗提供了珍貴的資料。

兩千年來，《箴言》對後世產生了廣泛而深遠的影響，美國聖經學者亞當・科拉克（Adam Clarke）曾對此作出中肯的評論：「從那些經商者、務農者、淪落底層的卑賤者，到國王、大臣，人人都從其中得到教誨，找到他們隨時隨地應循的行動準則。父親、母親、丈夫、妻子、兒子、女兒、主人和僕人們都從這裡明白了自己的職責；這些極佳的規則不僅關係到道德，還關係到社會的政治和經濟。」……

希伯來的智者「激發了人們對智慧和美德的熱愛，」並使他們認識到「不義、失敬、淫蕩、懶惰、輕率、酗酒，以及其它種種惡行的危害。」

維護人權的可貴探索
——《約伯記》

《約伯記》與《傳道書》是聖經中「高級智慧」的代表作。較之《箴言》，其哲理思考的深廣程度明顯達到更高的層次。它們的觀察焦點已不再是家長里短、喜怒哀樂一類日常瑣事，而轉向人生與宇宙的大舞台。

這兩卷書以懷疑主義爲共同特徵：二者都對天經地義的傳統信念發生動搖並提出嚴重挑戰。不同的是，約伯只在全書的核心段落——他與朋友們論戰的過程中對上帝的公義產生懷疑，後來又讓步於盲目的信仰；而傳道者則始終無視傳統信條，毫不掩飾地傳播懷疑迷惘、消沉悲觀之道。

故事概要與基本思想

《約伯記》共四十二章，第一、二章是全書的引子：

古時烏斯地方住著一個名叫約伯的人，他「完全正直，敬畏上帝，遠離邪惡。」他有七個兒子、三個女兒，還有七千隻羊、三千頭駱駝、五百對公牛、五百頭母驢和大量僕婢。

一天，正當約伯的兒女們在長兄家中宴樂時，撒旦混在衆天使中朝見上帝。

上帝對撒旦說：「你見過我的僕人約伯嗎？他是世上最好的人，既敬畏我，又從不肯犯罪。」撒旦狡黠地回答：「你待他那麼好，他怎會不敬拜你？倘若你毀掉他的財富，他對你還會虔誠嗎？」

於是，上帝同意由撒旦去考驗約伯。悲劇很快在約伯家中發生了：示巴人搶走了他的牲畜，殺死了所有雇工；天火燒死了羊群和牧人；迦勒底人搶走了駱駝和僕人；狂風刮倒了房屋，將全部兒女都砸死在屋內。約伯雖痛苦不堪，卻未因此而埋怨上帝。

上帝對約伯的表現十分滿意，撒旦卻說：「這不過是微不足道的創傷。你若用疾病打擊他，他必定對你破口大罵。」

上帝讓撒旦再次考驗他。於是約伯從頭到腳都長滿毒瘡。這次，約伯陷入極度的悲痛之中。他的三個朋友以利法、比勒達和瑣法聞知此事，相約前來安慰他。他們看到約伯遍體膿瘡，都禁不住放聲大哭。他們撕裂衣袍，把塵土揚在身上，悲痛欲絕地陪他靜坐七天七夜。

接下去，全書從第三章起轉入正題——探討約伯遭難的原因。

約伯蘇醒後，一開口就詛咒自己的生日：「願懷我胎的那夜和生我身的那日都受到詛咒！因爲它沒有把懷我的門關閉，反而讓我生下來遭受這麼多的苦楚！」接著自怨「何不一生下來就夭折。」因爲，夭折了，「就可以寧靜地長眠，得到休息。」他唏噓哀嘆，呻吟不止：「我所害怕的，都發生在我身上；我並不好逸惡勞，卻嘗盡種種苦難。」

三個朋友聞此，便開始輪番開導他。他們的邏輯是：上帝是偉大的，因而上帝施行的賞善罰惡無疑是公正的；既然上帝的賞罰是公正的，那麼，約伯既遭懲罰，必定是犯有罪惡；所以，要想免於懲罰，約伯必須向上帝悔罪。

約伯當然無法接受這種責難。他據理力爭，爲自己的清白極力辯解。辯論持續了三輪（第三至卅一章），約伯始終毫不退讓。不僅如此，他還由己推人，聯繫世上的種種弊端，一次次提出疑問：爲何好人命運多舛，壞人反倒諸事亨通？此類悖理之事屢見於上帝主管之世，上帝還能否稱得上「公義」？……

到了第卅二至卅七章，有位名叫以利戶的青年也來參加辯論。他除了以更激切的言辭重申三位友人的觀點外；又提出，上帝有時也會有意以災難來考驗和磨煉世人。約伯對此根本不予理睬。

以上就是前三十七章——即全卷絕大部分篇幅的主要內容。

那麼，在《約伯記》的主幹部分中，約伯表現出怎樣的精神特質呢？換言之，作者通過主人公的言論表達了什麼樣的思想呢？透過雲遮霧罩的長篇議論，我們看到，這個思想就是由痛苦到迷惘，由迷惘到懷疑，進而向專斷暴戾的上帝提出抗議。

虔誠無辜的約伯身陷災難，起初只是抱怨自己的不幸：「巴不得在母腹中就死去，從未呼吸，也從未見過亮光。」後來，以利法勸他到上帝面前認罪，他才意識到，這災難是上帝一手造成：

上帝的箭射中了我？

這些毒箭射穿了我的心。
他安排一切恐懼，
接二連三地來攻擊我。

但上帝何以施此殘暴？約伯大惑不解：

倘使我心悅誠服，我自然會閉口不言。
告訴我，我究竟做錯了什麼？
上帝啊，難道我是什麼龐然怪物，
以致你要這樣對付我？
就是我想借睡眠來忘掉慘境，
你也用惡夢來驚嚇我。
……我犯了什麼罪？
我有什麼地方得罪了你？
你爲什麼要把我當作箭靶子，
使我活命都成了自己的負擔？

約伯苦苦思索，才漸漸悟出答案：原來，上帝的善惡觀念與世人並不相同——

無論是善是惡，在他看來都一樣，
無論善人惡人，他都一併毀滅。

正因如此，約伯千方百計證明自己清白無瑕的努力，全是枉費心機：

我就是拿雪水洗身，用鹼水洗手，
你也會把我拋進泥坑裡；
在你的心目中，
我比這身骯髒的衣服還要污穢！

面對這樣一個昏庸的暴虐者，約伯雖哀嘆百辭莫辯，投訴無門，但仍懷著一線希望，要「與他面談，跟他理論」：

我要掌握我自己的命運，
說出心裡的話；
就是他要殺我，
我也要在他面前跟他抗辯。

更可貴的是，約伯還意識到人與上帝之間的普遍對立，從而代表人的利益疾呼：

願人得與神辯白，
如同人與朋友辯白一樣！

但他的行爲卻招來上帝的敵視：

上帝堵塞了我的前路，
使我的光明變爲黑暗。
他的怒火直灼向我，
他把我視作仇敵。

甚至連親友們也疏遠了他：

我的妻子鄙棄我，
兄弟都討厭我。
就是小孩子也輕視我，
我起身說話時，他們都諷刺我。

儘管如此，約伯仍不退縮。面對逼攻他的友人，他大聲呼求：

我的朋友啊，可憐我吧！
因爲上帝憤怒的手擊打我。
你們爲何像上帝那樣逼我呢？
我已這樣痛苦，你們爲何還不滿足呢？
惟願我能把我的申辯都記錄下來，
用鐵筆鐫刻在磐石上，存留到永遠。

在最後一輪對話中，約伯依然義正辭嚴地駁斥朋友們的責難：

我永遠不會苟且地附和你們，
我要誓死力證自己的無辜。
我要全力證明自己的清白無罪，
因爲我所過的日子，都使我無愧於心。

這些詩行清晰地描繪出一個英勇無畏的古代探索者形象。他無視傳統，懷疑權威，在尋求正義和眞理的曲徑上艱難行進，縱有皮肉之苦、心靈之痛，甚至死亡的威脅，都毫不退縮；即使親人疏遠、朋友圍攻，乃至「至高者」敵視，也絕不屈服。這就是約伯形象的精華所在，也是《約伯記》重大思想價值的集中表現。

《約伯記》第卅八至四十一章寫上帝從旋風中回答約伯：任何尋找受難原因的企圖都是徒勞的，因為上帝的意志是人類永遠無法把握的。接著，在最後的第四十二章中，約伯承認了自己無知妄言，並表示懺悔；於是他再蒙神恩，獲得比開場時更多的財富：一萬四千隻羊、六千頭駱駝、一千對牛、一千條母驢，又生了七個兒子、三個女兒，並「又活了一百四十歲，得見子孫四代，直至年紀老邁，壽終而死。」

這個答非所問的答案使作品的結局十分突兀、牽強，它在正面迴避「好人為何受苦」這一中心議題的同時，再次落入了「善有善報」的俗套。然而，這本是不得已而為之，因為當時的希伯來哲人根本不可能把善惡不分、是非混淆的現實與「上帝公義」的概念完美地統一起來。

可貴的哲理探索

《約伯記》是古希伯來人「為探索人生意義而進行的強烈掙扎。」它所探討的核心問題是「好人為何受苦」——實質上即「罪與罰」的關係問題。這是一個超越時代和地域、引起世人普遍關注的哲學命題。

博克（John Bowker）的研究表明，大凡所有重要的宗教都試圖解答這一問題，早期猶太教和基督教自然也不例外。

猶太教和基督教的解答都是在「神義論」（theodicy）的大前提下進行演繹。他們首先確認「神是公義的」，然後推出：公義之神是嚴格按照賞善罰惡的原則對待世人的，因而行善者必得永福，做惡者必受永罰——正如「洪水方舟」故事所昭示的那樣。

在產生較早的聖經各卷中，神對人的賞罰甚至要波及子孫數代，如，只因挪亞是義人，上帝就允許他的妻子、兒子、兒媳都得活命。（《創世記》）而猶太人亞幹因偷竊財物犯了罪，約書亞便派人把他及其「兒女、牛、驢、羊、帳幕和一切屬於他的東西」都拖出去，「用石頭砸死他，又用火焚燒了他所有的東西。」（《約書亞記》）

後來，隨著社會的發展，這種「父罪子贖」的觀念遭到先知們的一致反對。耶利米、以西結和第二以賽亞等，都主張每個人只應對自己的行爲單獨負責，而不受他人的牽連。比如耶利米說：「各人必因自己的罪死亡，凡吃酸葡萄的，自己的牙必酸倒。」（《耶利米書》）

先知們的主張無疑使希伯來人的倫理觀邁出了革命性的一步，但「好人受苦」的問題非但沒有解決，反而更加尖銳起來。因爲，倘若世人只因本人的行爲而受賞罰，那麼，現實生活中虔誠人的命運往往並不樂觀，而爲非作歹之徒卻常常諸事如意，這一現象又作何解釋？

對此難題，基督教教父們顯然大動了一番腦筋。他們當然不會放棄「神義論」，而是在堅持上帝公義的前提下，將解決問題的出路推向兩個極端：其一，宣揚「原罪說」，即人類始祖亞當、夏娃因偷吃禁果犯下「原罪」，這罪要傳給每一個後代；故世人皆有與生俱來之罪，於是也就無一能夠免予受苦。其二，宣揚來生觀念，即，只有今生吃苦受累，積德贖罪，才可望死後升入天堂，來生得到善報。

這樣，基督教便以徹底的神學說教，對「好人受苦」的問題做出貌似圓滿、實則更加荒謬的解釋。

《約伯記》與同時代的猶太教和後世基督教的根本區別在於，它猛烈衝擊了「神義論」這一宗教信條，使「公允、慈愛」的上帝充分暴露出非理性獨裁者的眞相。

約伯和三位朋友分歧的焦點，就在於他們對待「神義論」的不同態度：三位朋友頑固地維護它，以它爲武器對約伯橫加指責；約伯則反其道而行之，將自己的不幸遭遇和整個社會正直人「至死心中悲苦」、惡人卻「每次都能逃過懲罰，免受災殃」的狀況聯繫起來，一再否定「神以賞善罰惡爲義」的傳統教條。

尤其值得注意的是，在全卷末尾處，上帝竟對約伯和他的朋友們作出如下評判：

亞衛……對提幔人以利法說：「我的怒氣向你和你的兩個朋友發作，因爲你們議論我，不如我的僕人約伯說的是。現在你們要……到約伯那裡去，爲自己獻上燔祭，我的僕人約伯就爲你們祈禱。我因悅納他，就不按你們的愚妄懲辦你們。你們議論我，不如我的僕人約伯說的是。」

這無異於否認了約伯友人極力維護、也是傳統信仰重要支柱的「神義論」。至少，作品結束時反覆強調上帝的意志並非人類所能把握，已清楚地否定了按人類的思維邏輯理解上帝行爲的傳統心理；換言之，即明白無誤地承認上帝與人類之間根本不存在同一的價値觀念和是非標準。

既然如此，所謂上帝「公義」、「賞善罰惡」等說法，又如何能夠成立呢？此類概念難道不都是人類社會的產物嗎？屬人的概念怎能用來解釋神靈呢？

當然，《約伯記》沒有、也不可能正確地揭示好人受苦的社會根源，更不可能從根本上否認上帝的存在，這是由與低下的社會生產水平相聯繫的古希伯來人的思維特徵所決定的。在這種歷史條件下，《約伯記》尚能取得如此高的思想成就，應當說，已是十分難得之事。

文體特徵與語言風格

美國著名的歷史學家伯恩斯教授（E. M. Burns）在其名著《世界文明史》中說：「很少有權威學者會否認希伯來人文學才智的最高成就是《約伯記》。」

這一評價並不過分，《約伯紀》確屬聖經文學最傑出的作品之類。其文學成就不僅表現爲大膽的哲理探索和勇敢的叛逆精神，還表現於宏偉的戲劇性結構、豐富多姿的文體樣式和精緻優美的文學語言。

《約伯記》以大型哲理詩劇著稱。它的內容屬智慧文學，語言以詩體爲主，結構是完整的戲劇形式。

全卷第一、二章是戲劇的開端，交待故事的緣起；第三至卅七章是發展，展示故事的主要內容：第卅八至四十一章是高潮，揭示故事的轉折；第四十二章是尾聲，說明故事的結局。起承轉合，脈胳十分明晰。

全卷如此，局部也不遜色。如，發展部分可明顯分爲四場：第三至十四章爲第一場，寫約伯與以利法、比勒達、瑣法的第一輪論辯；第十五至廿一章爲第二場，寫約伯與朋友們的第二輪論辯；第廿二至卅一章爲第三場，寫約伯與朋友們的第三輪論辯；第卅二至卅七章爲第四場，寫以利戶的四段插話。又如，第一、二章的部分內容甚至能一字不改地搬上舞台：

有一天，約伯的兒女正在他們長兄的家裡吃飯喝酒，有報信的來見約伯，說：「牛正在耕地，驢正在旁邊吃草，示巴人忽然闖來，把牲畜擄去，並用刀殺了僕人；惟有我一人逃脱，來報信給你！」

他的話還沒說完，又有人來說：「神從天上降下火來，將羊群和僕人都燒滅了；惟有我一人逃脱，來報信給你！」

他的話還沒說完，又有人來說：「迦勒底人分作三隊，忽然闖來，把駱駝擄去，並用刀殺了僕人；惟有我一人逃脱，來報信給你！」

他的話還沒說完，又有人來說：「你的兒女正在他們長兄的家裡吃飯喝酒，不料有狂風從曠野刮來，擊打房屋的四角，房屋倒塌在他們身上，把他們全部壓死；惟有我一人逃脱，來報信給你！」

約伯便站起身來，撕裂外袍，伏在地上下拜，說：「我赤身出於母胎，也必赤身歸回。……」

四位報信人接連上場，以相同的句式先講災情，再說「惟有我一人逃脫，來報信給你。」報信的內容由牲畜、僕人講到約伯的兒女，逐層遞進——它們都顯示出嫻熟的戲劇技巧。

就戲劇場面而言，《約伯記》如同典範的古希臘悲劇，背景極其壯闊——上至天上上帝與撒旦的對話，下及人間約伯和朋友們的論辯；序幕中，天上密謀和人間災難兩度交替出現；高潮時，上帝又與約伯直接交談——它們都將天與地、神與人連成一個宏大的整體。

但《約伯記》的多數章節對話過長，不適合舞台演出，因而不宜視爲正式的戲劇腳本。

《約伯記》的文體兼有多重文學特性。它的總體結構是戲劇性的，全篇內容則像一組哲理論文的匯集。作爲論文集，它的各段文字從不同方面探討了人生與苦難的關係；就文章體裁而言，其不同部分又各有千秋：開端和結尾是散文體的敘事，富於如繪的場景和生動的細節；中間是詩體議論或抒情，飽含美麗的想像和濃郁的詩韻。

全卷主幹部分皆用詩體寫成，每個角色的每次發言都可視爲一篇或幾篇獨立的小詩。這些小詩種類繁多，風格互異，其中有格言詩，如約伯對人生的思索：

人爲婦人所生，
日子短少，多有患難；
出來如花，又被割下；
飛去如影，不能存留。

論辯詩，如約伯對朋友們的反駁：

看看吧，我在你們面前撒過謊嗎？
請你公平一點吧！
不要再無端指責我，
因爲我全然正直。
我會是非不分嗎？
我曾不辨奸惡嗎？

陳情詩，如約伯對自己苦境的申訴：

我盼望幸福，到來的卻是災難；
我期待光明，到來的卻是黑暗。
我煩憂不安，困苦的日子接連不斷，
我的琴音變爲悲歌，我的簫聲變成哭喊。

詛咒詩，如約伯對自己生日的詛咒：

願黑暗和死蔭索取那日，密雲停於其上。
願它永遠被塗去，好像從來未曾出現。
願那夜蒼涼蕭瑟，毫無快樂的聲音。
願那些最擅於詛咒的人，都來將它詛咒。

諷刺詩，如約伯對比勒達等的譏諷：

你們賜予我多大的幫助！
你們給予我何等的拯救！
你們簡直使我茅塞頓開！
你們的話多麼有智慧！
如此超卓的見解，眞虧你們想得出來！

以及遍及各處的贊美詩等。

此外，上帝從旋風中對約伯的答覆堪稱一篇絕佳的奇作。它與屈原的《天問》具有異曲同工之妙：二者都以神奇的自然奧秘爲摹寫對象，都用連續提問的句式寫成，都因斑斕多姿的天況地貌、動物植物而引人入勝。

不同的是，屈原的《天問》是「人問天」，體現了人類渴求掌握自然知識的探索精神，《約伯記》的「天問」則是「神問人」，目的是以神奇的宇宙萬象彰顯造物主的偉大、全能和超卓，反襯人類的渺小、無能和平庸，以示世人把握上帝意志的企圖何等愚妄與荒謬。

《約伯記》的語言詞藻華麗，句法多變，極富藝術表現力。試以「天問」爲例，這三章先從上帝在旋風中發布命令開篇：

誰用無知的言語，
使我的旨意暗昧不明？
快做好作戰的準備，
現在我要向你發問，
你必須回答我！

使人頓感一種居高臨下的威懾力量。接著，又連珠炮似地發出一系列提問：

雨水有父親嗎？露珠是誰生的？
堅冰從何而來？霜雪的母親是誰？
你能操縱星宿嗎？
你能約束昴星、釋放參星嗎？
……………

你能按時領出十二宮嗎？
你能引導北斗星和它的衛星群嗎？
你認識宇宙間的規律嗎？
你知道這些規律怎樣治理大地嗎？
你能呼叫雲霞從天上降下大雨嗎？
你能任意發出雷電嗎？
……

以層出不窮的自然之謎和咄咄逼人的語氣，將約伯詰問得眼花繚亂、張口結舌。

除上述命令句和質問句外，這段詩中還出現幾處動物的描寫，它們運用鋪陳的手法，成功地摹繪出鴕鳥、馬、鷹、河馬和鱷魚的奇異神態。如河馬：「它的尾巴挺直如香柏樹，大腿的筋脈緊緊相連；它的脊柱有如銅管，它的骨骼勝似鐵棍。」又如鱷魚：

它打噴嚏，水花就濺起光芒。
它的眼睛猶如火花般閃耀。
它的呼吸燃燒著煤炭，
它的口中噴出火焰。
它的肉結實而堅固，

它的心剛硬如磨石。
它視鐵如乾草，視銅如朽木，
利箭不能把它嚇走，
彈石對於它只是碎稭。
它的擾攘使深淵翻騰，
使海水如鍋中滾開的膏油。

這些詩句辭采優美、想像瑰麗、文筆遒勁、章法靈活，充分顯示出詩人駕馭語言的非凡功力。

成書過程

《約伯記》的寫作日期難以確定。學術界眾說紛紜，從將其歸爲族長時期，直到歸爲被擄回鄉之後。造成這一現象的主要原因是，書中沒有足以能暗示其成書年代的歷史事件。但可以肯定，《約伯記》不會是一時之作，而是長期流傳、多次加工而成的。

從它探討的內容及寫作技巧來看，它最後定型應在「巴比倫之囚」事件之後。但它的雛形可能早在數百年甚至千餘年前就已出現。

書中的散文敘事部分，即現存的開頭和結尾，明顯產生得最早，因其展示的生活圖景大體符合以畜牧業為生產方式的家長制社會的特徵。約伯的財富主要是牛、羊、驢和駱駝，未出現使用農具或耕種土地的跡象。

宗教活動只由家族首腦主持，儀式簡單而粗樸，看不到以色列人出埃及後發展起來的繁文縟節。整個故事感受不到先知的教誨，甚至沒有律法條文的影響。

因而，這很可能是一個早就口頭流傳於希伯來人或鄰近民族中的傳說故事，最初只提及約伯因經受住考驗而再蒙神恩，並未發生與友人論辯之事。《以西結書》第十四章十四、廿節兩次提到約伯，將他與挪亞、但以理並稱為「義人」，可見，當時約伯在民間已有廣泛的影響。

一般說，約伯與三位友人的論辯及上帝的答覆是分國時期、尤其是被擄之後逐漸充實完善的。分國後，貧富分化加劇，階級矛盾不斷尖銳，是非顛倒、善惡不分的現實日益引起希伯來思想家的關注和沉思；亡國事件進一步深化了他們的思考。

當第二以賽亞等先知以徹底的一神論對亡國作出圓滿的解釋（即亡國是宇宙唯一主宰亞衛對犯罪的以色列人的合理懲罰。）時，顯然不少人並不贊成，或一時無法接受。

民族淪亡的巨大災難極大地動搖了他們對上帝「公義」的信念，使之痛感亞衛似已不再是當初那個保護希伯來人出埃及、進迦南、興建大衛王朝的正義之神，而變得性情怪癖，「看見善人遭遇不幸，他會發笑；……他把世上審判官的眼睛都蒙蔽起來。」使「全地落在惡人手中。」（《約伯記》）——總之，他的意志已使人無法逆料。

《約伯記》的作者通過約伯和上帝之口講出的言論，就是這種思潮在文學作品中的表現。它們表明，即使在一神論蓬勃發展的年代，希伯來人中也頑強地流行著懷疑主義、不可知論等異端思想。

以利戶的言論是最晚編入的部分。許多證據暗示，它產生於其它各章基本成型之後：以利戶的名字在散文引言中沒有出現，他的身分介紹是在他出場時附帶寫出的；當以利法、比勒達、瑣法在尾聲中遭到上帝斥責時，他作爲同樣應受指責的人卻奇怪地倖免了；他的言論帶有足夠的挑戰性質，但卻一次也未得到約伯的答覆。（而此前，約伯對每位朋友的發言必作回答。）等等。

更有說服力的是，若將這六章全部抽掉，則前後兩部分恰好吻合：前面是約伯在「惟願上帝指出我的錯誤。」的呼喊聲中結束申訴，後面一開頭是「那時，亞衛從旋風中回答約伯……」因而，這六章很可能出於某位有才華的編纂人之手，他在編訂此書時感到已有的內容尚未盡意，於是便托名以利戶提出自己的見解。

一般認爲，以利戶的言論是公元前四至前三世紀間編入的，這也是全卷的成書下限。

《約伯記》是希伯來文學的重要收穫，也是世界第一流的文學名著。它以深湛的主題、宏偉的構思和精美的語言博得歷代名家衆口一辭的盛譽。它可當之無愧地與但丁的《神曲》、歌德的《浮士德》並列爲人類探索自身與宇宙奧秘的三部曲。

如果說《神曲》揭示了中世紀思想家對人類如何經過痛苦磨煉而到達眞理與至善境界的認識；《浮士德》表達了近代文豪對人類怎樣戰勝知識悲劇、愛情悲劇、政治悲劇、美的悲劇、事業悲劇而進入理想王國的思考；那麼，《約伯記》則記錄了希伯來哲人對上古人類懷疑神權、抗議神權、維護自身權益、謀求社會完善的首肯與頌贊。

經磨歷劫後的沉重嘆息
——《傳道書》

《傳道書》是聖經中又一以異端思想著稱的奇書。前文談到的《約伯記》雖表現了鮮明的叛逆意識，但畢竟還圍繞著上帝作文章；而在《傳道書》中，上帝幾乎完全被擱置一旁。它通篇都以看破紅塵的口吻哀嘆世間萬物的空虛無聊，與猶太教的正統觀念格格不入。

公元一世紀末這卷書被編入聖經正典時，一些頑固維護傳統信仰的猶太拉比就對它進行過堅決抵制；後世基督教各派也不斷責難它。直到一九七九年，《現代中文譯本聖經》的編譯者還稱它「不明白那掌握人類命運之神的道路。」大約同時，一位西方學者也說：「若這世界中有許許多多位傳道者，而罪惡與苦難又充斥其間，那麼這個世界就將是一個悲慘之地，因爲他缺乏一股浩然的義憤。」

卷名、作者、成書時間

《傳道書》的卷名得自其第一章一節：「在耶路撒冷作王，大衛的兒子，傳道者的言語。」「傳道者」最初譯自希伯來文 Qoheleth，其陰性單數分詞的字根意謂「召集」或「聚集」。耶柔米（Jerome）[28]將其譯爲Concionator，意思是「集會召集人」或「演說者」、「傳道者」。希臘文譯本則譯作Ekklesiastes，含義與希伯來文相仿。歷代英文譯本多據希臘文譯爲Ecclesiastes。部分現代英文譯本也有譯成Preacher（講道者）的。這些譯名的含義大體相同，都是說作者要向衆人講述某些道理或表達某些見解。

按猶太教的傳統說法，這位傳道者乃是著名的國王所羅門。原因很簡單，「在耶路撒冷作王」的「大衛的兒子」只能是所羅門。但這種推理難以經受科學研究的推敲。

德里茨（F. Delitzsch）指出，卷中不少詞匯屬後期希伯來語，他把這類詞匯列入表格，堅稱：「如果《傳道書》確係所羅門所寫，就無希伯來語言史可言。」

另外一些學者也指出，《傳道書》中不僅有亞蘭文字，甚至還有兩個波斯文字：（pardes——第二章五節之「園囿」；Pitgam——第八章十一節之「罪名」。）[29]同時，它的文法也屬晚期希伯來文法。

從內容上看，它顯然接受了外國文化，尤其是希臘哲學的影響，如第三章一至十九節留有斯多葛派宗教宿命論的印跡，第五章十八至廿節猶如伊璧鳩魯幸福哲學的翻版。

因此，《傳道書》的作者不可能是所羅門。

至於這位傳道者爲何要造成這一假象——謊稱自己是「大衛的兒子」，阿多・韋瑟認爲：

[28] 耶柔米：早期基督教教父，聖經拉丁文譯本的翻譯者。

[29] 波斯文字曾因波斯帝國稱霸中東（公元前六世紀至前四世紀下半葉）而流行於西亞、北非一帶。

「很明顯，所羅門——即因其智慧和財富而聞名的王，同時也被認爲是部分智慧文學的作者——似乎是最適當的人物，可以給傳道者的判斷加上一種特別感人的重要性。」

那麼，《傳道書》究竟由何人所作？——無法確定。但據第十章九節「傳道者因有智慧，乃將知識教訓衆人；又默想、考查、陳說許多箴言。」之語，便可設想，他是一位希伯來人的智慧教師，寫作此書的目的是將自己多年的人生經驗傳授給年輕學生，使之加深對周圍世界的認識和理解。

否定了所羅門的著作權，《傳道書》的成書年代也相應地明朗起來。多數聖經學者將其定爲被擄之後：上限是波斯稱霸前期（公元前六世紀末），下限是便西拉（Ben Sirach）活動期間（約前一九〇年左右）。

繆連柏（Muilenburg）據其對庫姆蘭古卷殘篇的考證，曾確認《傳道書》在前二世紀中葉已經定型，因而，它的成書不會較此更遲。若進而考慮到希臘哲學的影響，則最合適的年代應是公元前三世紀中葉至前二世紀初。

內容與文風

兩千年來，《傳道書》打動過不同時代、不同國別的無數讀者的心，成爲他們捧不忍釋的案頭讀物。究其原因，就在於這卷小書以極其坦誠的態度探討了世人共同關注的、歷久常新的哲學命題：「人生的意義何在？」「生命有何價值？」「人的至美與至樂到底是什麼？」等等。

它的結論是：一切都是暫時的，萬事萬物都會煙消雲散，化爲烏有；人生毫無意義，才智與勞碌都徒然無用；生命如過眼煙雲，轉瞬即逝，唯一的歸宿就是死亡；因此，活著就要享受，就應追逐各種口腹聲色之樂。

這無疑是一種虛無主義、悲觀主義和享樂主義的人生觀，基本態度是消極無益的。但世人難免都有傷神落魄之時，此時一些人從《傳道書》中尋得精神共鳴，確是順乎情理之事——如我國文人得意時推崇孔孟，失意時喜讀老莊一樣。

《傳道書》全卷十二章，包括長短不等的小隨筆三、四十段。它們以不同的音調演奏著各自的樂曲，最終融匯成一部抑鬱哀傷的雄渾交響樂。這部交響樂在「凡事都是虛空」的主旋律中奏出第一樂章：

虛空的虛空，虛空的虛空，凡事都是虛空。
人的一切勞碌，就是他在日光之下的勞碌，有什麼益處呢？一代過去，一代又來，地卻永遠長存。
日頭出來，日頭落下，急歸所出之地。風往南刮，又向北轉，不住地旋轉，最終返回原道。江河都往海裡流，海卻不滿；江河從何處流，仍舊歸還何處。
萬事令人厭煩，人不能說盡。眼看，看不飽；耳聽，聽不足。已有的事，後必再有；已行的事，後必再行。
日光之下，並無新事。豈有一件事人能指著說，這是新的？哪知，在我們以前的世代，早已有了。

> 已過的世代，無人紀念；將來的世代，後來的人也不會紀念。……
>
> 我見日光下所作的一切事，都是虛空，都是捕風。彎曲的不能變直，缺少的不能足數。

「虛空」是這段話、也是全卷書的關鍵詞語。它在書中先後出現了三十次。這裡的「虛空」不同於佛教「四大皆空」之「空」，而有「無意義」、「無價值」、「轉眼逝去」、「無新意」等含義。在希伯來文中，**hevel**（中文譯爲「虛空」）的本義是「呼氣」，引申義爲「空幻的」、「不能持久的」、「短暫易逝的」等。

作者在這裡認爲，世間萬物只是沿著一個不可知的軌道周而復始地循環，日光下的一切都是重複舊事、重彈老調，看不到進步，沒有更新，無論何物都不會在歷史上留下痕跡，因而人們的所有努力都徒勞無功，毫無價值。

這一基本思想在後文中又不斷得到具體的闡發。如，在《箴言》中曾被賦予極高地位的智慧，這時竟成了「捕風」：

> 我又專心察明智慧、狂妄和愚昧，乃知這也是捕風。因爲多有智慧，就多有愁煩；增加知識，就增加憂傷。

對待世人從事的各種勞碌，傳道者說：

我憎恨日光之下的一切勞碌，因爲我得來的必留給我以後的人；那人是智是愚誰能知道？他卻要管理我的勞碌所得，就是我在日光之下用智慧所得到的。這也是虛空。

談到追逐財富者時，他譏諷道：

戀慕銀錢的，不因得銀子知足；貪圖富裕的，也不因得利益知足。這也是虛空。占有物愈多，分享人愈多，物主能得到什麼益處呢？

對取代老王登上皇位的年輕君主，傳道者也不屑一顧：

我看見日光之下所有的人都起來擁護這年輕的新領袖，並推翻先前在位的。現在擁護他的人多得無法勝數；可是，日後新一代的人又會不滿於他。這也是虛空，也是捕風。

總之，知識、勞動、利祿、功名都失去了舊有的價值，信仰的靈光更泯滅於虛無懷疑的茫茫夜幕。《傳道書》中看不到律法的束縛，聽不到先知的訓誨，感受不到彌賽亞的期望；相反，卻處處可聞「人生何益」的沉重嘆息：

人一生虛度的日子，就如影兒經過；誰知道什麼與他有益呢？誰能告訴他身後會發生什麼事呢？

更有甚者，書中竟哀嘆人無異於獸：

世人遭遇的，獸也遭遇，兩者都難逃一死；這個怎樣死，那個也怎樣死，斷氣時都是一樣，人並不強於獸。這也是虛空。兩者都同歸一處，出於塵土，又歸於塵土。人的靈是否向上升，獸的魂是否降入地，又有誰能知道？

否定了人類面向社會的積極進取心和主觀能動性，甚至將人混同於獸，人生的意義又繫於何處？傳道者的結論是：萬事「莫強如吃喝快樂」。比如：

你只管去歡歡喜喜吃你的飯，心中快樂喝你的酒，因爲神已經悅納你的作爲。你的衣服當時常潔白，你頭上也不要缺少膏油。在你一生虛空的年日，就是神賜你在日光之下虛空的年日，當與你所愛的妻快活度日，……

這段話透露出，傳道者在談論人間甘苦時並未否認上帝的存在。作爲一個在猶太教傳統文化熏陶下成長起來的哲學家，他當然不會是無神論者。事實上，當悲觀頹喪地談古論今時，他篤信「凡事都有定期，天下萬物都有定時。」而事物的運動和變化正體現了冥冥中神靈的意志：「神使每一件事在最合適的時刻發生。」

然而，這位傳道者心目中的神卻不是摩西時代哪個憤怒懲罰埃及法老的戰神，不是先知筆下力倡善行的道德神，也不是《詩篇》作者們頂禮膜拜、極盡贊美之辭的至尊至高者，而是一個人們吃喝享樂的恩賜者：

人莫強如吃喝，且在勞碌中享福，我看這都是神的安排。……神賜人資財豐富，使他能吃能喝，享受自己的所得，在勞碌中喜樂：這都是神的恩賜。

因而，他固然並未抹煞神的存在，對神的理解與猶太教的正統神學卻不是一碼事。正因爲如此，《傳道書》才遭到本文開頭提到的猶太教和基督教的種種非難。至於它最終能被編入聖經正典，除了出於猶太拉比們對「作者所羅門」的尊崇外，還因他們在若干地方插入了「要敬畏上帝，謹守他的誡命」之類的正統說教。這類說教見於第二章廿六節、三章十七節、八章十二節、十二章十二至十四節等處。

總之，如果說《約伯記》還因其大團圓的結局透出過一線亮光的話，則這線亮光到《傳道書》時已不復存在。這是希伯來人悲慘經歷的眞實回聲。

「巴比倫之囚」之後的數百年中，在巴比倫、波斯、希臘等大國的輪番奴役下，他們的復興希望幾乎喪失殆盡。他們雖一再虔心敬奉亞衛，但並未得到應有的報償；相反，彌賽亞降臨的期望日趨渺茫，亞衛的性情和意志也日趨費解。國破家亡，流離失所，信心動搖——形諸筆墨者，自然是一片虛無懷疑之聲。

虛無懷疑還來自腐敗的社會現實。《傳道書》多處暴露出時尚的墮落——到處都有惡德敗行：「審判之處有奸惡，公義之處也有奸惡。」到處是欺壓掠奪：「人們以智慧、知識、技巧和勞碌得來的，卻要奉送給不勞而獲者。」善惡顛倒之事時常可見：「義人行義反至滅亡，惡人作惡倒享長壽。」告密與陷害也屢見不鮮：「你在臥室不可詛咒君王，也不可詛咒富戶，因爲空中的鳥必傳出這聲音，有翅膀的必述說這事。」

面對這些不義的現象，傳道者沒有像衆先知那樣奮起發出激烈的斥責，而隱入了深深的沮喪和巨大的悲哀中。在他看來，世間的一切都按既定的法則循環不息，任何改變外界的企圖都必然徒勞無益，因而與其勞而無功，還不如逆來順受，到轉瞬即逝的逸樂中游戲人生。

這種循環論歷史觀和享樂主義人生觀有其形成的歷史條件，同時又明顯留下了外國文化，尤其是希臘哲學的影響。

學術界不少人認爲，《傳道書》於公元前三世紀形成於埃及的亞歷山大城——此地正是兩希文化的主要交匯處。在這裡，古希臘文化的人本主義精神、特別是伊璧鳩魯的幸福主義陶冶了《傳道書》的作者，並通過他的作品爲籠罩著宗教迷霧的希伯來文化吹來一縷清新的氣息。

《傳道書》的內容和風格表明，其作者很可能是個具有所羅門式廣泛經驗和超衆才華的人。第一章十二、十三節稱他「在耶路撒冷作過以色列的王，」「專心用智慧尋求、查究天下發生的一切事。」這或可視爲他的眞實經歷及稟賦。（當然，「作過以色列的王」宜解爲「供職於上層社會」。）他對社會各階層有極深的了解，在審視人生時表現出敏銳的洞察力和明達公正、率直坦誠，又多愁善感的獨特個性。他雖然給人留下悲觀厭世者的形象，但那隨處可見的、無可奈何的嘆息，又分明流溢著被沉重現實所扭曲了的激情。

在文學上，這位傳道者堪稱名符其實的大手筆。他揮灑自如地信筆寫來，時散時韻，不拘一格；能放能收，貌散神聚。他常用隨筆式的散文寫作，如前文引述的若干片段；有時也寫平行體對句，這時多為內容獨立的格言，如「聽智慧人的責備，強如聽愚昧的歌唱。」「智慧人的口說出恩言，愚昧人的嘴吞滅自己。」另外，還寫過幾段篇幅稍長，且格式工整的短詩，如「萬事皆有定時」：

誕生有定時，死亡有定時；
耕種有定時，收割有定時；
殺戮有定時，醫治有定時；
拆毀有定時，建造有定時；
哭泣有定時，歡笑有定時；
哀傷有定時，雀躍有定時；
拋石有定時，堆石有定時；
擁抱有定時，分離有定時；
尋找有定時，失落有定時；
保存有定時，捨棄有定時；

撕裂有定時，縫合有定時；
緘默有定時，言談有定時；
愛慕有定時，恨惡有定時；
爭戰有定時，和好有定時。

然而，書中某些段落與總體精神並不一致，如，對智慧，時而貶低，又時而贊美；對享樂，時而褒揚，又時而反對等。這表現出作者思想認識的矛盾，也與後人的增刪有關。

作爲哲學思潮，《約伯記》和《傳道書》的懷疑主義具有重大的歷史意義和理論價值。其鋒芒所向是希伯來人的傳統信仰，批判武器是以人本論爲基礎的理性主義。

約伯衡量上帝行爲正誤的尺度是人的尊嚴和價值；傳道者悲觀懷疑、消沉頹廢的出發點是歷史的、社會的、感性的人，而非「永恆的」、超驗的、抽象的上帝。

當希伯來人從盲目信仰者亞伯拉罕走向頑強探索者約伯時，他們的上帝已不得不揭下懲惡揚善的公允面具，露出非理性獨裁者的眞相；到了虛無悲觀的傳道者那裡，上帝更幾乎被拋諸腦後了。

《約伯記》，尤其《傳道書》的懷疑主義雖有低沈、消極的一面，但它們能在聖經的形成時代，並躋身於日後的聖經之中，對正統的聖經神學進行大膽地質疑與激烈地批判，這實在是難能可貴的。

希伯來民族歷程和民族精神的凝聚點

——上帝形象

希伯來上帝——即古代猶太人在漫長的歷史歲月中集體塑造的亞衛（Yahweh，或Jahweh）神——是猶太教信徒崇拜的最高對象，又是一個極其重要的文學形象。作爲文學形象，他幾乎遍布全部希伯來文學遺產，並以豐富的內涵和獨特的風格從一個角度體現了希伯來文學的特殊風貌。

從某種意義上說，亞衛神在希伯來文學中占據了一個主人公的位置。所謂「聖經的主體乃是上帝，只有與他相聯，聖經才能爲人所了解。」講的就是這個意思。因此，深入、全面地把握上帝形象，對學習、研究希伯來文學，批判地繼承這份寶貴遺產，具有不容忽略的重要意義。

對希伯來上帝的探討還爲透視後代世界文化提供了一個有效的視點。亞衛神直接孕育了基督教的上帝與伊斯蘭教的眞主，基督教、伊斯蘭教的廣泛傳播又使上帝觀念滲入各個時代的社會生活。時至今日，聖經、《古蘭經》仍是世界上譯本最多、印數最大的書籍，上帝觀念仍在大多數歐美國家和部分東方國家的政治、法律、哲學、道德、倫理、宗教、文學、藝術乃至自然科學領域中留有深深的印跡。

鑒古而知今，對希伯來亞衛神的考察，無疑有助於推動其它各學科科學研究的深入進展。

在基督教文化佔支配地位的中世紀，人們對上帝只能無條件地膜拜，而不得進行任何質疑與批判。

隨著文藝復興和宗教改革運動的勃興，從十七世紀開始，一門以科學眼光審視聖經的新學科「聖經學」迅速發展，一批著名學者（如霍布斯，Thomas Hobbes, 1588-1679；斯賓諾莎，Baruch Spinoza, 1632-1677；阿斯特魯克，Jean Astruc, 1684-1766；格拉夫，Heinrich Karl Graf, 1815-1869；韋爾豪森，Julius Wellhausen, 1844-1918 等。）在考證聖經的作者、年代、形式和資料來源等方面相繼取得重大成就，從而不斷打破了「聖經神授」的宗教偏見。

廿世紀中期以來，美、德、英、蘇等國均有探索上帝問題的專著問世，但這些著作在中國尚很少看到。

由於種種歷史和現實的原因，希伯來文學的主要遺產——聖經——在中國大陸至今仍是一部尚未公開發行的書，聖經文學研究只在很有限的範圍內進行，對上帝形象的專題討論更是一塊未經開墾的處女地。囿於資料匱乏，筆者只能以聖經等文學原著爲主要依據，同時參照有關論著中的零星材料，嘗試對上帝問題發表若干粗淺的見解。

本文的論述對象特指希伯來文學中的亞衛神，而非基督教的上帝或歷代哲學家、文學家、科學家所理解、描述的上帝。

亞衛神縱貫於希伯來文學的全部遺產——聖經、《次經》、《僞經》和「死海古卷」中，其中聖經對理解這一形象最有意義，故本文主要分析展示於聖經中的亞衛形象。

儘管文章力圖只從文學角度探索希伯來上帝的產生、演變、本質和藝術特徵等，但仍不可避免地會涉及某些宗教觀念或宗教史問題。這是因爲，亞衛首先是猶太教信仰的「唯一眞神」。事實上，也只有借助宗教史的研究，才能更爲全面、透徹地把握亞衛形象。

亞衛是一個極其複雜又十分豐厚的文學形象。大體說來，他脫胎於上古中東地區多神神話的文化背景，隨著希伯來民族的歷史進程而不斷演變：從族長時期的部族神、摩西時期的民族神、士師時期的戰神、統一王國時期的國家神、分國時期的道德神，發展爲亡國之後的世界神；嗣後，又演化爲基督教的「三位一體」上帝和近、現代的哲學觀念之神。

相對於同期的希臘、中國等神化體系，它以「一神」特徵彰明於世。就其與社會生活的聯繫而言，它是希伯來文化的一面聚光鏡，是希伯來歷史中的功能神，並集中體現了希伯來人的民族精神。

〈上篇〉上帝形象的嬗變

希伯來上帝的多神背景

以亞衛神爲中心的希伯來神話是在蘇美、巴比倫、埃及、迦南等異族神話的孕育中誕生的。公元前三千紀下半葉至前二千紀末，希伯來人因尋找牧場、逃避饑荒等原因，先後遷徙於美索不達米亞、敘利亞、迦南、埃及等地，最後在迦南定居下來；公元前六世紀，他們又因亡國而囚居巴比倫長達半世紀之久——這些經歷是亞衛神話受惠於四鄰諸國神話的歷史背景。

希伯來神話素以「一神」著稱，但眞正意義上的，「一神」只出現在很晚的階段（一般認爲在亡國之後）。

亞衛最初只是上古西亞諸神中一個不起眼的小神，後來成爲希伯來民族的保護神，再後才漸次演變成希伯來人心目中的世界神。然而，由於猶太教祭司、文士們的反覆刪改，有關「多神」的早期記述在聖經中已只剩一些蛛絲馬跡。

1 蘇美神話

蘇美人是美索不達米亞地區的遠古居民（蘇美文明是世界上最早的文明之一），大致生活於公元前四千紀至前三千紀，他們崇拜多神。

學者們從考古發現中已知曉一百多個蘇美神祇，其中一些大神常兼有自然神和城邦保護神雙重性質。比如：安（An，或安努 Anu）——天神，烏魯克城的保護者；恩利爾（Enlil）——空氣之神與暴風雨之神，尼普爾城的保護者；恩奇（Enki）——土地之神和溪水海洋之神，埃利都城的保護者；寧呼賽（Ninhursag，或寧瑪，Ninmah）——生育女神，被稱爲「衆生之母」；以及月神南娜（Nanna）、日神烏圖（Utu）、女神伊南娜（Inanna）等。

與這些神祇相關的神話、頌神詩等大多散佚，只有少量通過碑銘、圖刻等流傳下來，著名的如創世、造人神話和大洪水神話。

2 巴比倫神話

蘇美文化衰落後，巴比倫人將美索不達米亞的古代文明推向巔峰。巴比倫人亦信奉多神，有本族的神，也有從蘇美人承繼下來的神，較重要的如天神、衆神之王安努（Anu）、地神英利爾（Inlil）、月神欣（Sin）、日神沙瑪什（Shamash）、女神伊什塔爾（Ishtar）、巴比倫城守護神馬爾都克（Marduk）等。

巴比倫神話十分豐富而且生動，其中不少借助碑文和泥板文書流傳至今，如衆神創造天地、星辰和人類的神話，伊什塔爾營救植物守護神搭模斯（Tammuz）的神話，以及吉爾伽美什（Gilgamesch）史詩中的大量神話情節等。

蘇美——巴比倫神話對希伯來神話影響極深，聖經中關於創世、造人、洪水的說法就是蘇美——巴比倫相應神話的再創作。在神人關係方面，巴比倫人強調人對神應持「絕對服從的態度，」「默默地跪於諸神之前，謙遜地感激神的賜予。」這些觀念對希伯來人也有明顯的影響。

3 古埃及神話

古埃及神話是埃及人宗教觀念的藝術體現。

古埃及宗教最初是較低形態的多神教，諸神多是地方性神祇或自然神；到古王國時期（公元前三二〇〇～前二二八〇年），全國歸於統一，各城邦的保護神逐漸合併爲太陽神拉（Ra）；第十一、十二王朝時（約公元前二一〇〇～前一八〇〇年），底比斯成爲埃及首都，該地供奉之神阿蒙（Amon，亦太陽神）遂躍居衆神之首；公元前一三七五年前後，第十八王朝法老阿蒙霍特普四世（Amenhotep IV）實行宗教改革，又命令全國改信奉阿頓（Aton）太陽神爲「宇宙唯一神」。

與太陽神在埃及宗教中的重要地位相應，在紛繁駁雜的神話故事中，太陽神的故事和贊歌占有引人注目的位置。一篇著名的太陽神頌詩盛贊阿頓創造世界、統治世界的大能，一些西方學者認爲，《詩篇》第一〇四首即由該詩演進而來。

4 迦南等異族神話

公元前十二、十一世紀，希伯來人定居迦南，開始廣泛接觸迦南文化及四鄰的非利士、腓尼基、亞蘭、摩押、亞捫等異族文化。這些民族的神話傳說先後滲入希伯來人的文化生活，其中影響最大的是盛行於西亞廣大地區的巴力（Baal）神話。

此外，迦南的亞斯他錄（Ashtareth）神話、亞捫的摩洛（Moloch，亦稱米勒公，Milcom）神話、摩押的基抹（Chemosh）神話、非利士的大袞（Dagon）神話、亞蘭的臨門（Rimmon）神話等，對希伯來人也有較大的影響。

另外，從聖經的一些章節可知，亞述的亞舍拉（Asherah）、米斯洛（Misroch）神話，新巴比倫的亞拿米勒（Anammelech）、彼勒（Bel，亦稱米洛達，Merodach）神話，以及先後流行於巴比倫、腓尼基、亞述、埃及的搭模斯神話，也曾在希伯來人中廣泛流傳。但因聖經編纂者們的刪汰，它們大多只剩下神的名稱，變得「有神而無話」了。

5 希伯來神話中的多神痕跡

在上述文化大背景中發展起來的希伯來神話，是從多神神話逐漸演變爲一神神話的。原始希伯來神話的多神形態雖已很難再現，但其遺痕卻不時可窺見。僅舉數例：

一、《約書亞記》第廿四章二節明文記載，希伯來人的先祖「住中大河（按：指幼發拉底河），那邊事奉別神。」這裡的「別神」，即具有多神特徵的異族神祇。

二、在希伯來聖經中，神的名稱主要有三個：「伊羅欣（Elohim）」、「伊勒（El）」和「亞衛（Yahweh）」。其中前兩個明顯帶有多神色彩或異教色彩。

「Elohim」由詞根 Elah（意謂「敬拜」、「崇敬」、「懇求」）加複數詞尾-im 構成，本意是「人所敬拜、崇敬、懇求的衆神」。這是聖經中使用率最高的名，先後出現二千五百多次。

另一個神名伊勒出現過二百三十多次，據考原是閃語中常見的神靈稱謂之一，本意即「神」，流行於腓尼基、敘利亞、迦南一帶。希伯來人可能在第二次大遷徙（即公元前三、二千紀之交由美索不達米亞向迦南的西征）途中接受了這一用法。

三、從歷史書、先知書中的多處記載可知，定居迦南後，希伯來人在信奉亞衛的同時，還長期祭拜巴力、亞斯他錄、摩洛、基抹、大袞、臨門、搭模斯等異族神祇，其中崇拜巴力之風最盛。有時他們同時祭拜亞衛和巴力，（本世紀初，考古學家曾在米斯巴地區發掘出並列的兩個神廟，一個是亞衛的，另一個就是巴力的。）有時甚至乾脆將亞衛與巴力混爲一談，稱亞衛爲巴力（如《何西阿書》第二章十六、十七節：「亞衛說，那日你必……不再稱呼我爲巴力，因爲我必從我民的口中除掉諸巴力的名號。」）

四、聖經的不少經卷並不否認亞衛之外還有多神存在，如《出埃及記》第十八章十一節稱「亞衛比諸神都大」、《詩篇》第九十五首三節稱「亞衛……超乎萬神之上」、《詩篇》第九十七首七節呼喚萬神都來歸順亞衛等。又如，《以賽亞書》第廿七章一節稱亞衛「要用它那堅強有力、鋒利無比的劍來懲罰巨大的海怪、那飛奔疾馳的蛇；它還要殺死海裡的巨龍。」——一些學者認爲，這類詩句的前身即亞衛與異神搏鬥的早期神話。

五、除異族神祇外，聖經還多處提到各種家神。如，《創世紀》第卅一章十九節說「拉結偷走了她父親家中的神像」；《撒母耳記》上第十九章說米甲「把家中的神像放在床上」，以營救大衛脫險，等，甚至直到《撒迦利亞書》第十章二節，還有「家神聽言的都是虛空」之語。學術界一般認爲，《撒迦利亞書》第七至十四章產生於希臘化時期。

由此可見，直到公元前三、二世紀，希伯來民族的一神信仰及一神神話仍不純粹。

以上扼要回顧了中東上古神話的概況及其對希伯來神話的浸染和滲透。正是在這一廣闊的背景下，希伯來人逐漸創作出了別具民族氣質、民族風格的亞衛神話。

族長時期：部族神

嚴格地說，族長時期（約公元前三千紀末至前二千紀中葉）只是希伯來民族的史前時期。這時，希伯來人還是一些以半游牧為生的家族和部族，並未形成統一的民族。

亞伯拉罕、以撒、雅各是真實的歷史人物，還是早期希伯來部族的擬人化縮影？這一史學議題迄今尚未解決（但這並不妨礙他們作為文字形象的存在）。

可以肯定的是，族長時期的宗教是低級形態的自然崇拜、拜物教和多神教；亞衛並不像聖經描述的那樣是族長們的崇拜對象，更不是「唯一之神」。

研究表明，只是為了誇大亞衛崇拜的遠古起源和歷史統一性，「摩西五經」的編纂者才將其源頭追溯到亞伯拉罕，同時盡力刪除或改造了各種有關自然崇拜、拜物教和多神崇拜的異教傳說。因此，與族長時期相關的亞衛描寫，其實不過是後世業已成熟的猶太信仰的一種反射。但「亞伯拉罕乃亞衛最早的信徒」之說既已形諸典籍，對亞衛神話的文學考察自然也應由此開始。

始即存。

1「亞伯拉罕、以撒、雅各的神」

晚出的聖經各卷常將族長時期的亞衛稱爲「亞伯拉罕、以撒、雅各的神」。這個稱號並非自始即存。

在記載族長傳說的《創世紀》第十二至五十章中，亞衛最初只是亞伯蘭（後易名亞伯拉罕）的個人守護神。它以單數第一、第二人稱與亞伯蘭個別對話：「你要離開本地、本族、父家，往我所要指示你的地方去。」其後，爲以撒娶妻的老僕人證實了這一點：「亞衛，我主人亞伯拉罕的神啊，……」更清楚的是亞衛對以撒的自稱：「我是你父親亞伯拉罕的神。……」

我們從烏爾第三王朝（公元前二〇五〇～前一九五〇年）遺址出土的圖刻中得知，當時兩河流域居民除崇拜各種保護國家、城邦的大神外，還信奉保護個人的小神，這種小神是介乎人與大神之間的「中間神」，可代表被守護者向大神求告。所謂「亞伯拉罕的神」，很可能就是這類個人守護神。

值得注意的是，亞伯蘭恰於烏爾第三王朝前後隨父西征，與出土圖刻的時代暗合。但亞伯拉罕不僅是一個單個的人，還是一個家族、乃至部族的首領。

據《創世記》第十二章五節載，與亞伯蘭同時離開哈蘭的有他的妻子撒拉和侄兒羅得，這裡他似是一家之長；而隨後的第十四章十四至十六節又說，亞伯蘭因自己的財物和羅得一行被擄，便率領「精練壯丁三百一十八人」急追敵寇，一口氣「將被擄掠的財物奪回來，連他侄兒羅得和他的財物，以及婦女、人民，也都奪回來。」

顯然，這番功業已非一個家族之長所能成就。因而，較恰當的結論是，亞伯拉罕本是一個部族的酋長，「亞伯拉罕的神」不僅是個人守護神，還兼爲部族守護神。

以撒與雅各的情況與此類似。他們也都是部族酋長，其部族也都有自己的守護神，並有相應的神人交往故事，如以撒的神在基拉耳之顯現、雅各的神在伯特利之顯現等。

那麼，亞伯拉罕的神、以撒的神和雅各的神又怎樣變成了「亞伯拉罕、以撒、雅各的神」？應當說，這是自出埃及、攻略迦南至王國建立期間不斷強化的部落聯合趨勢在思想意識領域中的回聲。政治的聯盟必然呼喚宗教的統一，在宗教統一的過程中，衆多早期傳說經過反覆篩選、整理和加工，最終形成「亞伯拉罕——以撒——雅各」傳說系統，與此同時，統一的部族之神也隨之誕生。

2 部族的守護者

「亞伯拉罕、以撒、雅各的神」的主要職能是守護希伯來部族。它應允族長們獲得迦南之地，福佑他們人丁興旺、後裔繁多、牲畜增殖，並保護他們不受外族的欺侮。

一、對土地的應許是神所許諾的首要內容。

族長傳說一開頭就寫亞伯蘭接受神的呼喚，帶領家人到迦南地去。到迦南後，神又多次向族長們許願，要將迦南全境賜給希伯來人「永遠爲業」。不僅迦南，甚至將「從埃及河直到伯拉大河（按：即幼發拉底河）之地」全部賜給了亞伯拉罕的後裔。

公元前二千紀上半葉，希伯來人正從半游牧狀態漸次向定居的農耕生活過渡，這時，尋找一塊富饒的安居之地，無疑是他們夢寐以求的願望。這願望反映在早期傳說中，便出現了上述神對迦南之地的應許。

二、神之應許的另一重要內容，是應允族長們子孫衆多，多如「天上的星，海邊的沙」。比如《創世記》第十三章十六節：「（亞衛對亞伯蘭說：）我要使你的後裔如同地上的塵沙那樣多；人若能數清地上的塵沙，才能數清你的後裔。」又如第十五章五節：「你向天觀看，數數衆星，能數得過來嗎？……你的後裔也將如此。」

這類應許的背景亦顯而易見：人丁稀少的希伯來部族熱望自己迅速發展壯大起來。族長們的神還參與日常生活，是世人繁衍子嗣的實際控制者。夏甲生子以實瑪利、亞伯拉罕百歲生子以撒，就是蒙神祝福而得子的兩個實例。最生動的是雅各的四個妻妾比賽生兒育女的場面。這裡，妻妾們的生育與否完全被視爲神的意志，一如雅各向苦惱中的拉結所言：「不讓你生育的是神，我豈能代替他作主呢？」蘇美、巴比倫、埃及、迦南等異族神話中大多有專職的司生育女神，但到了《創世記》，其編訂者斷然把一切權柄收歸亞衛，這樣，司生育自然也成了亞衛的本分。

三、早期游牧民族對牲畜增殖的渴望也反映在此時期亞衛的功能中。在《創世記》中，只因有了亞衛的賜福，以撒才「日增月盛，成了大富戶，有羊群、牛群，又有許多僕人；」同樣，由於亞衛的恩澤，正在給拉班幫工的雅各也「很快地成爲巨富，擁有大量羊、驢、駱駝和僕婢。」

四、在對待外族的態度上，亞衛尤其表現出希伯來部族守護神的特性。若有人欺侮族長，亞衛必定對之施以嚴懲。

亞伯蘭第一次下埃及時，因法老將他妻子撒拉帶進宮中，亞衛就「降大災於法老和他的全家」。在另一次類似事件中，亞衛又使基拉耳王亞比米勒之妻和衆女僕都喪失生育能力。

此外，這時的亞衛還兼有爲族人引領道路，福佑他們平安、順利、長壽等職能。一些地方提到，亞衛對農業豐收也有影響。這些章節可能形成於希伯來人轉入定居的農耕生活之後。

3 人的義務

族長們的神並非無條件地守護希伯來部族。按照「契約」觀念，被守護者必須履行以下義務：對神絕對信奉；實行割禮，以示與神立約；並不斷向神獻上祭物。這時的祭物主要是牛、羊等牲畜；有時也以人爲犧牲。亞伯拉罕奉命獻子以撒的故事是全部聖經中最爲駭人聽聞的一幕，它形象地展示了族長時期的神人關係，也爲全面把握此時期的上帝形象提供了一個不可或缺的視角。

摩西時期：民族神

摩西率領以色列人出埃及的壯舉是一部聲威浩瀚的希伯來史詩。史詩載於《出埃及記》、《利未記》、《民數記》、《申命記》四卷書中。

《出埃及記》開頭簡略地交待了希伯來民族的形成和出埃及的起因：遷居於埃及的約瑟及其兄弟們相繼死去了，「以色列人生養衆多，增長迅速，極其強盛，住滿了那地方。」以色列人的興盛招致法老的仇視和迫害，法老的殘酷迫害又引起以色列人的頑強反抗，促使他們吹響擺脫奴役、尋求自由的號角。接著，史詩生動地描述了以色列人在亞衛保護下衝出埃及、穿越紅海、輾轉西奈，最終到達約旦河東岸的非凡經歷。

摩西時期（約公元前十三世紀中期）是希伯來民族史的開端，也是亞衛神話的眞正起點。這時，早期的半游牧部族已發展成希伯來民族，亞衛也相應從部族神擢升爲民族的保護神。

1 亞衛的名字

對上古中東諸民族來說，了解神的名字十分重要，因它常與某神的性質、特徵、流傳地點或祭拜人有關。希伯來人最初接觸「亞衛」之名是在出埃及前夕。

《出埃及記》第三章一至十四節首次提到亞衛的顯現，這時摩西很快就詢問他的名字。亞衛回答：「我就是我」（「I am who I am」，或「I will be who I will be」）。在另一處，亞衛又對摩西說：「我是亞衛。我從前向亞伯拉罕、以撒、雅各顯現爲全能的神；至於我的名字亞衛，他們未曾知道。」

將這兩段文字聯繫起來看，「亞衛」意即「我（現在）就是我，」或「我（將來）就是我。」——其含義仍令人費解。

對此，許鼎新先生指出：「亞衛」在希伯來文中原來只是四個輔音符號「JHVH」，其動詞詞根 hayah 的意思是「是（to be）」，因此「亞衛」即「我（現在）是」，或「我（將來）是」；又因「是」含「存在（Being）」之意，故中文「官話和合本」聖經將其譯爲「我是自有永有的」，譯得十分恰當。

在談到「亞衛」一名的發音時，許鼎新先生說：由於猶太教規定「不可妄稱上帝的名字」（《出埃及記》），猶太人遇到 JHVH 時，便不讀正確的語音「亞衛（Jahveh）」，而改讀「阿東乃（Adonai，意謂『主』，Lord）」。

到了六、七世紀，猶太教瑪瑣拉（Masoretes）學者創造出希伯來文元音符號。為表明上帝之名應讀為「阿東乃」，他們就將「阿東乃」的三個元音符號 e、o、a 標注於 JHVH 之下。後來，基督教誤將 JHVH 與 e、o、a 拼讀在一起，結果出現了「Jehovah」一名；中文譯者據此又誤譯出「耶和華」、「雅赫維」等名。這說法反映了聖經研究界對此問題的普遍看法。

2 亞衛的起源

希伯來人接觸亞衛之前，亞衛來自何處？有何特徵？人們對此眾議紛紜，迄今難以統一。較多學者從摩西得知亞衛之名的地點及摩西的岳父、米甸人葉忒羅曾主持向亞衛獻祭一事推測，亞衛原是巴勒斯坦南部米甸人的神。（參見《出埃及記》）

除此之外，尚有以下諸說：⑴根據亞衛是摩西「父親的神」的記載（同上卷），推出亞衛原先可能是摩西家族的家神；⑵因摩西在西奈山上接受了「十誡」，故亞衛或許是西奈山的山神；⑶相傳西奈山（Mt. Sinai）是巴比倫月神欣（Sin）的居住處，因而亞衛又與月神有關；⑷因亞衛的顯現總伴有火光、雷鳴和電閃（同上卷），故又被認為是雷神；⑸在西奈山，摩西之兄亞倫曾鑄造金牛犢，稱其為帶領以色列人出埃及的神（同上卷），因而亞衛最初可能具有牛的外形；⑹

臨近迦南時，摩西受命製造一條能消除蛇咬之患的銅蛇（《民數記》），有人據此推測，亞衛的原始屬性又可能是蛇神。

以上說法固然互有牴牾，但仍能表明以下事實：⑴亞衛爲希伯來民族所了解之前，就已流傳於中東某一地區；⑵這時的亞衛大體上是一個自然神，在不少方面還具有自然崇拜和動物崇拜性質，甚至保留著圖騰崇拜的痕跡。

亞衛成爲希伯來民族的上帝後，發生了明顯的質變，即由自然神轉變爲社會神，由一個不起眼的小神演化爲確保希伯來人完成出埃及大業的大能之神。

3 民族的守護者

聖經所描述的亞衛保護希伯來人出埃及的經歷，可粗略分爲五個階段：

一、出埃及——這時亞衛是希伯來人災難中的救星。他第一次向摩西顯現時，就清楚地申明來意：「我的百姓在埃及所受的困苦，我實在看見了；他們因受督工的轄制所發出的哀聲，我也聽見了；我原知道他們的痛苦。我下來就是要救他們脫離埃及人的手，領他們出了那地，到美好寬闊、流奶與蜜之地。」（《出埃及記》）

繼而，他指令摩西回埃及拯救民衆。當摩西因自己能力不足而犯愁時，亞衛賜予他行使變杖爲蛇、變水爲血等神蹟的權能，並使他獲得能言善辯的口才。（同上卷）

最後，當摩西、亞倫的要求遭到法老拒絕時，亞衛曉諭摩西，協同他降下「十災」，（即血災、蛙災、虱災、蠅災、畜疫之災、瘡災、雹災、蝗災、黑暗之災和除滅長子長畜之災。）使希

伯來人得以順利出境。（同上卷）

二、過紅海——過紅海是希伯來人出埃及後取得的第一個重大勝利。摩西帶領族人離開埃及後，法老的兵馬緊追不放。行至紅海岸邊，亞衛授權摩西用手杖向海中一揮，海水便分向兩邊，露出一條大路，使希伯來人平安過海；族人全部上岸後，他再向海中一揮，海水復原，把法老的追兵全部淹沒於海底。（同上卷十四章）過紅海的勝利甩掉了埃及追兵，希伯來人至此徹底擺脫了爲奴之境。

三、從紅海到西奈山——過紅海後，希伯來人進入條件惡劣的西奈曠野。在這裡，他們常常連最基本的飲水和食物都無法得到，有時還遭到外族的騷擾和襲擊。然而，每逢困境，亞衛總要幫助他們，使之轉危爲安。

在瑪拉地方，亞衛見那裡只有不能飲用的苦水，便指示摩西將一棵樹「丟在水裡」，於是「水就變甜了。」（同上卷）其後不久發生饑荒，人們怨聲不迭，亞衛又降下鵪鶉，使他們有了肉吃；還賜給他們「白如霜雪的小圓物」——「嗎哪」食用，讓「以色列人吃瑪哪共四十年，直到進了有人居住之地，就是迦南的境界。」（同上卷）

行至利非汀後，水源又斷，於是亞衛讓摩西用杖擊打盤石，使清泉從中流出。（同上卷）這時亞瑪力人與以色列人爭戰，摩西再持神杖指揮戰鬥，將亞瑪利人打得一敗塗地。（同上卷）

四、在西奈山——到達西奈山後，亞衛與希伯來民族的關係史上發生了一件大事——亞衛授命摩西向希伯來人頒布「十誡」。摩西獨自登上西奈山，戒食默修四十晝夜，下山後，宣稱得到亞衛要求希伯來人嚴守的十條誡律。摩西令衆人設立祭壇，獻牛爲祭，以牛血塗身，以示與亞衛立下契約。（《出埃及記》）十誡以書面文字形式規定了希伯來人對亞衛的責任和義務，也標誌著亞衛正式成爲希伯來民族的保護神。

五、從西奈到迦南——離開西奈山後，希伯來人繼續向迦南進發。此間，亞衛又發揮種種功能，如：兩次曉諭摩西核查以色列男丁總數（《民數記》一、廿六章），以利內政管理；在百姓遭遇蛇咬時，命摩西製造一條銅蛇掛於杆上，使被咬者望之而免於死亡；（同上卷）借助巴蘭的預言征服摩押王巴勒；（同上卷廿二～廿四章）在毗珥擊殺行淫的以色列人心利和米甸女人歌斯比；（同上卷）指命約書亞爲摩西的繼任人（同上卷），等等。

概觀之，此時期亞衛形象的基本特徵是：嚴懲征欺壓、進犯希伯來人的外族人；爲輾轉於西奈曠野中的希伯來人排除各種困厄；爲希伯來民族制定教規民法，以保證其不斷發展和壯大。

4 摩西：神人中介

族長時期，上帝與族長們的聯繫是「線型」的：上帝（或天使）說，族長們聽。到了摩西時期，亞衛與世人的聯繫——改而爲「鏈型」：亞衛詔示摩西，摩西再將神意轉述給世人——即神與人之間出現了一個中介者。中介者的職責是：首先要「上情下達」，爲百姓傳達神意；有時也「下情上達」，在上帝面前爲百姓代禱。

日後的先知即由這種中介者演化而來。而「上帝——先知——人」的思維模式，構成希伯來上帝神話、乃至全部希伯來文學的一個重要特色。

士師時期：戰神

摩西及其繼任人約書亞去世後，希伯來民族進入分裂、混戰的士師時期。所謂士師，即以色列各支派的首領，他們集軍、政、教三權於一身，戰時是軍事指揮員，平時是管理民事的審判官和主持宗教活動的祭司。

士師時期長達二百年（約公元前十三世紀下半葉至前十一世紀下半葉），此間諸部落各自爲政，地方性戰爭連綿不斷，希伯來人在士師領導下一面對付迦南人的反抗，一面抗擊非利士、摩押、米甸、亞捫、亞瑪力等四鄰民族的進攻。這段歷史主要記載在《士師記》和《撒母耳記》上第一至七章中。

在新的歷史條件下，亞衛形象又一次發生變化——明顯演變成一個戰神。作爲希伯來民族的守護者，他的職責已從前一時期保護民衆出埃及、過西奈，轉變爲保證他們勝利地以武力征服迦南。亞衛戰神性格的描寫早在出埃及時已見端倪，如摩西率衆過紅海後的唱詞：「我要向亞衛歌唱，因他大大得勝，……亞衛是戰士，他的名字是亞衛；他已將法老的車輛、軍兵拋在海中。」（《出埃及記》）到了士師時期，「戰神」進而上升爲亞衛的首要屬性。

1 「萬軍之亞衛」

「萬軍之亞衛」是聖經中多處可見的一個概念。這一概念與士師時期的亞衛形象最爲貼切。

在《士師記》等卷中，希伯來人征服迦南的戰爭被描繪成一連串「聖戰」，而亞衛上帝就是這些聖戰的導演者、指揮者，甚至參戰勇士。

一、士師們的事蹟本各不同，但它們卻被嵌入一個千篇一律的敘述框架：「以色列人行亞衛看爲惡的事，」「亞衛的怒氣就向以色列人發作，」把他們交在某敵族的手中；以色列人在苦難中懺悔罪過，「呼求亞衛，」「亞衛就興起一位拯救者救他們；」這位拯救者作了以色列的士師，幹出一番轟轟烈烈的事業；於是「國中太平」若干年。這一模式可概括爲以色列人「犯罪——受罰——悔過——得救」的四部曲。它使亞衛形象無可動搖地位於神人關係的中心。

研究表明，此種敘事模式的創造者是活動於公元前七至前六世紀的「申命派」史家。他們爲原型各異的士師傳說套上同一框架，意在通過將士師時期的歷史解釋成一部「拯救史」，純潔民衆信仰、民族團結，以挽回猶大國日暮途窮的頹勢。

二、亞衛一般用「興起一位士師」的辦法拯救族人，但在具體的戰事中，又往往參與指揮戰鬥，借助自然力懲罰敵軍，或者直接參戰。

參與指揮戰鬥者如，一天夜裡，「亞衛吩咐基甸說：『起來！』下到米甸營裡去，因我已將他們交到你手中。」（《士師記》）

借助自然力懲罰敵軍者如，以色列人與亞摩利人對陣，亞衛從天上降下大冰雹砸在亞摩利人身上，使之「被冰雹打死的，比以色列人用刀殺死的還多。」（《約書亞記》）

直接參戰者如，約櫃被非利士人運到迦特城後，「亞衛的手重重攻擊那城，」使城中不少人「因驚慌而死。」「未死的人都生了痔瘡；合城呼號，哀聲上達於天。」（《撒母耳記（上）》）

有人統計，在聖經中，「遭亞衛所擊殺的人，有數字可稽者總共九十萬五千一百五十四人之多，而無數字可查者，爲數更多。」這些被殺者大部分是士師時期的外族人。

2 《底波拉之歌》

《底波拉之歌》（《士師記》四、五章）是展示征服迦南時期亞衛形象的極佳一例。

底波拉是著名的女士師，當迦南王耶賓、將軍西西拉欺壓以色列人時，她與助手巴拉指揮以色列人大敗敵軍。

這本是一個歌頌民族英雄的歷史傳說，但幾經聖經編訂者的修改，卻變成如下一個故事：以色列人行亞衛眼中看爲惡的事，亞衛就把他們交在迦南王耶賓的手中；耶賓大大欺壓他們，他們就呼求亞衛；底波拉、巴拉奉亞衛之命率兵迎敵；「亞衛使西西拉和他的一切車輛軍馬潰亂，在巴拉面前被刀殺敗。」勝利後，底波拉、巴拉向亞衛歌唱：

亞衛啊，你從西珥出來，由以東地行走，
那時地震天漏，雲也落雨。

亞衛降臨，爲我攻擊勇士。
亞衛啊，願你的仇敵都這樣滅亡！
願愛你的人如旭日東升，光輝烈烈！

最後，全文以「國中太平四十年」結束。——就這樣，亞衛成為縱貫全篇的中心角色。

聯合王國時期：國家神

為適應聯合抗敵的需要，公元前十一世紀下半葉，以色列民衆推選便雅憫人掃羅做第一任國王。掃羅缺乏濟世治國的政治才幹，在軍事上卻創立不少功績。他不幸陣亡後，猶大支派的大衛被擁戴為「以色列——猶大」聯合王國的王。大衛揮師降服四周強鄰，將王國的疆域擴張到北起黎巴嫩山、南至埃及邊界、西及地中海沿岸島嶼、東達約旦河東岸的遼闊地區，並在內政、外交、宗教、文學、藝術等方面作出諸多建樹。大衛死後，其子所羅門繼位。所羅門執政時，國家既無內憂，又無外患，希伯來民族進入繁榮昌盛的黃金時代。

聯合王國的形成、興盛和發展，促使亞衛形象再次發生深刻的變化：由摩西——士師時期的民族神發展為守護希伯來王國的國家神。

1 亞衛與國王

按聖經的論述，膏立國王、建立王國之事並非亞衛首倡。《撒母耳記（上）》第九章載，撒母耳年老時立其子作以色列士師，其子不行正道、貪圖財利，遭到長老們的怨懟；於是人們求告撒母耳：「求你立一個王治理我們，像列國一樣。」

可見，立王的呼聲最初是在借鑒外族經驗的基礎上，「自下而上」地喊出的。亞衛聞此後敏感地說：「他們不是厭棄你，乃是厭棄我，不要我作他們的王。」因而報以反對態度。後來，只因在百姓執意要求時，他才對撒母耳說：「你只管依從他們的話，爲他們立王。」

這段序曲爲整個王國時期的亞衛故事定下了基調：亞衛既保護、支持以色列人的國王，又嚴格限制他們的權力，不准其越雷池一步。

一、亞衛的意志決定了國王的選擇，掃羅、大衛、所羅門先後稱王，都被解釋爲傳達了神意的體現。

掃羅被膏立的前一天，亞衛曾指示撒母耳：「明日這時候，我必使一個人從便雅憫地到你這裡來，你要膏他作我民以色列的君。」次日，撒母耳遵旨將膏油「倒在掃羅頭上，」「上帝就賜他一顆新心。」（《撒母耳記（上）》）接著，以色列各支派以抽簽方式選王，果然抽中掃羅。

大衛稱王描寫得更生動。撒母耳奉命在伯利恆人耶西的衆子中膏立一王，耶西的七個兒子一一走過，但都不是亞衛的預定者。撒母耳得知還有一個小兒子大衛正在牧羊，便差人將他叫來。大衛來後，只見他「面色紅光，雙目清秀，容貌俊美。」亞衛說：「這就是他。」於是，撒母耳起身膏了他。（同上卷十六章）掃羅死後，大衛遂登基稱王。

所羅門繼位前雖無受膏的記述，但聖經一再暗示，此事亦爲亞衛所悅納。（參見（《列王紀（上）》））

二、國王的權能來自亞衛。國王們的許多建樹都被歸功於亞衛，如，大衛擊殺非利士猛將歌利亞，是「靠著萬軍之神亞衛的名；」（《撒母耳記（上）》）大衛日漸強盛，是「因爲亞衛——萬軍之神與他同在；」（《撒母耳記》下）所羅門善斷疑案，是因爲「他心裡有上帝的智慧。」

（《列王紀》上）

國王的某些惡行也被視爲來自亞衛，如掃羅三番五次地用槍刺殺大衛，即因「從亞衛那裡來的惡魔」降在他身上。（《撒母耳記》上）

在軍事行動中，國王甚至直接向亞衛請示，如一次與亞瑪力人爭戰，「大衛求問亞衛說：『我追趕敵軍，追得上追不上呢？』亞衛說：『你可以追，必追得上，（被擄的人）都救得回來。』」（同上卷）

三、國王的廢黜亦由亞衛所決定。在此時期的三位國王中，大衛、所羅門以王終壽，而掃羅卻因死於戰場而失去王位。對於此事，聖經一再暗示了亞衛的意願。

掃羅登基後第二年，撒母耳就指責他「作了糊塗的事，」「沒有遵守亞衛的吩咐，」因而「王位必不長久。」（同上卷）後來與亞瑪力人爭戰，掃羅又違背亞衛之命，擅自對亞瑪力王亞甲刀下留情，並留下肥壯的牛羊和「一切美物」。這引起亞衛更大的不滿。撒母耳以先知身份向他宣判：「悖逆的罪，與行邪術的罪相等；頑梗的罪，與拜虛神和偶像的罪相同。你既厭棄亞衛的命令，亞衛也厭棄你作王。」（同上卷）

綜上可知，在聖經中，王權必須置於神權的絕對統治之下。正如《申命記》所言：國王「登了王位，就要將祭司利未人面前的這律法書，爲自己抄錄一本，……要平生誦讀，好學會敬畏他的神亞衛，謹守、遵行這律法書上的一切言語和律例。」

與上古中東其他民族相比，這一特點更加鮮明：在埃及和美索不達米亞，國王大抵就是神在人間的代表，如埃及法老被尊爲太陽神之子，兩河流域歷代諸王被視爲「神之驕子、傳諭者和奉神命安邦治國者。」但對希伯來人而言，神人之間的中介卻不是國王，而是先知。

2 先知：王權的監督者

聯合王國時期有兩位著名先知——撒母耳和拿單。撒母耳在掃羅、大衛稱王前後的重要作用已如前述。拿單的事蹟進一步說明先知作為神權代言人和王權監督者的特殊地位。

大衛整體來說是深得亞衛寵幸，但他謀殺烏利亞、霸占拔示巴後，亞衛卻「甚不喜悅」。亞衛差遣拿單去見他。拿單先以富人強占窮人羔羊的比喻喚醒他的良知；接著斥責他就是那富人，因他「藐視亞衛的命令，行他眼中看為惡的事；」最後，傳達亞衛的諭旨：「刀劍必永不離開你的家，……你所得的孩子必定要死。」（《撒母耳記》下）日後，大衛與拔示巴偷情所生之子果然患病，到第七天便短命而亡。

當然，先知向國王傳達的神諭主要還不是訓斥和責怪，而是應允和許諾，比如拿單向大衛講的一段話：

……萬軍之亞衛如此說：「我從羊圈中將你召來，叫你不再跟從羊群，立你作我民以色列的君。你無論往哪裡去，我常與你同在，剪除你的一切仇敵，我必使你得大名，好像世上最有名望的人一樣。……我必使你安靖，不被一切仇敵擾亂；並且應許你，必為你建立家室。你壽數滿足、與你列祖同睡的時候，我必使你的後裔接續你的位，我也必堅定他的國。……你的家和你的國，必在我面前永遠堅立。你的國位也必堅定，直到永遠。」

這段話生動地勾劃出一個福佑大衛稱王、建功與成名、恩澤聯合王國強盛、穩固與永世長存的「國家神」形象。

本節涉及聖經表現的另一類神人聯繫：「上帝——先知——國王」。較之前述「上帝——先知——人」的鏈型模式，不難發現，在上帝面前，國王與凡人是同屬一類的。國王儘管爲民之君，但自身卻不具有神性；他們可能會創建豐功偉業，但任何功業最終都來自上帝的恩賜；一如百姓應接受先知的教誨，他們也必須恭聽先知的訓誡。

3 「亞衛即王」

聖經多方限制國王的權威，意在突出亞衛的至高地位，撒母耳曾說：「其實你們的上帝亞衛就是你們的王。」（《撒母耳記》上）再清楚不過地證明了這一點。

「亞衛即王」的思想在較晚的作品中得到進一步發展，如《詩篇》第九十三首稱：「亞衛作王……你的寶座從太初立定，你從亙古就已存在。」第九十八首更有這樣的句子：

全地都要向亞衛歡呼，
要發起大聲，高歌頌揚。
當用琴聲伴奏，
唱出你們的贊美，

用號角揚聲
在大君王亞衛面前歡唱。

這時，亞衛已超出以色列王國的狹小疆域，一躍而成從「太初」就登上寶座的治理「全地」的「大君王」。（《詩篇》）

分國時期：道德神

所羅門死後，聯合王國分裂爲猶大和以色列南北兩國。兩國相互敵視，長期內戰不斷，嚴重削弱了彼此的國力。在兩國內部，王朝更迭頻仍，當權者大多昏庸無道，致使貴族發財，農民破產，貧民淪爲奴隸，社會風氣敗壞，並招致埃及、亞述等大國的覬覦。

在民族危機日深之際，一批被稱爲「先知」的有志之士登上希伯來政治舞台，他們打著「傳達神諭」的旗號，控訴統治者和富人對窮人的欺壓，呼喚一個政治清明、富於博愛精神的新型社會的出現，以期強化民族素質，增進抵抗外侮的能力。

此時期最重要的先知是阿摩司、何西阿、彌迦、以賽亞，以及猶大亡國前後的耶利米。在他們筆下，亞衛形象又一次發生深刻的轉變，成爲一個主管精神淨化，力倡公義、正直和憐愛之心的道德神。

1 揭露當權者的罪惡，抨擊種種腐敗風習

憤世嫉俗、辭章犀利的先知們塑造了憤世嫉俗、辭章犀利的亞衛。這一時期，亞衛首先以一個批判家的面目出現。詛咒爲富不仁的官宦、貴族、商人和高利貸者，痛斥起假誓、偷盜、姦淫、殺人流血等不義之舉，聲稱由於國民的犯罪，以色列國和猶大國必定滅亡。

如前所述，早在大衛王朝的鼎盛時代，亞衛就通過先知拿單痛責了大衛的姦淫和謀殺行爲。到公元前八世紀中葉，這一「批判現實」的傳統得到進一步發揚。阿摩司傳達的「神諭」憤怒地揭露了王公貴族的奢靡生活，指出他們縱情揮霍的財富無不來自欺詐和掠奪。鑒此，亞衛宣告：「以撒的邱壇必然淒涼，以色列的聖所必然荒廢。我必興起，用刀攻擊耶羅波安的家。」（《阿摩司書》）這裡的「耶羅波安」指以色列第十三代國王耶羅波安二世，約公元前七八五—前七四五年在位。

如果說阿摩司塑造的亞衛還只預言了一個王朝的覆滅，那麼到了何西阿，亞衛的憤怒已針對整個以色列。在何西阿看來，以色列到處「無誠實、無善良、無人認識神；但起假誓、不踐前言、殺害、偷盜、姦淫、行強暴、殺人流血接連不斷。」因而，亞衛「必使以色列人的國滅絕」，到那時，「以色列人必多日獨居，無君王、無首領、無祭祀、無柱像、無以弗得、無家中的神像。」（《何西阿書》）

先知彌迦再度砥礪了批判的鋒芒。南北兩國的當權者是他攻擊的主要目標。他筆下的亞衛不僅指責以色列，也痛斥猶大；所用言辭空前激切。比如：「雅各的首領，以色列的官長啊！……你們棄善好惡，苦待人民，從人身上剝皮，從骨頭上剔肉。剝他們的皮，吃他們的肉，又打折他

們的骨頭。」「你們厭惡公平，在一切事上屈枉正直，以人血建立錫安，以罪孽建造耶路撒冷！」（《彌迦書》）

在先知們眼中，聖城耶路撒冷已被「人血」和「罪孽」所充斥，因而也失去了亞衛的福佑。這時，曾許諾大衛王朝必「永遠堅立」的國家神，竟反轉來發出這樣的預告：「錫安必像田地一般被人耕種，耶路撒冷必變爲廢墟，聖殿所在的山也必荒蕪，成爲叢林一片。」（同上卷）宣告聖殿——神的居所——的所在地將變爲一片廢墟，貫注著何等沉痛的憂國之情！

伴隨著對現實當權者和腐敗世風的失望，先知們逐漸寄希望於幻想和未來（或末世）。這一特點也表現於亞衛形象之中。亞衛一再描述以色列復興的美妙前景（《阿摩司書》、《何西阿書》、《彌迦書》、《以賽亞書》等），並預言將有彌賽亞（復國救主）降臨，引導以色列人完成復興大業。

此時期，最著名的彌賽亞預言見於《以賽亞書》，該書載文：「必有童女懷孕生子，……名叫以馬內利。」他是「全能的神、永在的父、和平的君，……他必在大衛的寶座上，治理他的國，以公平公義使國堅定穩固，從今直到永遠。」

2 否定宗教禮儀的重要性，強調善行的意義

如同多數古代民族，早期希伯來人取悅神靈的基本方式也是獻祭和舉行宗教禮儀。分國後，貧富對立加劇，少數富人和上層祭司爲突出其特權地位，往往醉心於宗教儀式，企圖以豐盛的供奉和鋪張的祭典求得神恩。

阿摩司、何西阿等先知作爲普通勞動群衆和下層祭司的代言人，在政治上與上層祭司所代表的剝削階級尖銳對立，因此，在揭露統治者種種惡行的同時，也必然用批判的眼光重新審視傳統的宗教儀式。

阿摩司筆下的亞衛這樣說：「我厭惡你們的節期，也不喜悅你們的嚴肅會。我不悅納你們的燔祭和素祭，也不顧念你們用肥畜獻的平安祭。你們的歌唱在我耳中只是一片喧鬧，我也不願聽到你們彈琴的響聲。」代之以祭品和禮儀，亞衛要的是秉公行善：「惟願公平如大水滾滾，使正義如江河滔滔。」

何西阿也指出，亞衛希冀人們的不是狂熱的崇拜儀式，而是良好的道德：「我喜愛善良，不喜愛祭祀；喜愛認識上帝，勝於燔祭。」

這些思想，使亞衛逐漸變爲抑惡揚善的道德神。

在此基礎上，一百多年後的先知耶利米進一步闡發出「新約」之說。他傳達的「神諭」稱：「日子將到，我要與以色列家和猶太家另立新約。這約不像我拉著他們祖宗的手，領他們出埃及地的時候，與他們所立的約。……我要將我的律法放在他們裡面，寫在他們心上。」

不同於出埃及時與一個民族立約、約之條文寫在石板上，現在亞衛要與每一個子民立約、新的契約要寫在人們心中——這就強調了個人道德完善的意義，從而促成亞衛向道德神的徹底轉化。

3 亞衛：公義、仁慈之神

從出埃及至聯合王國時期，亞衛總體上是一個狂暴、任性、嫉妒心強的戰神。他奉行「以牙還牙、以暴鎮暴」的原則，稍不遂意就濫施淫威。這種性格與希伯來人攻伐異族、創建民族國家的血腥歷程是吻合一致的。

分國後，國內階級矛盾躍居首位，先知運動應運而生。代表下層人民利益的先知們借助宗教武器攻擊國家當權者和上層祭司，致使亞衛一躍而成「善」的化身，成了公義、仁慈的道德神。先知們認為，善是亞衛的屬性，順從亞衛就要秉公行義（而非獻祭和守節）；亞衛也僅僅依據人們行為的善惡而決定其賞罰態度。這些思想從《彌迦書》第六章八節中可見一斑：「世人哪，亞衛已指示你何為善。他向你所要的是什麼呢？只要你行公義，好憐憫，存謙卑的心，與你的上帝同行。」

作為道德神，此時期亞衛形象的另一特點，是強烈地譴責窮兵黷武。他反對依仗軍事恣意橫行的亞述、新巴比倫，也反對使用軍事力量抗擊這些大國的進攻。

在重兵壓境之際，他要求以色列人堅信上帝的庇護：「你們得救在乎回歸安息，你們得力在乎平靜安穩。」（《以賽亞書》）甚至主張放棄鬥爭：「你若出去歸降巴比倫王的首領，你的命就必存活，這城也不至被火焚燒，你和你的全家都必存活。」（《耶利米書》）

這些言論充分暴露出「道德神」說教的內在矛盾和蒼白無力——以愛國憂民著稱的希伯來先知，竟念著祈求上帝救助的禱詞，走進屈膝投降的絕路！

可見，「道德神」觀念在國內的民主鬥爭中雖曾發揮過不少進步作用，但一觸及兵戎相見的民族鬥爭，它的非科學內核就顯露無遺了。

亡國以後時期：世界神

繼公元前七二二年亞述帝國滅以色列後，公元前五九七年新巴比倫王尼布甲尼撒二世圍攻猶大京都耶路撒冷，前五八六年將其徹底攻陷，擄走包括王公貴族、軍隊首領、上層祭司在內的數萬猶大國民，造成著名的「巴比倫之囚」事件。

至此，為期四百多年的以色列——猶大王國徹底淪亡。爾後，希伯來人進入仰人鼻息的屈辱生涯，先後遭到巴比倫、波斯、希臘、羅馬等大國的欺壓和奴役。

希臘化後期和羅馬時期，他們曾多次武裝反抗當權者的殘暴統治，一度建成神權政體「馬卡比王朝」。公元六十六年和一三五年，最後兩次大起義慘遭鎮壓，希伯來民族的歷史終於完結。

「巴比倫之囚」事件強制性地打開希伯來人的眼界，使他們看到一個遠遠超出巴勒斯坦狹小疆域的廣袤天地。民族際遇的激變致使上帝形象又一次發生巨變。

亡國事件前後，先知哈巴谷、耶利米、以西結等即已得出「亞衛以巴比倫為鞭懲罰犯罪子民」的見解，將上帝的權力範圍擴大到以色列以外的新領域；囚居結束時，第二以賽亞終將希伯來上帝推上世界神的寶座；嗣後，小說《路得記》、《約拿書》明確地宣揚「普世皆為上帝民」的新觀念；而風靡於希伯來民族最後年代的啓示文學，更把上帝的治權擴展到天邊地極，延續到世界「末世」。

在這六、七百年中，儘管狹隘的民族主義觀念和其它社會思潮此伏彼起，時有所現，但就整體觀之，亞衛的世界神形象無疑是日漸明晰的。

1 解決矛盾的早期嘗試

由民族神、國家神發展爲世界神，是亞衛形象演變過程中極其重要的一步。促成這一轉折的，是志在拯世救國、勤於沉思冥想的歷代先知。

早在公元前八世紀中葉，阿摩司就遇到一神論與多神論的尖銳矛盾。他試圖通過擴大亞衛權限的途徑緩解這一矛盾，聲稱亞衛不僅是希伯來人的神，也是四鄰諸族的神。他說亞衛不但「領以色列人出埃及，」也「領非利士人出迦斐托，領亞蘭人出吉珥。」因以色列人已陷於罪惡，亞衛「必興起一國」攻擊他們。（《阿摩司書》）

公元前七世紀末，新巴比倫帝國甚囂塵上，給猶大國帶來重大威脅。這時的先知哈巴谷將此動向明確解釋爲亞衛的意願（《哈巴谷書》），但他無法說明亞衛爲何讓「惡人吞滅比自己公義的。」最後，只得在困惑中寄希望於未來，期待那時「義人因信得生，」惡人陷於災難。

生活於亡國前後的耶利米進一步發展了一神學說。他一生都在重複著同一個聲音：猶大要亡國了，這厄運乃是亞衛對它所犯罪惡的公義判決。他列舉族人的種種惡行——背道、欺詐、淫亂、凶殺……，認爲正是這些行爲觸怒了亞衛，致使亞衛「必使災禍與毀滅從北方來到。」北方之國將如「獅子奔出密林，……要使你的土地荒涼，使你的城邑變爲荒場，無人居住。」（《耶利米書》）在另一處，他更清楚地指出：「萬軍之神亞衛如此說：『因爲你們沒有聽從我的話，我必召北方的衆族和我僕人巴比倫王尼布甲尼撒來攻擊這地和這地的居民，我要將他們盡行滅

絕，以致他們令人驚駭，嗤笑，並且永久荒涼。』」（同上卷）

綜上可見，民族危亡非但沒有破壞傳統的一神信仰，反由先知們以新的內容充實、發展了它。這就是：猶大慘遭浩劫並非由於外族神祇強大、本族神祇弱小，而是因爲亞衛以巴比倫爲發洩怒氣的鞭和杖，對犯罪的子民施行了嚴厲的懲罰。

2 先知最高理想的體現者：第二以賽亞

上述先知雖已將亞衛的權能擴展到希伯來民族之外，但還遠未得出「世界神」的清晰概念。「巴比倫之囚」以一種令人痛苦的方式大大拓寬了希伯來人的視野，使他們不得不在離鄉背井、囚居異邦的環境中對亡國事件進行冷靜的反思。當長達半世紀之久的囚居生活結束時，他們終於悟出徹底的一神觀念，這觀念由第二以賽亞（即《以賽亞書》第四十至六十六章的作者）作出最精采的表述。

在第二以賽亞筆下，亞衛不但是希伯來人的上帝，還是世上萬族唯一的神和宇宙萬物的最高主宰。他說：

> 我是亞衛，在我以外沒有別的神。除了我以外再沒有上帝。……從日出之地到日落之處，人人都知道除我以外沒有別的神。……我造光，又造暗；我施平安，又降災禍；造做這一切的都是我亞衛。

又說，他的子民將包括各國之民：

那些與亞衛聯合的外邦人，……我必領他們到我的聖山，使他們在向我禱告的殿中喜樂。……我的殿必稱爲萬民禱告的殿。……時候將到，我必將萬民萬族聚來，使之看見我的榮耀。……他們必將我的榮耀傳揚在列國之中。

至此，亞衛形象最終完成了向世界神的轉變。

3 《路得記》和《約拿書》的大同思想

公元前五至前二世紀，希伯來文壇上湧現出一批反映現實生活的小說傑作，其中有些在表達愛國思想的同時，流露出較偏狹的民族意識，如《以斯帖記》和《猶滴傳》；另一些則旗幟鮮明地宣揚了「普世皆爲上帝子民」的大同思想，如《路得記》和《約拿書》。

《路得記》約形成於公元前五世紀末，當時，希伯來的領袖人物要求淨化民族信仰，反對與異族通婚。小說作者不贊成這種作法，而以士師時代的社會爲背景，通過一位摩押族女子兩次嫁給猶大人、終獲美滿婚姻的故事，借古諷今地贊揚了不同民族間的聯姻與互助。作品中女主人公路得曾對猶大族婆婆拿俄米說：「你的國就是我的國，你的上帝就是我的上帝。」清楚地表明作者開放型的民族觀與上帝觀。

《約拿書》寫上帝派先知約拿到亞述首都尼尼微去拯救那裡的人民。約拿起初拒不從命，因亞述是他的敵國。他乘船背道而馳，卻遭遇風浪，被大魚所吞；後又被吐於岸上。最後他終被上帝說服去尼尼微傳道，使敵國之民免於罹難。小說中的上帝毫無狹隘的復仇之心，完全是一位博愛衆生的仁慈天父。

4 啓示文學中的上帝

啓示文學流行於希臘化末期和羅馬時期，主要作品有聖經中的《撒迦利亞書》七至十四章、《但以理書》，《次經》中的《以斯得拉四書》，《僞經》中的《以諾一書》、《以諾二書》、《巴錄二書》、《巴錄三書》、《摩西升天書》和《新約》中的《啓示錄》。它們曲折地映射出希伯來民族最後二、三百年的掙扎、搏鬥、憧憬與追求，內容和文風都明顯區別於其它作品。其作者不再像衆先知那樣慷慨激昂地指摘時弊，而將政治見解隱匿於含義晦澀的各種「異象」裡。這些異象展示了一個空前壯闊的藝術世界：從人間到天上，從創世到「末世」——它們力圖說明，希伯來上帝的權威和大能無處不存，無時不在，自然界和人類歷史都受其支配而運行；上帝在「末世」將施行最後審判，屆時惡人受永罰，義人享永福，以新耶路撒冷爲中心的「新天新地」最終建立。作者們苦心孤詣地幻化出這幅圖景，目的在於給苦難中的同胞以慰藉，給奮戰中的鬥士以勇氣。

啓示文學進一步鞏固了亞衛的「世界神」地位。此前的先知文學在描寫亞衛審判時，審判對象一般是以色列或其鄰國，方式尚需借助某種外力，如以亞述、巴比倫爲「鞭子」；到了啓示文學，審判對象發展爲抽象的「萬國」，（《撒迦利亞書》）方式也改爲上帝親自主持。（《但以理

書》）

在先知文學中，亞衛關注的主要是以色列內外的現實問題，到了啓示文學，他更多地向世人啓示普遍的自然法則和歷史規律，如《以諾一書》第七十二至八十二章論及日月星辰、曆法和天地山川，第八十三至一〇五章用一系列異象勾勒出從亞當到世界末日的歷史：從創世造人、洪水方舟、出埃及、進迦南、建國、亡國、回歸、馬卡比起義，直到未來的最後審判。

這一景觀使亞衛的世界神地位更加穩固，同時也使上帝形象日趨理念化，日益遠離人世而升入空中，成爲始自基督教時期的哲學觀念之神的先聲。

希伯來上帝的變異：哲學觀念之神

與希伯來文明的繁盛時代約略同時，生活於愛琴海區域的古希臘人創造了以理性主義著稱的歐洲型文化。經過從畢達哥拉斯、赫拉克利特、蘇格拉底、柏拉圖到亞里士多德等哲學大師們的研討和闡釋，一個理性化的宇宙神、道德神和功能神逐漸從奧林匹斯神系中脫穎而出，成爲哲學的最高對象和最高原則。

公元前三三二年，亞里士多德的學生、馬其頓人亞歷山大征服西亞，揭開「二希」（希臘和希伯來）文化交融匯合的序幕。

公元一世紀，基督教「從普遍化了的東方神學、特別是猶太神學和庸俗化了的希臘哲學、特別是斯多葛派哲學的混合中悄悄地產生了。」希伯來上帝與希臘的哲學神亦隨之孕育出基督教的上帝。至此，那個希伯來人塑造的部族神、民族神、國家神和世界神，終於變異爲新時代的哲學觀念之神，在更爲廣闊的地域中對人們的精神生活發生重大而深遠的影響。

中世紀教會把各種形式的意識形態都納入封建神學，甚至使世俗生活完全宗教化或僧侶化。這時，上帝被視爲眞理、至善、至美、至愛的最高存在，只可論證或辯護，不能懷疑或否定。這裡所投射的，其實不過是封建教皇的映象。這一沉重的精神贅疣幾乎窒息了一切創造生機——儘管不應否認，當時的基督教藝術家在文學、繪畫、音樂、建築等方面仍取得引人注目的光輝成就，少數經院哲學家也在神學外殼中推動了哲學的發展。

近代資本主義文明是在反抗中世紀教會的鬥爭中誕生和成長起來的，但新的資本主義文化非但沒有完全拋棄上帝；相反，在意識形態的不少領域，正是借助上帝觀念的神聖權威，維護了文化的延續和發展。

宗教改革後，從天主教分裂而來的基督教新教（近現代西方成就顯赫的自然科學家和社會科學家大多爲其信徒），便仍以上帝爲中心，建立起自己的文化體系，但其內核已變成反映資產階級願望和要求的資本主義精神。在這裡，上帝事實上又成了資產階級的代言人。

時至今日，對生活在基督教文化背景中的不少人來說，上帝仍是頗具影響力和號召力的神聖旗幟，上帝形象仍是道德、正義、希望和信仰的象徵，是他們賴以信靠、依托的精神支柱。但必須看到，在現當代，西方文化的世俗化趨勢已成爲不可逆轉的歷史潮流，上帝觀念早已成了人們批判和揚棄的對象。隨著科學技術的發展和人類精神文明程度的提高，上帝觀念，連同其賴以形成的社會條件，必將最終成爲歷史的陳跡。

小結

上篇的粗略考察說明，不是上帝「揀選」了希伯來人，而是希伯來人在長久的歷史年代中選擇並不斷塑造了上帝。族長時期，如同其他游牧部族，亞伯拉罕、以撒、雅各部族也有自己的守護神——該神被後世的猶太教祭司追稱爲亞衛，以示亞衛崇拜的源遠流長。

眞正的亞衛原是上古中東諸神中一個來歷不明、鮮爲人知的小神。

出埃及時期，摩西出於組織民衆遠征迦南的需要，將其改造爲希伯來人的民族神。士師時期，亞衛突顯出戰神的特徵，這是當時的攻伐戰爭在意識形態領域中的反映。以色列——猶大王國建立前後，在宮廷書記、史官、文士們的筆下，亞衛合乎邏輯地演化爲希伯來國家的監護者。分國時期，主張道德救世的先知們又將亞衛描述成力倡公義的道德神。亡國以後，隨著希伯來人流散異邦，亞衛終於上升爲統轄萬族的世界神。最後，在「二希」文化合流的大潮中，亞衛又與希臘的哲學神結合，孕育出基督教的上帝。

馬克思指出：「宗教只是幻想的太陽，當人還沒有開始圍繞自身旋轉以前，它總圍繞著人而旋轉。」還指出：「我們不是到猶太人的宗教裡去尋找猶太人的秘密，而是到現實的猶太人裡去尋找猶太教的秘密。」

依據這些原則，上帝的奧秘就可能迎刃而解，圍繞著亞衛形象的神聖光環就會煙消雲散——所謂希伯來上帝，不過是以神聖化的、虛幻的、顚倒的形式展示出的希伯來民族歷史與民族性格的本身。因而，剖析了這一形象，也就從一個特定角度了解了希伯來人的歷史性格。

〈下篇〉上帝形象的特質

上篇勾劃了上帝演變與歷史變遷的對應關係，初步揭示出「神聖」上帝賴以生存的世俗土壤，及其發生、發展的基本軌跡。

那麼，較之其他民族的神話形象，亞衛有哪些獨特之處？下篇試從三個層面對此問題作出回答：上帝形象的一般特徵和表現手法；上帝形象在希伯來文化中的位置；上帝形象與希伯來民族精神的關係。

上帝形象的表層意象

1 亞衛的基本特徵

一、獨一之神

猶太教的根本大法「摩西十誡」開宗明義地規定：「除我以外，不可有別的神。」這條誡律使猶太教與約略同時的各族宗教劃清了界限，也使亞衛神話以特異的面目獨立於世界神話之林。

儘管聖經各處仍保留著不少早期殘存的「多神」痕跡，但統而觀之，應當承認，經過數十代希伯來文人學士的持續努力，一個相當完整的「一神」形象已塑造而成。

亞衛第一次向摩西顯現時自稱：「我是自有永有的。」——這句話的含義或可以科夫曼（Y‧Kaufmann）的一段話中得到某種解釋：「聖經中沒有異教神話的基本部分——神譜，看不到與神譜有關的所有母題（notif）。」

由於沒有譜系，亞衛便成了這樣一個神：既無前輩，又無後裔，也無親友；既無誕生，又無死亡，更無死而復生；沒有配偶，沒有家庭，甚至不分性別；其權能既非承自它處，又不傳於他神。總之，他是不生不滅的永恆存在，是宇宙間的唯一神祇。

亞衛的戰鬥故事也很獨特。他從來沒有勢均力敵的對手（當然也不需要盟軍），常見的「敵人」只是一些無生命的、不堪一擊的偶像。聖經中偶爾也有述及亞衛征戰的語句，但它們卻很難和異族神話中諸神紛爭的場面相提並論。這時，亞衛並非與獨霸一方的異神廝殺，而是居高臨下地制伏了各種原始怪獸。如「刑罰利維坦（Leviathan。中譯本譯爲『鱷魚』或『巨大的海怪』）」、「吹啐拉哈伯（Rahab）、刺透大魚」（《以賽亞書》）、「刺殺怪蛇」（《約伯記》）等。若按《創世記》「萬物皆亞衛所造」之說，則亞衛戰勝的不過是自己往日的創造物而已！

科夫曼認爲，這些語句清楚地留有早期異族神話的印跡，其中的怪獸「最初都是神界角色，後來才被視爲亞衛的創造物。」而它們因反叛亞衛遭到懲罰，則是希伯來一神觀念的典型反映。

亞衛的獨一性還表現爲：他不像異族神祇那樣各司其職，（如希臘的阿波羅是日神、阿瑞斯是戰神、阿佛洛狄忒是愛神等。）而是收歸所有權力於一身——既造萬物，又造人類；既控制自然界，又支配人類社會；既主管畜牧農耕，又指揮軍事征伐；既掌握物質生產，又管理道德淨化；既是以色列人的上帝，又是萬族萬國的「唯一眞神」。

這種「集權化」趨向一方面使亞衛的地位不斷擢升。另一方面又造成種種奇特現象：亞衛時而仁慈，時而狂怒；既引人向善，又使人作惡；（《撒母耳記（上）》）有時帶來繁榮，有時帶來災難；此時寵愛某人，彼時又無緣無故地迫害他。《約伯記》的作者曾因這種乖戾的性情而一籌莫展；而在今天看來，企圖將無限複雜的宇宙概念統一於「一神」，其內在矛盾必然是層出不窮的。

二、獨特的人格神

在神話發展史上，神祇形象的演變大致經歷了「動物造型」（如古埃及的太陽神荷拉斯為鷹形）、「人獸同體」（如中國的伏羲、女媧皆人首蛇身）和「神人同形」三個階段。神人同形的神祇又稱人格神。他們在外形和心理上都與人類相仿，只是具備超越凡人的能力和手段，並能永生不死或死而復生。這類神祇的突出代表是古希臘的奧林匹斯衆神。

與奧林匹斯衆神對照，亞衛可說是一個別具一格的人格神。作為人格神，他也有人的性格和氣質，表現出人的心理、欲望、志趣和意圖。體現著與人相通的喜悅、憤怒、嫉妒和懊惱等感情，並能接受人的建議而改變原訂計劃。比如，離開西奈山後，可拉、大坍、亞比蘭聚衆反叛摩西，亞衛意欲懲罰叛逆之衆，摩西為衆人求情說：「萬人之靈的神啊，一人犯罪，你就要向全體會衆發怒嗎？」於是亞衛採納了意見，讓摩西將衆人帶離可拉等人的帳棚，爾後才施行懲罰。

（《民數記》）

但亞衛又有其鮮明的特色，主要表現於，聖經中從未出現過有關他外貌和體形的描寫。唯一一段多少相關的文字是：「上帝造人的日子，是照著自己的樣式造的。」（《創世記》）它從側面暗示讀者：上帝的形象與人的形象相同。但亞衛究竟什麼模樣？外貌有何具體特徵？就再也難以知曉了。

按聖經之說，不但普通人觀看了亞衛會喪命；（《出埃及記》）就連先知摩西、以利亞，甚至小天使撒拉弗，在上帝面前都要蒙上臉。（《出埃及記》；《列王記》（上）》；《以賽亞書》）

如此一個神秘莫測的上帝，與古希臘手握三叉戟的成年男子波賽冬，韶華正茂、容光煥發的裸體婦人阿佛洛狄忒等神祇形象相比，堪稱大異其趣。原因何在？應當說，以亞衛的「外貌不明」來區別其它各族神靈，正是猶太教保持自身民族特性的手段之一。

亞衛的特點還表現於，在不同年代的作品中，他的形象和性格一再發生顯著的變化。變化的總趨勢是：外形由實到虛，逐漸淡化；性情則由偏狹逐漸變得寬宏和仁慈。

E本創世神話❸⓿中的亞衛最接近凡人：他先用地上的泥土造出一個男人亞當，再用泥土造出各種野地的走獸和空中的飛鳥，又用亞當的一條肋骨造成一個女人夏娃——儼然是一個技藝高超的雕塑師。

---

❸⓿ E本創世神話：即《創世記》第二章四節至第三章的創世神話。因其中神名 Elohim 的第一個字母為E，故稱「E本」。

接著，他在涼風中散步，像捉迷藏一樣尋找躲藏在樹叢中的亞當和夏娃；當發現他們因赤身露體而羞恥時，竟疑惑不解地問：「誰告訴了你們是赤身露體呢？莫非你們吃了我吩咐不可吃的那樹上的果子了嗎？」（《創世記》）這裡，躲進樹叢他就看不見，吃了禁果也不知道，哪裡還有一點「全知全能」的意味！

在摩西時期及其後的二、三百年中，他變成一個烈性、嫉妒心強、好戰、大能的神，能發出火焰、電光和震耳的雷聲。他「喜怒無常，也有點暴躁——能盛怒地進行譴責，也能行善。他論罪的輕重往往相當隨意，對無意犯罪的人也會像蓄意犯罪者那樣予以懲處。」如在約櫃運往耶路撒冷的途中，好心的烏撒只因伸手去扶搖擺不穩的約櫃，就被他以「觸摸聖物罪」而擊斃。（《歷代志（上）》）

到了先知時代，亞衛不再親自參與世事，只借助其代言人先知們之口，洋洋灑灑地向世人訓諭。這時，他成了一個遙居高空的講道家，關注的內容也轉向倫理道德的改善。

最後，到基督教時代，他終於徹底擺脫人形，遠離人世，成為哲學觀念意義上的仁慈天父。

三、「忌邪的神」

摩西十誡的第二條是：「不可為自己雕刻偶像，也不可仿照天上、地面、地下和水中的百物做什麼形象；不可跪拜那些像，也不可侍奉它，因為我亞衛是忌邪的神。」

忌邪，說明亞衛有強烈的排他性。

從條文的內容分析，這裡的「忌邪」主要指排斥各種偶像。這條規定與十誡第一條的獨尊亞衛實際上是相互補充、相輔相成的。由於偶像是異族神祇的標誌，所以排斥了它們，也就等於排斥了異神。

科亨（H・Cohen）的看法可以印證這一點：「獨一上帝與衆神之間的對立，不僅表現在數目上，還表現於不可見之觀念與可見之形象；」「偶像必須是一種『相像』（Likeness），上帝不能像什麼，他只是一種絕對精神的原型，……而不是可被模仿的對象。」藉此，亞衛與異族神祇再次明確地區別開來。

禁拜偶像的描寫在聖經中屢屢出現，如摩西在西奈山下怒殺祭拜金牛犢的三千百姓（《出埃及記》卅二章）、約西亞將家神和異神之像「盡都除掉」（《列王紀（下）》）等。最生動的一段見於《次經》中的《彼勒與大蛇》：波斯王居魯士在位時，巴比倫人崇拜偶像彼勒，國王也奉之為「永生的主」。而希伯來人但以理卻忠於自己的民族信仰，巧設計謀揭穿彼勒只是「黃銅其外，泥土其裡」的廢物，根本沒有任何神性。最後，將其偶像砸爛，廟宇搗毀。

四、介入歷史之神

亞衛形象的獨一性、外形獨特性和強烈的排他性，必然導致這樣一種結果：其神話奇缺一般神話必備的「神界之話」。既然如此，這位神祇的故事又是如何構成的呢？——秘密在於：亞衛雖無神界的對手，卻頻頻介入人間生活。正是在與現實人類的交往中，他顯示出無比的權威性和神聖性。因而不妨說，亞衛神話乃是一部別具一格的「神人之話」。

與其他民族的神話稍加比較，這一特徵會更趨鮮明。在古代社會，隨著神話講述者們的歷史意識的增長，各族神話都經歷了「歷史化」的演變，即從神話向歷史的逐漸轉化。但在不同的民族那裡，歷史化的方式卻不盡相同。

古希臘的早期諸神（即「前奧林匹斯衆神」）基本上是自然力量的化身。到了「奧林匹斯神系」，以宙斯爲首的新神「從直接的自然力量之神，變成了管制自然力量之神；從原始的、拜物教的神，變成了帶有更多人文色彩和社會因素的神。」這裡的人文色彩和社會因素，主要指高度發展了的「神人同形同性」觀念，和深刻的人生與社會哲理。

其後，赫剌克勒斯一類「神人之子」從神界分離出來。再後，映射著眞實歷史事件影子的英雄詩史應運而生——詩史終於架起通向信史的橋樑。這一過程以神話形象中神話因素與歷史因素的不斷消長，完成了希臘神話的「歷史化」運動。

在中國，神話「歷史化」的方式卻是「古代神祇通過『改良道路』（不經歷明顯的、暴烈的『神的劫難』），悄悄地轉化爲古史中的傳說人物。」「三皇」之首伏羲原爲雷神之子，直到唐朝司馬貞的《史記·補三皇本紀》，還稱他「蛇身人首」。「五帝」中的黃帝最初是雷神，如《河圖帝紀通》便謂之「以雷精起」。

但中國古人因過早發展了成熟的歷史意識，從殷周之際開始，就將一批神祇人形化、人性化、社會化和歷史化，以致伏羲、黃帝等逐漸變成人間的「三皇五帝」，亦即中華民族的先祖；另外一些神靈則成爲其他古史人物。

在此神話演變主流的旁側，一批未被編入古史序列中的粗野之神，如刑天、旱魃、彭侯、瘧鬼之流，只好以其原始面目留存於各種古籍之中。

可以說，希伯來神話也經歷了「歷史化」過程，只不過迥異於其他民族罷了：一方面，自然神「出身」的亞衛幾乎在向摩西初次顯現時就介入希伯來人的政治生活，變幻成了社會神——從這個意義上說，亞衛神話自形成之初就是充分「歷史化」了的神話；另一方面，由於亞衛在其後的史籍中頻頻出現，又造成希伯來史籍特有的「神話化」現象。

正是基於這一點，弗萊（N・Frye）才認爲聖經不是一部信史，而是按神話思維邏輯創作出來的神話故事：「聖經只有對那種把它當作歷史來看的歷史學家，才是混亂和令人惱火的。……嘗試從一大堆『神話的衍生物』中抽繹出可信的歷史事實，乃是一項勞而無功的事情。」

簡言之，希臘是神逐漸爲人所取代，中國是神被改造成人，而希伯來則是神直接介入人的歷史，神人同唱一台戲。

2 亞衛神話的表現手法

衆所周知，一定的內容總要通過與之相應的形式才能表達。那麼，在描繪亞衛介入人世生活、與人同演一台戲這一特定畫卷時，希伯來文學的作者們運用了哪些獨特的藝術技巧呢？下面試從三個方面進行探討。

一、關於亞衛的顯現

亞衛的顯現（theophany）是希伯來文學中一個時常可見的重要母題。亞衛既要干預世俗生活，就必然要在世間不斷「拋頭露面」，這是形成顯現母題的內在原因。就顯現的方式而言，又有幾種不同情況：直接顯現、化身顯現、夢境顯現和異象顯現。

直接顯現的一般模式是：亞衛出現於某處，自然界頓時發生劇烈地變化。比如《阿摩司書》第一章二節：

亞衛從錫安吼叫

從耶路撒冷發聲。

牧人的草場要悲哀。

迦密的山頂要枯乾。

這一節明顯分為兩部分：前半部寫亞衛的出現，後半部寫亞衛出現後對外界造成的影響。類似的例子還有《詩篇》第十八首七至十五節、七十七首十六至十九節、九十七首二至五節、《以賽亞書》六十六章十五節，以及著名的亞衛在西奈山向摩西頒布十誡前的顯現等。

在這些地方，作者們的筆觸主要指向自然界的異常景觀：天地昏暗、星辰移動、山岳震蕩、大海翻騰……，以外物的劇變反襯亞衛的威力。有時，也正面刻畫亞衛的神奇動作和制服仇敵的行為，如稱他以旋風為戰車，在烈火和電光中降臨；「以烈怒施行報應，以火焰施行責罰。」「射出箭來使仇敵四散，發出閃電使他們潰亂。」等。

研究證明，這些描寫明顯借鑒了西亞地區遠古神話的表現手法。如在蘇美神話中，空氣神兼暴風雨神恩利爾（Enlil）就有搖撼天地的威力，他能「踐踏天之門」，「扯去天之鎖」，「揮動天空的閃電」；凡他所經之地，樹木折斷，萬物凋零，一切都被摧毀。

巴比倫神巴力哈達得（Baal-Hadad）出現時，也伴隨著風暴、亂雲、閃電、雷鳴、大雨、火焰和地震。在出土於烏加里特（Ugarit）的泥版上，載有巴力（Baal）「在亂雲中發出雷鳴，向大地投出條條電光」的詩句。

但不同的是，西亞遠古神祇以自然神居多，他們的非凡之舉大多寄寓了人們對自然奧秘的解釋；而亞衛卻是一個高度發展了的社會神，聖經的編著者刻意渲染其顯現時的聲威，根本目的則是政治性或宗教性的。

「化身顯現」，是指亞衛完全以人的外形出現於世間，與凡人發生這樣那樣的交往。其間向人發出某種預言或指令。《創世記》第十八章一至三節載：

> 亞衛在幔利的橡樹那裡，向亞伯拉罕顯現出來；那時正熱，亞伯拉罕坐在帳棚門口。舉目觀看，見有三個人在對面站著，他一見，就從帳棚門口跑出去迎接他們，俯伏在地，說：……

這三個「神人」在樹下歇息、洗腳，又吃了主人調製的美餐，與普通人毫無二致。只是在飽餐之後，其中一位向亞伯拉罕預言他的妻子撒拉次年必生一子，他們的神性才顯示出來，故事的主旨也才澄清：上帝應許亞伯拉罕百歲生子。

另一個有名的故事是雅各在毗努伊勒與化身爲人的上帝摔跤。就是這次，雅各因摔跤得勝而被易名「以色列」——相傳「以色列」之稱即典出於此。

但總的看，這類故事數量很少。它們產生的年代較早，神的擬人化程度也相當高：不但極似凡人，甚至還敗在凡人手下！那位與雅各摔跤者敗陣後，竟將對手的大腿筋扭傷——簡直像個人間的無賴漢！

亞衛在人的睡夢中或異象中傳達訓諭，即所謂「夢中顯現」和「異象顯現」，是聖經表現神之顯現的基本手段。

所羅門因求智慧而取悅於神，亞衛便在他入睡後賜給他才智，許諾他將遠勝於世上列王。（《列王紀（上）》）基拉耳王亞比米勒誤娶了亞伯拉罕的妻子撒拉，亞衛趁其入睡時警告他：「我不容許你沾著她，你要把這人的妻子歸還他。」（《創世記》）

最著名的例子是雅各在伯特利的夢：雅各在由別是巴前往哈蘭的途中，枕著一塊石頭席地而睡，不久，「夢見一個梯子立在地上，梯子的頭頂著天，有神的使者在梯子上上去下來。」亞衛站於其上，向他發出祝福。（《創世記》）這個夢生動地展示了神接近凡人的方式之一——沿天梯而上下。

無獨有偶，我國古代文獻中也有一些「天梯」神話。如「有靈山，巫咸、巫即、巫盼、巫姑、巫彭、巫眞、巫禮、巫抵、巫謝、巫羅十巫，從此升降。」（《大荒西經》）「登葆山，群巫所從上下也。」（《海外西經》）

但同中有異的是，這些十巫、群巫的主要職能是下宣神旨，上達民情；而希伯來神祇則大體上是一種單向運動：只有「下宣神旨」，不見「上達民情」。

聖經中的異象（Vision）常表現爲一幅含義晦澀的畫面，畫面多以超現實手法繪成。亞衛有時居於其中，有時從旁對其含義進行闡釋。居於其中的如「亞衛的寶座」（《以西結書》第一章）、「永存者的異象」（《但以理書》）；從旁解釋的如「角的異象」、「飛卷的異象」（《撒迦利亞書》）等。

一般說，化身顯現和夢中顯現多見於早期史籍。而異象顯現往往出現在較晚的先知書和啓示文學中。並且，越到後期，異象的篇幅越大，圖象越奇異，手法越怪誕，描寫神之行爲的筆墨也越多。

啓示文學較晚的作品之一——「死海古卷」中的《光明衆子與黑暗衆子的戰爭》，就是一篇長達十九欄的大型作品。文中極寫戰爭的猛烈，交戰的雙方——光明衆子與黑暗衆子勢均力敵，旗鼓相當，起初各勝三回；最後，在決定命運的第七回合中，上帝顯現了，光明衆子才大獲全勝。

這篇作品從一個側面折射出希伯來人在最後的代反抗羅馬統治者的血腥鬥爭、他們對民族復興的強烈渴求和對「復國救主」的熱切盼望。

二、亞衛聯繫世人的「中介」

在希伯來文學中，亞衛參與歷史活動有多種方式，除親自顯現外，另一類常見的是借助各種「中介」，如天使、先知及所謂「神之靈」等。

天使不同於神，它們不具備獨立的意志和行爲，不能與亞衛分庭抗禮，而是毫無自主意識，只能履行亞衛指令的「下屬」。在早期作品中，它們只在傳達亞衛旨意時才出現，傳達完畢便消失。

夏甲因不堪忍受撒拉的虐待，從家中出逃；行至書珥曠野的水泉邊時，遇到亞衛的使者。使者向她轉述亞衛的話，讓她回家，並預言她「後裔極其繁多，甚至不可勝數。」（《創世記》十六章）亞伯拉罕欲舉刀殺子獻祭時，也是「亞衛的使者從天上呼叫他」，保下以撒一命。（同上卷廿二章）俄弗拉人基甸正在打麥子時，有亞衛的使者向他顯現，讓他帶領以色列人向米甸人征戰。（《士師記》）參孫之母瑪挪亞也是聽了亞衛使者的祝福後，才生下參孫。（同上卷十三章）

由於這些天使來去無蹤，轉瞬即逝，故很難給人留下清晰的印象。

但晚期作品的情況有所不同。在啓示文學中，天使往往以異象解釋者的身份出現。他們奉亞衛之命與人交談，有時還伴以各種動作。如在「金燈台的異象」（《撒迦利亞書》）中，「我」「好像人睡覺被喚醒一樣」，被天使喚醒，醒後與天使兩度對話。在《但以理書》中，大天使加百列「奉命迅速飛來」，一面將手「按在我身上」，「扶我站起來」，一面洋洋灑灑地發表大段闡說。到了《新約．路加福音》，加百列更成爲膾炙人口的預言耶穌降生故事中的報信者。

一般認爲，後期天使地位的擢升主要是波斯上古神話的影響所致。波斯的神靈體系有兩大特點，一是光明、善之神與黑暗、惡之神的二元對立，二是對立的雙方皆呈「金字塔型」神系：以光明、善之神爲例，至高神是阿胡拉．瑪茲達，其下有六位光明之靈，再下就是爲數衆多的天使——他們「或爲純自然現象和元素（天宇、太陽、大氣、風、火、水等）的化身，或爲德行之體現。」

從某種意義上說，波斯的天使乃是觀念式的主神與光明之靈的具體化，因而，其實際地位和作用是不宜低估的。

「先知」的本意即「傳達神諭者」。在聖經中，被稱爲先知的人不僅數量多，而且成分十分複雜。如，有希伯來先知、異族先知；群體先知、個人先知；宮廷先知、民間先知；眞先知、假先知；以及迷狂先知（ecstatic prophets、儀式先知（cultic prophets）、正典先知（canonical prophets）、女先知等。這裡僅就與亞衛神話關係最密切的正典先知略加評析。

正典先知又稱「文人先知」或「作品先知」，指其言論被後人整理成卷、收入聖經正典的十餘位所謂先知者，如阿摩司、何西阿、以賽亞……撒迦利亞、瑪拉基等。他們的作品自成一類，即聖經中的先知書。

正典先知與亞衛的聯繫主要表現於如下兩方面：

其一，他們因蒙亞衛之召而成爲先知。如《以賽亞書》對以賽亞蒙召經歷的描寫：「當烏西雅王崩的那年，我見上帝坐在高高的寶座上。……我又聽見上帝的聲音，說：『我可以差遣誰呢？誰肯爲我們去呢？』我說：『我在這裡，請差遣我！』」

其二，他們作爲先知的使命即傳達亞衛的訓諭，各先知書幾乎都以「亞衛的話臨到」某人，或某人「得到亞衛的默示」開篇，以示後文乃是神諭，而非人言；文中不斷插入「亞衛如此說」一類短語，以加強表意效果：文章大多用第一人稱寫就，以示它們皆爲亞衛原話，而未稍加穿鑿，如此等等。

這種模式形成一種獨特的文體——「天啓式」體裁。

「天啓式」體裁的基本表意手法——打著「傳達神諭」的旗號，宣揚傳道者本人的社會改革主張——直接影響了公元七世紀的《古蘭經》的形成。

在《古蘭經》中，穆罕默德將「天啓體」發展得更爲完備：全書完全改用以安拉（阿拉）口氣出現的第一人稱陳情表意；各章結構進一步程式化；文中大量運用安拉指令傳道人講道的命令詞「你說」，以增強威懾力和神諭的眞切感，等等。

亞衛借以干預生活的另一方式是通過所謂「神之靈」（Spirit of God）。

何謂神之靈？斯奇米特（W・H・Schmidt）作了大量研究後說：「以色列人認爲上帝對塵世有一種積極主動的力量。這力量表現爲一種『靈』的稟賦。它的出現是無法預料的。它並不一成不變地居留於某處，而只『臨到』被他召呼的某人身上，驅使其行動，爾後再收回神力。它能使一個無名之輩變成領袖和成功者。因而，『靈』的基本特徵不是一種持續的存在，而是活躍不定的；它是力量，能使人有力；是運動，能使受其影響者運動。」

總之，它是「上帝對世人發揮積極影響的途徑，儘管不是直接途徑，而只是一種媒介。」

這一闡釋可從聖經中得到印證。俄陀聶、耶弗他皆因亞衛的靈「降在身上」，才作了以色列的士師。（《士師記》）以利亞、以利沙也因受了亞衛之靈的「感動」，才成爲「神人」。（《列王紀》（下））異族巫師巴蘭因有神靈降臨於身，才專說順乎以色列的預言。（《民數記》）在《以西結書》中，「我」甚至被神之靈數度「舉起」，隨其巡視四方。

但「神之靈」並不與人終生爲伴。如掃羅起先曾受其感動而「變成新人」、當上國王。（《撒母耳記（上）》）後來卻喪失神寵，以致慘遭敗績，殉命疆場。

同時，這「靈」既可使人向善，如使大衛善待掃羅（《撒母耳記（上）》），；又能使人作惡，如引誘亞哈的先知們去說謊言（《列王記（上）》）等。

偶爾，「靈」也與「肉」相對而用，表示神與世間萬物的區別。如，「埃及人不過是人，並不是神；他們的馬不過是血肉，並不是靈。」（《以賽亞書》）

除最後一例外，這些「神之靈」都可視爲神之「肢體」的延長物。其實，在中譯本譯爲「神之靈」的不少地方，希伯來原文即爲「神的手」。

在先知書的某些段落中，神之靈還能像禮物一樣賜予某人。如賜給耶西的後代：「從耶西的根生的枝子必結果實，亞衛的靈必住在他身上。」（《以賽亞書》）上帝的僕人：「看哪，我的僕人。……我已將我的靈賜給他。」（同上卷）以色列的後裔：「我的僕人雅各，我所揀選的以色列啊，……我要將我的靈澆灌你的後裔。」（同上卷）甚至普世的衆人：「今後，我要將我的靈澆灌凡有血氣的。」（《約珥書》）

在這些地方，「神之靈」主要已不是神行動時的中介物或工具，而演化爲某種飾以神秘外衣的力量、能力和道德精神。

公元一世紀，早期基督教教士將希伯來人的「神之靈」與希臘、羅馬哲學中的「邏各斯」（Logos 古希臘哲學、西方哲學、基督教神學的基本概念，又譯爲「道」）交相糅合，創造了「聖靈」概念。後經護教學者德爾圖良（Tertullianus，約一五〇～二二〇年）等的進一步引申，到《尼西亞信經》（三二五年）中，聖靈被正式規定爲「（他）是主，是賜生命的，從父出來，與父子同受敬拜、同受尊榮。」成了基督教三位一體上帝的有機組成部分。

三、神蹟及其它

《出埃及記》第三、四章載，亞衛要摩西回埃及將受苦之民領出來，摩西因身爲凡人而爲難，覺得百姓不會聽話；於是，亞衛就授予他施展神蹟的能力：將手杖變爲蛇，再將蛇變回手杖；使手上長滿大痲瘋，再使長了大痲瘋的手復原；從河裡取出清水，倒在地上卻變成血。摩西回埃及後照此辦理，果然贏得百姓的信任。

這段故事運用了塑造亞衛形象的另一重要手法：通過渲染各種「神蹟」，由果推因地反襯亞衛的神聖、超卓和全能。前面談到，亞衛以「顯現」與人直接交往，以各種「中介」與人間接交往；在這裡，又以顯示神蹟對人進行「遙控」，或施加某些精神影響。

神蹟的描寫大多見於摩西五經和歷史書中。如《創世記》第十九章稱「亞衛將硫磺與火從天上降於所多瑪和蛾摩拉。」使這兩座「罪惡之城」頃刻化爲焦土；接著又說，羅得的妻子因違背神意轉身觀看煙火，馬上就「變成了一根鹽柱。」——二者均以可怕的後果映襯出亞衛的威嚴與大能。

神蹟出現最多的書卷是《出埃及記》和《列王記》。

在前書中，亞衛爲使法老允許以色列人出埃及，讓摩西一連降下十大天災；途經紅海時，先使以色列人平安渡海，又將埃及追兵全部淹沒；當百姓在西奈曠野缺食斷水時，從空中降下可供食用的嗎哪和鵪鶉，又讓摩西以杖擊打磐石，使之出水。

《列王記》中以利亞、以利沙的故事，是另一處神蹟疊出的段落。但與出埃及的描寫有所不同，這裡的神蹟行施者既有上帝亞衛，又有先知以利亞和以利沙本人。以利亞、以利沙先因獲得

「神之靈」而成爲「神人」，其後，再代替亞衛在世上顯聖。如，以利沙使書念婦人的兒子死而復生；用二十個餅使一百人得以飽餐；使長了大痲瘋的乃縵病癒康復；又使沉於水底的斧頭漂上水面等。

在談到形成「十災」傳說的歷史原因時，科西多夫斯基正確地指出：「以色列人的神話和傳說把十大天災和摩西聯繫起來，目的是爲了突出摩西的威力，同時也使他們在精神上得到某種滿足，因爲這十大天災使殘酷壓迫以色列人的法老受到上帝的懲罰，使傲慢得不可一世的法老遭到了屈辱。」

「十災」傳說植根於社會生活，其它神蹟也莫不如此。它們的杜撰者千方百計地鼓吹亞衛的威力，抬高以色列人的地位，目的不過是使同胞們能「在精神上得到某種滿足」，並藉此在民族信仰的旗幟下更緊密地團結起來。

渲染「神蹟」的寫法直接影響了耶穌形象的塑造。《新約》中的耶穌既已「道成肉身」，成爲加利利人的領袖和精神導師，當然就無需再如其「聖父」那樣，轉彎抹角地「顯現」或借助「中介」以顯靈。

那麼，如何標誌他乃「聖子」而非凡人呢？除繪聲繪色地講述其神奇的降生（童貞女馬利亞受孕於神而生）和死亡（死後三日復活、四十日升天等）之外，福音書的作者們都不約而同地將筆觸指向了「神蹟」。耶穌既能施行種種爲凡人所咋舌的神蹟，他還能不是神嗎？

耶穌的神蹟主要如：治好許多絕症病人——使瞎子重見光明，使啞巴開口說話，使癱子行走自如，使大痲瘋患者潔淨如初；爲衆人提供食物——以「五餅二魚」使五千人吃飽；「變水爲酒」，供娶親者宴用；以及使海風靜止、海浪平息；並能行於海面如履平地等。很明顯，這些神蹟無論題材或結構，大都從希伯來文學脫胎而來。

上面分析了希伯來文學表現「亞衛介入歷史」這一特定主題時常用的幾類手法；實際作品的情況遠遠不止於此。

其他的如，亞衛與世人進行各種類型的對話：有時亞衛向某人發出命令（《約書亞記》；《士師記》等），有時與某人多次交談（《創世記》；《哈巴谷書》等），有時又與某人共同構成一篇傳奇故事，其間一再對此人進行訓誡和勸導（如《約拿書》）等。

又如在《詩篇》等詩歌中，亞衛不是抒情、議論的主體，而是歌頌與贊美的對象。這時，詩章往往以優美的詞藻和排比、對仗、遞進、重疊、譬喻等技巧，造成一種濃郁的抒情氛圍和神奇的藝術境界，使信徒產生某種神人交流的直感。

總之，希伯來人以天才的想像力和嫻熟的藝術筆墨，成功地塑造了一個獨一、擬人而無容貌、忌邪、介入歷史的希伯來式神祇。這位神祇以其不同凡響的面目，在世界神話寶庫中佔據了一個獨特的位置。

上帝形象的豐厚蘊涵

在這部分中，我們將透過亞衛神話的表層意象，從較深的層面上追索上帝形象與整個希伯來文化的關係。爲搞清這一點，有必要將希伯來文化分成希伯來人的宇宙觀、民族觀、歷史觀、宗教、法律思想、倫理觀、文學藝術、風俗習慣等若干門類，逐一作些具體的分析。

1 宇宙觀

在長期的歷史活動中，希伯來人逐漸形成對於宇宙生成、人類起源、萬物更迭和世界歸宿的系統認識。這些認識縱貫希伯來文學的始終，尤見於《創世記》、《詩篇》和啓示文學各卷。

其基本觀點是：世界有一個全能的創造者和最高主宰，即亞衛上帝。他在太初從「空虛混沌」中創造萬物和人類，第一天造出光，第二天造出太空，第三天造出陸地和海洋，第四天造出日月星辰，第五天造出游魚飛鳥，第六天造出野獸昆蟲，並「照著自己的形象造男造女」。

不久，居住在伊甸園中的人類始祖亞當、夏娃因偷吃禁果而犯罪，遭到「失樂園」的懲罰。此後，人類的罪惡越來越大，以致上帝要用大洪水將其毀滅；但他的目的不是懲罰，而是「救贖」，因而讓「義人」挪亞活下來，爲人類傳宗接代。

後來，地上出現萬族萬國，亞衛相應成爲「治理全地的大君王」。他以公義行使治權，「爲受屈的伸冤，賜食物予饑餓的。……保護寄居的，扶持孤兒和寡婦，卻使惡人的道路彎曲。」（《詩篇》）他還控制著自然界，「使青草生長，給六畜吃；使菜蔬成熟，供給人食用。」並且威力無比，「看地，地便震動；摸山，山就冒煙。」（《詩篇》）……

最後，亞衛將在「末世」對所有人施行無情的審判，使義人享永福，惡人受永罰；使世界改換爲「彌賽亞」永遠統治的「新天新地」。顯而易見，在這幅宏偉的畫卷中，一以貫之的中心角色就是亞衛上帝。

與希伯來人形成對照的是，約略同時期的其他民族雖也運用神話或原始宗教觀念觀察世界，但卻無人完全以「一神」的意志徹底描述宇宙的運動；其他民族雖也常對宇宙起源和人類生成作出解釋，但卻很少探尋世界末日的終極景觀——就連神話系統最完全的古希臘人，也不曾涉足於此。

這一特徵表明，希伯來亞衛神話在觀念形態上比其他神話更遠離原始蒙昧的狀態，達到了更高的層次。

2 民族觀

一個至高無上的神「揀選」了優於萬族的以色列，並與其「立約」，許諾其繁榮昌盛——這就是希伯來人獨特民族觀的核心內容。

聖經的作者們反覆宣稱，希伯來人是上帝從萬國萬族中特選出來的「子民」。如《何西阿書》第十一章一節將以色列比作神的兒子：「以色列年幼的時候我疼愛他，把他看作兒子，從埃及帶出來。」又據《創世記》第卅二章廿二至卅二節稱，就連「以色列」之名都是上帝的賜予。

較全面地表述「揀選」思想的段落之一是《以賽亞書》第四十九章一至六節：「自我出胎，亞衛就先召我：自出母腹，他就提我的名。他……對我說：『你是我的僕人以色列，我必因你得榮耀。……我還要使你作外邦人的光，叫你施行我的救恩，直到地極。』」

這段話有三個要點：一、亞衛自以色列形成之初就以其爲「僕人」；二、以色列必使亞衛「得榮耀」；三、以色列是「外邦人的光」。

簡言之，儘管萬邦都蒙神恩，但唯獨以色列人最得寵幸，他們不但能光耀神靈，還是亞衛藉以拯救萬邦的中介。

與「揀選」思想緊密相關的是「立約」。實際上，「揀選」的外部形式即「立約」。「立約」思想堪稱全部聖經的觀念基石——所謂「舊約」之「約」，即典出於此。

聖經首次出現的立約是大洪水後上帝與挪亞的立約（《創世記》）。其後，聖經又多次記載上帝與其「子民」的立約：族長時期與亞伯蘭（後改名亞伯拉罕）立約（《創世記》十五章），出埃及後與摩西立約（《出埃及記》十九、廿、廿四章），王國時期與大衛立約（《撒母耳記（下）》），分國時期與以色列人「另立新約」（《耶利米書》）等。

這裡的立約與一般意義上的簽訂合同有所不同，它不是當事者雙方經過平等協商後訂立的有關彼此間權利和義務的協議，而是以亞衛的意志爲基礎，在人對神絕對效忠的前提下，神又對人發出種種許諾。（其實，這些許諾不過是裹上了神聖外衣的人的世俗願望本身。）然而，由於神畢竟對人承擔了義務，人也就獲得了某種精神慰藉和信靠，從而不斷生發出在逆境中掙扎、奮鬥的信心和力量。

不難發現，在這裡，上帝形象再次居於中心位置，希伯來思想家們正是借助於強調亞衛上帝的超卓地位、渲染亞衛與以色列的密切關係的手段，爲常陷困境的同胞們調製了一服自我標榜，自我寬慰的興奮劑。

3 歷史觀

從公元前七世紀起，希伯來史家們陸續編訂出《約書亞書》、《士師記》、《撒母耳記》、《列王紀》、《歷代志》等重要史籍。紀元前後，他們又撰寫了《馬卡比傳一書》、《馬卡比傳二書》等。這些書卷保留了一批以色列歷史的原始資料，同時也形象地展示出希伯來式的神學唯心史觀。

這種歷史觀的基本出發點是：人的歷史活動不僅有神靈參與，而且受到神的支配和主宰；希伯來民族史與其說是人的發展史，毋寧說是神的「救贖史」。

在此種觀念支配下，按弗萊的說法：「國王們的性格都被簡單地賦予黑白兩種色彩。虔誠崇奉亞衛時是白的，否則便是黑的。」史書所記述的歷史實際上也只是一種「寄寓著教訓的經過人工改造了的歷史」，而非眞正的信史。

《士師記》最典型、最充分地表現了這一點。這卷書「以基本類似的方式敘述了統一的以色列民族所經歷的一系列磨難的歷史，以色列人由於具有某種特別明顯、一貫的叛教精神，不斷地背棄上帝，所以就淪爲奴隸；他們乞求上帝拯救，於是一位『士師』被派來拯救他們。」——就這樣，全書「把一系列傳說的部落英雄故事，納入一種以色列人叛教和復興不斷重覆的敘事模式。」

弗萊將這種模式形象地描述爲「U形敘述結構」。「U形」恰如夾著波谷的兩座波峰：以色列人背棄了亞衛，便沉入波谷；追隨了亞衛，就浮上波峰——這就是希伯來史籍所昭示的神學史觀的中心內容。

4 宗教

從一定意義上講，希伯來人對世界文化的巨大影響首先表現在宗教方面。他們創立了人類最早的一神教——猶太教，爲日後遍布全球的基督教和伊斯蘭教提供了直接的思想材料。亞衛的中心地位在宗教領域看得更清楚。可以說，古代猶太教的成長史，就是一部一神信仰不斷取代多神觀念，最終獲得統治地位的歷史。

聖經的編纂者雖不遺餘力地將亞衛崇拜的源頭上溯至亞伯拉罕，但散見於聖經的各種蛛絲馬跡和愈來愈多的考古發現卻無可置辯地表明，在摩西之前的近千年中，希伯來人尚處於萬物有靈論、祖先崇拜和多神信仰階段——這是猶太教形成前的準備時期。

一般認爲，猶太教誕生於公元前十三世紀中葉的摩西時代，當時的特點是主神崇拜（Monolatry），即承認多神存在，但將本民族的亞衛神視爲主神。主神崇拜雖不等同於一神論（Monotheism），但因它賦予主神以高於他神的優越地位，卻爲日後一神論的形成提供了良好的前提條件。

主神崇拜的呼聲響徹了數百年之久，其間經歷了連綿不斷的與叛教者和異教徒的血腥鬥爭，如先知以利亞對追隨巴力神的國王亞哈、王后耶洗別和四百五十名巴力先知的頑強搏鬥。（《列王紀（上）》十七~十九章）

隨後，以利沙的活動又在某種程度上促成了南北兩國發生於公元前八四二至八四一年的流血政變與改革，史稱「血腥改革」。此間，親推羅、信奉巴力的統治者被推翻，巴力神廟被拆毀，廟裡的祭司被處死，亞衛的至高地位再次得到確認。

在此基礎上，從公元前八世紀中葉起，阿摩司、何西阿、以賽亞、彌迦等先知發起新的宗教改革，闡揚更純粹的一神論學說。改革在公元前七世紀下半葉的「申命運動」中進一步深化，餘波一直延續到俘囚之後的第二以賽亞時期。

在第一階段，希伯來思想家們逐漸悟出這樣的見解：全世界只有亞衛一個神，他不但是以色列人的上帝，也是萬國萬族之主；在對子民實施賞罰時，亞衛甚至能利用異教君王（如尼布甲尼撒和古列）來達到自己的目的；亞衛之外再無別的神，其他民族之神都是根本不值得崇拜的僞神。這些觀念標誌著猶太教一神論思想的完全成熟。此後，希伯來人雖受到波斯以二元神爲特徵的瑣羅亞斯德教和希臘神話、哲學的不少影響，但亞衛的獨尊地位卻始終再未動搖。

5 法律思想

在希伯來文化遺產中。法律的重要性和影響程度幾近宗教。希伯來人的律法條文大多匯集於《出埃及記》、《利未記》、《民數記》和《申命記》四卷書中。它們可分爲神法和民法兩大類：前者包括猶太教的教義、教規、禮儀、信徒守則等；後者廣泛涉及日常生活的各個方面——從財產、土地、婚姻、家庭、勞役、人身安全，到飲食禁忌、疾病防治、婦女衛生，直至性變態、獸交等。

希伯來人的法律思想也被一神觀念所滲透。主要表現於：

一、全部法典籠罩著「法律神授」意識——典型的一例是，在寫到希伯來法典的基石「摩西十誡」的來源時，聖經繪聲繪色地渲染了亞衛上帝如何在雷鳴、電閃、火光中將它賜給摩西，摩西又如何將其頒布給眾人。（《出埃及記》十九、廿章；《申命記》五章）對其他律法內容，聖經也宣稱為神意的體現。

二、神法居於首要地位——「摩西十誡」最關鍵的是前四條，而這四條就是以法律面目出現的基本教義。此外，法典還以大量篇幅對神職人員和信徒的宗教義務進行了繁瑣的規定，對獻祭、祈禱等宗教禮儀作出詳盡的說明，並將宗教罪視為最嚴重的罪惡，規定凡叛教、追隨異神、拜偶像、行巫術、褻瀆上帝、妄稱上帝之名者，均需處雙極刑。

三、法權與教權融合為一——《申命記》第十七章八至十二節等處稱，亞衛的祭司就是法官，亞衛的聖殿就是法庭。祭司的判決就是最終判決，不服此判者可被無條件處死。事實上，從聖經中看，摩西、約書亞、大衛、所羅門、尼希米、以斯拉等民眾領袖，同時也就是宗教首領和最高法官。

6 倫理觀

猶太教素有「倫理一神教」的美稱。仍以影響深遠的「摩西十誡」為例。它的後六條既是希伯來人的最高民法，又是其倫理觀念的集中體現。這些條文貫穿著一個基本精神：人們希望別人怎樣對待自己，自己就應怎樣對待別人——與中國有名的古訓「己所不欲，勿施於人」異曲同工。這一精神在西方倫理學史上被稱為「黃金定律」。

不可否認，聖經所褒揚的苦行和美德主要是世俗性的，如倡導為人應有憐憫之心，要說話誠實、行為正直、辦事公義、尊老愛幼、善待親朋、敬重鄰里、不毀謗他人、不傷害無辜、不放債取利、不發假誓言等。它們實際上是對世俗「賢人」或「完人」的優異品德的總結和概括，迄今仍有積極意義。

然而，由於希伯來人的倫理觀形成、發展於猶太教的文化背景之中，它們便不可能割斷與神學觀念的密切聯繫。

首先，在聖經作者筆下，只有對上帝的態度才是一切倫理道德的基石和起點；只有追隨、信奉、敬畏、順從亞衛上帝，才是人之爲「義」的首要標誌。《創世記》稱挪亞「是個義人，在當時的世代是個完全人。」只是因爲他「與神同行」。約伯被譽爲「完全正直」的義人，也是因其「敬畏神」；即使無辜遭遇家破人亡、遍體膿瘡的巨大痛苦，也「仍然持守他的純正」，而不「以口犯罪」。（《約伯記》）

其次，聖經將各種善的品性都歸屬於亞衛，致使亞衛成了神格化的倫理觀念的集合體。聖經用以說明亞衛屬性的常見概念有：「至高的」、「全能的」、「永生的」、「眞理的」、「救恩的」、「報應的」、「公義的」、「慈愛的」、「聖潔的」、「信實的」、「眷顧人的」等。其中使用率最高的是「公義的」和「慈愛的」。

「慈愛」一詞在希伯來聖經中先後出現二百三十多次，僅在《詩篇》第一三六首中就出現二十六次。《詩篇》第一三六首是一篇形式別致的啓應詩，全詩由二十六節對句構成，每節的下聯都是「亞衛的慈愛永遠長存」。

談到這裡，有必要指出，將亞衛描述成愛心和善行的化身，起源於公元前八世紀的先知們。此前，亞衛更多地給人留下性格暴躁、喜怒無常、動輒便擊殺稍不遂其意者、淫威遠勝於慈愛的印象。

7 文學藝術

本文在「緒論」中曾指出，亞衛形象幾乎遍布希伯來文學的全部遺產，甚至占據了一個主人公的位置。稍作分析便可看到，這是顯而易見的事實。

在卷帙浩繁的希伯來書卷中，一次未提上帝之名的只有《以斯帖記》一卷。就連普遍公認爲世俗愛情詩的《雅歌》，也有「愛情……所發的電光，是火焰的電光，是亞衛的烈焰。」之語。從表現神人關係的不同角度考察，這些書卷可分爲三種類型：一、以第三人稱從旁描述神人穿插的歷史活動，如各卷歷史書；二、以信徒的口吻（第一人稱）向上帝傾吐頌贊、感恩、祈求、懺悔、怨慰……等感情，如《詩篇》中的大部分作品；三、假托上帝之名，亦以第一人稱向讀者（即當時的聽眾）訓諭，如各卷先知書。

這三種情況有時也在同一卷書中交織出現。如《約伯記》的序幕和尾聲是旁觀者的敘述，約伯的不少言論是「人向神」的申訴，上帝對約伯的答覆則是「神向人」的訓諭。

由於上帝觀念的糾結纏繞，希伯來文學和強調理性、尊重人生的古希臘文學形成了鮮明地對照，日本著名文藝理論家廚川白村曾將「二希」思潮的基本特徵歸納如下：

希伯來思潮	**希臘思潮**
靈的，禁慾的	肉的，本能的
要了解神	要了解自己
絕對的服從	個人的自覺
教權主義	自由主義
天國，神本位	現世，人本位
利他主義	自我的滿足
超自然主義	自然主義
宗教的，道德的	知識的，藝術的
信仰的，獨斷的	科學的，實驗的
主觀的傾向	客觀的傾向

這個表格可使一目了然地看到「二希」思潮的總體傾向。但有必要說明，若將「二希」完全對立起來，不免會導致某種程度的簡單化，如在《約伯記》和《傳道書》中，「個人的自覺」明顯超過了「絕對的服從」。

同時，這裡概括希伯來思潮的立足點是基督教文化，因而有的判斷與希伯來文學的實際情況並不完全相等，如其首條「靈的，禁慾的」，便不合於樂園神話和《雅歌》所體現的婚戀觀念，而只能說明中世紀封建教會的神學主張。

希伯來人的藝術遠遜於文學。因他們信奉無形的一神，明令禁止祭拜偶像；所以，雕塑、繪畫等造型藝術成就甚微。據考，所羅門時代的聖殿裡曾設有不少雕像，但到約西亞改革時，它們已被一掃而光。（《列王紀（下）》）

不同的是，服務於宗教的建築、音樂和舞蹈卻得到相當程度的發展。建築的最高成就首推所羅門興建的聖殿，此殿長一百二十四英尺、寬五十五英尺、高五十二英尺，金碧輝煌，極其壯麗。進入殿內，四處珠光閃閃，梁、柱、門、窗、牆壁、燈台，到處有純金飾物。（《歷代志（下）》）

聖殿中常設規模可觀的唱詩班和樂隊，每逢宗教儀式，唱詩班唱贊美詩，樂隊以樂器相和。從《詩篇》的記載可知，當時所唱之詩多配有曲調，如「朝鹿」、「百合花」、「女音」、「瑪哈拉」、「遠方無聲鴿」等。

有時唱詩和奏樂還有舞蹈相伴，如在運送約櫃的路上，「大衛和以色列的全家……用松木製造的各種樂器和琴、瑟、鼓、鈸、鑼，作樂跳舞。……大衛穿著細麻布的以弗得，在亞衛面前極

力跳舞。」（《撒母耳記（下）》）

這些材料表明，希伯來藝術的興衰受到宗教的直接制約：不利於一神信仰的就遭壓抑，有利的就得到充分發展。

8 風俗習慣

最後，再瀏覽一下希伯來人的風俗習慣。限於篇幅，這裡只就他們的主要節日略作考察。

希伯來人有許多節日，如逾越節、除酵節、五旬節、住棚節、淨殿節、普珥節等。它們大多富於宗教意味，其中有些從早期異族節日脫胎而來，有些是希伯來人的獨創。

「逾越節」最初可能是閃族牧民共有的節日。時值新春，牧民們以幼畜祭奉天神，以求牲畜增殖。後經一番演化，它變成希伯來人紀念亞衛上帝佑助他們順利逃出埃及的重大節期。

「除酵節」起源於西亞農耕民族。時間在大麥開鐮之際。其間食用以新麥做成的餅，做餅時不得發酵，以示不吃任何上年收獲之物。後來希伯來人稱無酵餅爲「困苦餅」（《申命記》），以追憶亞衛上帝保護他們出埃及途中的困苦生活。

五旬節又稱收割節或七七節，因其在小麥開鐮時連續慶祝七周，此節意在感謝上帝賜予的風調雨順之恩。

「住棚節」最初也是農業節日，但經希伯來人改造，它成了紀念上帝爲逃出埃及者建造帳棚的日子。

「淨殿節」爲猶太教所首創，目的是慶祝馬卡比起義後，淨化耶路撒冷聖殿，並恢復獻祭儀式的歷史事件。

唯有「普珥節」是個世俗性節日，它不帶一點宗教色彩，只是歡慶以色列人戰勝波斯寵臣哈曼的勝利。

此外，希伯來人還嚴守「安息日」和「安息年」。

安息日（Sabbath）意謂「休息期」，原流行於巴比倫、迦南、埃及等地，並無宗教含義。希伯來人因篤信亞衛經過六天的創世活動後，於第七天休息，便規定這天必須停止一切工作，專事敬奉上帝。

安息年則是每七年一次的聖年，這年要讓土地歇息，不得耕作。

節日既是某個民族獨特文化心理的外部表現，又是強化該族人民特定精神體驗的有效方式。通過對希伯來主要節日的巡視，不難得出如下印象：希伯來人的日常生活與上帝觀念也有著千絲萬縷的聯繫。他們的節日既是這種聯繫的反映，又是加強這種聯繫的重要手段。

9 小結

當我們結束局部巡禮，將希伯來文化連成一個有機整體時，就會看到，上帝形象不僅是宏觀意義的希伯來文學的主角，而且是折射整個希伯來文化的一面鏡子。在希伯來文化這個龐大體系中，上帝恰如一個無所不知的「紐結」，將其各個部分井然有序地連結起來。

神話是人類童年的世界觀。作爲百科全書式的文化實體，神話囊括了人類童年時代對自然、社會和人生的全部認識——哲學的、政治的、史學的、法學的、倫理學的、宗教的、文學的、藝術的、美學的，以及各種自然科學的認識。這些認識的表現形態固然是非科學的、虛妄的，但作爲一種世界觀體系，它們卻是系統的、完整的，並必然出現於人類思想發展史的早期階段上。

這種世界觀體系的負載者，在古希臘是以宙斯爲中心的奧林匹斯神系，在印度是以大梵天、濕婆、毗濕奴爲主神的神界系統，在中國是女媧、后羿一類散見於零星記載中的諸神，在希伯來則是獨一無二的亞衛上帝。

上帝形象的深層透視

在前兩節中，我們已初步了解了亞衛形象的基本特徵、主要表現手法，及其在整個希伯來文化中的紐帶性地位。這一形象既已滲透入希伯來人精神生活的各個領域，那麼，它與希伯來民族精神有何關係？進一步追索，如此一個與衆不同的神祇，爲何偏偏「降生」於希伯來人之中？本節試就這兩個問題略作探討。

1 亞衛形象與希伯來民族精神

一、從約櫃之功效談起

《撒母耳記》上第四章記述了這樣一件事：

一次，以色列人被非利士人戰敗，陣亡四千人，元氣大傷。以色列長老們驚恐之餘，急忙派人到示羅將「約櫃」抬來。約櫃（Ark of Covenent）又名「結約之櫃」，據稱是摩西奉上帝之命用貴重木材製成的方櫃，內藏刻有十誡的法板，因而乃「至聖之物」。

當約櫃抬到以色列營中時，「衆人就大聲歡呼，震天動地」，以爲抬來約櫃就等於請來大能的亞衛，勝利便萬無一失。哪知結果適得其反，再次開戰，以色列敗得更慘，不但「步兵仆倒了三萬」，甚至連神聖的約櫃也被擄去。

儘管這件事的結局是諷刺性的，但其過程卻可給人至少兩點啓示：

其一，在當時的以色列人看來，神祇不僅具有客觀的實在性，而且能幫助世人實現主觀功利性目的（如戰勝敵人）。這正體現了與特定歷史階段相適應的神話思維的重要特徵。在這個時期，人類思維尚處於分不清幻想與現實的低級階段。神話「被它的創作者和擁有者視爲眞實的存在。」它們「不是欣賞的對象，而是神聖的信條。」正因如此，以色列人才會乞靈於一個木製方櫃，作出在今天看來荒誕不經的舉動。

其二，亞衛上帝在希伯來人的歷史生活中佔據了如此重要的位置，以致成爲勝利的象徵、成功的保證、信心與力量的源泉；以致在挫敗和危難的關頭，領袖們的最後「招數」就是以亞衛的名號鼓舞士氣，而普通戰士也因自信蒙受亞衛的福佑而勇氣倍增。這一現象說明，要想全面地把握亞衛的形象，只從靜態了解其一般特徵與其在希伯來文化中的地位，還遠遠不夠；同時還必須從現實的社會關係著眼，對其進行動態的考察。

二、亞衛形象的動態考察：功能之神

賴特（G．E．Wright）指出：希伯來聖經「作爲一部宗教文學作品，基本上乃是一部歷史的敘述；」它「描述上帝所曾作過的事，和百姓如何回應或應該如何回應，及上帝還要做什麼事。」又說：「上帝之所以被以色列人認識，是由於他曾借戲劇性的歷史去顯示他自己、他的目的和他的本性。」

這些活動所顯露的神學立場固不可取，但其中對上帝形象動態性特徵的強調，對我們卻不無啓發。正如賴特所言，在希伯來文學中，亞衛總是處在戲劇性的行動之中。這種行動是主動性的，寓於其中的「力」是宇宙運行的最終推動力；而與此相對，自然界、萬族萬國的運動卻是被動性的，是在亞衛之力的推動下才得以完成的。

因而，從行動中的亞衛與運動著的宇宙之相對關係的角度看，亞衛乃是一個爲萬物的運行和變遷提供終極動力的功能之神。

亞衛的功能神特徵表現在創世、造人、洪水等神話中，更體現在以色列民族的歷史過程中。按聖經的說法，當希伯來人的祖先亞伯蘭還在幼發拉底河下游的古城烏爾居住時，亞衛就從萬族之中「揀選」了他們，將「流奶與蜜之地」迦南賜給他們；當「子民」在埃及備受苦難時，他呼喚摩西去拯救他們，並親自保護他們擺脫追兵，逃離險境；在西奈曠野，他借助摩西頒發十誡，與子民莊重「立約」；進入迦南後，又興起士師抗擊異族，使以色列人最終占領「應許之地」；王國時期，他膏立大衛作王，使以色列——猶大王國威震四方。

但他並不偏袒有罪的「子民」，當他們惡貫滿盈時，甚至用最殘酷的方式制裁他們，使之淪爲巴比倫人的階下囚；然而，他又不忘救贖他們，數十年後便指使波斯王古列送他們返回故國；此後的異族統治時期，他應許一位全能的復國救主「彌賽亞」降臨；最後，到世界末日，他將賞善罰惡，建立起彌賽亞永遠統治的新天新地。

亞衛就是這樣「借著戲劇性的歷史行動」，顯示著他作爲宇宙主宰的目的、本性和無限的權能。

三、功能之神與神之功能

在探討神話與現實的關係時，人們發現，神話不僅是現實的曲折反映，而且對現實世界的缺憾或不足具有某種補償作用。正因爲人類祈望長生不死卻無法如願，才幻化出永生的或能夠起死回生的神祇。而由於面對可怕的旱澇災害驚恐無措，后羿射日、大禹治水一類故事才應運而生。總之，「在現實的社會生活中迫切需要，但又偏偏缺乏的因素，往往會以代償的形式，在作爲集體表象的宗教或神話的世界裡，得到格外鮮明和最大限度的發展。」

這一現象極其充分地體現在亞衛神話與希伯來社會生活的相互關係中。亞衛神話之所以能在希伯來人中產生，並得到高度發展，正是因爲這個民族需要如此一個神話，以彌補自身素質的不足；亞衛之所以被塑造成一個法力無邊的功能神，正是由於希伯來人需要他發揮重大的社會功能，以達到種種主觀地功利性目的。

事實上，歷代希伯來仁人志士在從事歷史活動時，無不注重最大限度地發揮亞衛所獨具的威懾人心、號召民衆的社會功能。

出埃及時期，摩西正是以「亞衛使者」的身份將同胞們團結起來，機智勇敢地鬥敗埃及法老；隨後又在西奈山上托名亞衛頒發十誡，奠定了希伯來社會體制的思想基礎。

王國時期，大衛統一以色列十二支族的有效措施之一，就是將至聖的約櫃隆重地運往新都耶路撒冷，並籌劃建構雄偉的亞衛聖殿；而僅於二十年後，建殿藍圖便在所羅門手中化爲現實。

分國時期，憂國憂民的先知們在四處宣揚其新的社會主張時，無一例外地都穿有「傳達神諭」的神聖服裝；著名的約西亞改革也以「發現約書、潔淨聖殿」和純化民族信仰爲主要內容。

囚居之後，第二以賽亞以「亞衛說：你們要安慰安慰我的百姓。」爲開端，傳來回故土的喜訊；哈該也以亞衛之言，鼓動人們重建聖殿；「亞衛說：所羅巴伯啊，……你當剛強！……約書亞啊，你也當剛強！這地的百姓，你們都當剛強作工，因爲我與你們同在。」

在羅馬帝國施行暴政的黑暗年月裡，啓示文學的作者們則以一幅幅亞衛永恆統治的絢麗畫卷，給淚痕與血污中的同胞不斷帶來希望和慰藉。

應當說明的是，亞衛這些社會功能的發揮，很大程度上借助了猶太教的宗教活動。神話和宗教其實是希伯來人精神生活統一體的兩個側面，作爲神話主人公的亞衛，同時也就是猶太教崇拜的最高對象。亞衛神話是滲透了猶太教的信條、教義和教規的神人交往故事，而猶太教的禮儀、節期、聚會等活動，則保證了這些信條、教義和教規的實行。

四、希伯來民族精神談片

了解了亞衛在希伯來歷史生活中的地位和功能，對希伯來民族精神的探討就易於進行了。

「民族精神」指一個民族在長期處理內政、外交事務時所表現出的穩固而獨特的性格、氣質、思維模式和行爲方式等。那麼，「希伯來民族精神」有何特定內涵呢？本文雖難以對此作出面面俱到的分析；但撮其精要而述之，還是不妨一試的。

希伯來民族精神的基本方面可概括爲一句話：在亞衛的旗幟下團結奮戰。它表現爲充斥於整個民族的濃烈的宗教意識、對「力」的渴求和對「德」的推崇。

在世界各文明古國中，希伯來人的宗教意識顯然居於首位。就神話特質觀之，如果說希臘神話是「美」的神話——其中融入了更多的審美情趣；中國神話是「善」的神話——其中匯聚了更多的道德判斷；那麼，希伯來神話則可稱爲「信」的神話——其中蘊含了更多的信仰因素。

前文提到，在神話「歷史化」的進程中，希臘是神逐漸爲人所取代，中國是神被改造成人——二者都從神話過渡到「人話」；而唯有希伯來是神直接介入人的歷史，衍生出一部罕見的「神人之話」。所謂「神人之話」，無非是「神說，人聽」、「神指揮，人服從」之類，而這恰恰是宗教文學刻意抒寫的基本主題。

從現實的社會關係著眼，在某種意義上可以說，希伯來民族的歷史就是一部猶太教的發展史。在「巴比倫之囚」事件之前，尤其在約西亞改革之前，毋庸諱言，希伯來人的亞衛崇拜並不純粹，異教的影響既深且廣；但就其大趨勢而言，必須承認，自摩西時代猶太教誕生起，它是不斷成長、成熟的，直至波斯時期最後完備。

猶太教的完備與下列史實不無關係：從波斯時期起，返居巴勒斯坦的希伯來人失去了獨立的政治國家，只能建立附庸於外族統治者的宗教聯合體；同時，流散於世界各地的猶太人，更是只有依賴於對「唯一眞神」亞衛的信仰，才能保持自身的特色而不被異族同化。

以色列學者阿巴．埃班談到猶太人的流散生活時曾說：

在正常情況下，一個民族的生存應該有其地理疆界作爲保證。所以，自然賜予它作爲故鄉的土地是構成一個民族歷史的最持久的要素。

但猶太人是例外，他們被驅散到世界各個角落，沒有自己的政治故鄉，然而他們卻生存下來了。他們繼承了自己珍貴的文化和宗教遺產，即使在異鄉的居住地也是一個精神共同體。這個共同體追求共同的目標，雖然沒有主權能使之屹立於世界。

猶太人不是忠於某個世俗統治者，而是忠於一個理想、一種生活方式、一部聖書。聖經及其全部注疏構成了一部獨特的文學著作，一個銘刻著猶太人思想和實踐的紀念碑。在數世紀的流放生活中，猶太民族的所有精神建樹都是以它爲基礎的。

宗教對一個民族的政治生活發生如此重要的作用，這在世界歷史中是極爲鮮見的。然而，亞衛崇拜只是希伯來民族精神的外部形態。深一步追索，我們會看到，亞衛崇拜的潛在意識——或其世俗性基礎——乃是對「力」與「德」的推崇。其中，又以對「力」的推崇最爲強烈。

希伯來人在將亞衛改造成「唯一眞神」之際，同時也就將外族衆神的所有能力歸之於他。這時，他既擁有叱咤風雲的自然力，能使「滄海看見就奔逃，約旦河水也倒流，大山踴躍如公羊，小山跳舞如羊羔。」（《詩篇》）又擁有震懾列國的軍事威力，能從天上降下硫磺與火，將所多瑪、蛾摩拉焚爲焦土；降下十災，使埃及全境慘象迭生，哀號遍野；降「神之靈」於衆士師，使之拯救以色列人於水火；膏立大衛爲王，借其將王國疆域擴張至幾近「從埃及河直到伯拉大河之地。」（《創世記》）……

縱觀整個希伯來文學，可以說，亞衛給人的第一印象就是擁有無與倫比的軍事力量。即使後期已向「仁慈天父」轉化，也仍在《猶滴傳》一類作品中扮演了復仇之神與軍事統帥的角色。何以如此？答案是清楚的：在所向無敵的亞衛身上，投射著弱小無力的希伯來人對民族強盛的熱切渴求。由此觀之，對亞衛的崇拜其實正是對「力」的膜拜和追求。

亞衛崇拜的潛在意識中還有推崇「德」的一面。遠在摩西時代，亞衛就被描述成一個立法之神，而當時的所謂「法」——最著名者即十誡——實際上兼具法律和倫理道德規範雙重性質。在《箴言》中，「敬畏亞衛」被視爲「智慧的開端」，而這裡的所謂「智慧」，主要是指各種源於日常生活的實用性倫理道德準則。

到了先知們的筆下，亞衛更是一改早期威嚴暴戾的戰神性格，變成至善至德的化身：他「喜愛善良，不喜愛祭祀。」（《何西阿書》）要求人們「停止作惡，學習行善，尋求公平，解救受欺壓的，給孤兒伸冤，爲寡婦辯屈。」（《以賽亞書》）

先知們既將亞衛的要求從群體性的「祭祀」轉向個體性的「行善」，也就意味著將群體性的宗教深化爲個體性的宗教；而宗教既與個人直接相連，它也就獲得某種超民族性，或者說某種大同性。這是促使亞衛從民族神發展爲世界神的重要內因——如果可將「巴比倫之囚」事件所起的作用稱爲外因的話。

早期以戰神形象出現的亞衛，爲何同時又被描繪爲立法之神？爾後爲何又逐漸演變爲道德神？答案無疑仍在希伯來人的世俗生活中。這就是：只有以「法律——倫理道德」不斷調節民族內部的人際關係，才能維持社會運轉的正常秩序，進而使全民族統一步調，增強抵禦外侮的素質和能力。

亞衛之所以恰在分國時期轉變爲道德神，則是因爲當時內憂外患的陰影空前濃重，充分發揮「法律——倫理道德」的調節功能，已成爲刻不容緩的時代要求。

因此，寓於亞衛形象中的對「德」的闡揚與對「力」的追求其實是有機聯繫的：「德」爲「力」提供根基，「力」爲「德」明確目的。

世界其它一些上古民族也有推崇「德」或「力」的傾向，如「中國精神的基本要素是對社會政治等世俗生活方面的『德』的尊崇；」而「支配希臘神話的根本意識是對『力量』的崇拜。」等。與它們形成對照，希伯來精神從根本上說是「德、力兼求，以德謀力；」而外表卻穿上了宗教信仰的服飾，以致變成「以『信』爲德，因『信』得力。」用一句通俗語言表述，就是「在亞衛的旗幟下，（借助信仰）團結（以德）奮戰（謀力）。」

五、亞衛：希伯來民族精神的匯聚點

本文已分別從縱向和橫向對亞衛形象的發展、嬗變及其表層、淺層和深層特徵進行了若干探討。現在，我們可就亞衛與希伯來民族精神的關係試作回答了。

如前所述，亞衛的主要特點表現於：從縱向考察，一方面，其權能範圍由小到大——從部族神、民族神、國家神，最終演變成世界神；另一方面，其性情、氣質經歷了明顯的轉折——分國前大致是個戰神，分國後總體上變成道德神。就橫向觀之，他是以獨特的人格神面貌出現、排斥異神、干預歷史的「唯一眞神」；在希伯來文化體系中占有樞紐性的關鍵地位；並被希伯來人用以發揮重要的社會功能。

這些特徵恰恰投射出希伯來民族精神的基本點——在亞衛的旗幟下團結奮鬥。

亞衛形象的獨一性、其人格神面貌的特殊性和排斥異神信仰等，對應了希伯來一神信仰的專一性、獨特性和排外性；亞衛權能範圍的不斷擴展，記錄了猶太教不斷發展及其宗教觀念不斷更新的歷程；亞衛形象對希伯來文化各個領域的佔領，揭示出希伯來民族所特有的深廣而濃厚的宗教意識；亞衛形象的干預歷史性和社會功能性，反映了宗教對希伯來世俗生活的滲透及其發揮的效用；而亞衛性格的基本方面——前期的「崇力」與後期的「倡德」，則映射著希伯來人堅韌不拔的抗爭精神和對道德調節效能的深刻認識。

自然，這裡的「對應」、「記錄」、「揭示」、「反映」、「映射」等等，無一例外地都是以折光的、歪曲的、顚倒的形態出現的。

正是從這些意義上，我們說：亞衛形象即希伯來民族精神的匯聚點。把握了它，也就透視了希伯來人獨具的精神風貌。

2 一神觀念的形成條件

作爲亞衛神話核心意識的一神觀念，是在多重因素的綜合作用下逐步形成的。下面試從若干方面稍作分析。

一、中東上古遺產：文化前提

早在希伯來文明的黃金時代到來之前，一神觀念的萌芽就已出現在兩河流域和埃及。

在兩河流域，公元前二千紀初，巴比倫城的守護神馬爾都克就被推崇爲衆神之首、宇宙的主宰和人類的創造者。著名的巴比倫創世史詩《埃努瑪・埃立什》（Enuma Elish），曾詳述馬爾都克在女神阿魯魯的協助下，用原始怪物提阿瑪特的軀體創造出世界和人類的故事。

在埃及，十八王朝的法老阿蒙霍特普四世（約於公元前一三七五年即位）爲促成全國精神界的統一，也曾力倡一神思想，發動過大規模的宗教改革。他向熱衷於巫術的舊教祭司挑戰，將其趕出神廟，將公共石碑上的舊神名稱鑿掉，命令全體人民崇拜以古代太陽神命名的新神「阿頓」。

爲表示推行新教的堅定意念，他甚至將自己的名字阿蒙霍特普（「阿蒙的信賴者」）改爲阿肯那頓（「阿頓的事奉者」）。尤爲重要的是，他宣布了較完整的獨尊一神的新教義，將阿頓稱爲唯一的神——不僅是埃及的神，也是全世界的神。他還把阿頓設想爲人類利益的永恆創造者、保護者，和富於慈善之心的在天之父。

但因這些學說嚴重觸犯了舊教維護者們的利益，他的改革遭到頑強地抵制而未能取得重大的成就；他本人也於十五年後慘遭謀殺（一說逝世）。

出現於這一階段的一神思想固然還很稚嫩，但其中顯然已蘊含了後世希伯來一神觀念的雛形。希伯來人的先祖們曾於巴比倫帝國的上升期牧經該地，後來又於阿蒙霍特普四世宗教改革時居住於埃及，這是他們可能接受二者影響的文化背景。

二、戰亂中的掙扎與奮戰：歷史條件

恩格斯在談到早期基督教形成的原因時曾說：「對於巨大的羅馬世界強權，零散的小部落或城市進行任何反抗都是無望的。被奴役、受壓迫，淪爲赤貧者的出路在哪裡？他們怎樣才能得救？所有這些彼此利益各不相同甚至互相衝突的不同人群的共同出路在哪裡？……在當時的情況下，出路只能是在宗教領域內。」對理解猶太教的產生和發展，也有極大的參考價值。

希伯來人的歷史，是一部弱小民族在戰亂中長期掙扎與奮戰的歷史。在長達一千五百餘年的漫長歲月裡，他們只有四百多年擁有自己的主權國家，（即使此時期，戰爭的硝煙也極少消散。）其餘便多被四鄰異族統治和奴役。正是這樣一部慘痛的歷史，成爲希伯來一神觀念的助產劑和催生素。

早期猶太教就是在反抗埃及壓迫的鬥爭中誕生的。這時，摩西用以宣導民眾、發動民眾、組織民眾的最佳武器，無疑只能是某個專門守護本民族的神祇。他從中東上古的諸神中找到了這個神祇，就是日後嬗變成國家神和世界神的亞衛。

此後，每逢戰亂和危難，希伯來的民族精英們便慣例地將亞衛作爲精神支柱和聯合抗爭的號召旗幟。

當亞述、新巴比倫的陰雲先後籠罩於以色列國和猶大國時，先知何西阿、以賽亞、耶利米等不約而同地呼籲國民投向亞衛。波斯時期，從巴比倫返歸故鄉者的頭等大事，就是重建亞衛的聖殿。在喪失政治主權的屈辱年代裡，獨尊一神亞衛的猶太教終於發展完備。

希臘化時期，希伯來人在反抗安條克四世暴政的鬥爭中，以血的代價建立起神權政體「馬卡比王朝」。羅馬時期，庫姆蘭社團一類希伯來團體，也以嚴格的宗教生活維護著民族信仰的純潔，抵制了羅馬人的征服與奴役。

可以說，離開了交織著淚痕、血污與吶喊的歷史，如此成熟的希伯來一神觀念將無法加以解釋。

三、「流奶與蜜之地」：地理環境

一個人單力薄的弱小民族，何以能引起四鄰大國的偌大興趣，以至遭受連綿不斷的蹂躪和磨難？——秘密就在於他們賴以生息的地理位置。

在聖經中，巴勒斯坦被稱爲「流奶與蜜之地」（《出埃及記》、《民數記》等）。公元一世紀，猶太史家約瑟夫斯提到這裡時曾說：「這是一個幽美的所在。……春天，有花有樹。秋天，更有吃不盡的果品。這些果品有野生的，也有人工培殖的。……巴勒斯坦雖無河流足資灌溉，但雨量豐富，空氣潮濕，因此頗宜於農作物生長。」可見，古代的巴勒斯坦確是令人垂涎的。

但這卻不是列強逐鹿於此的首要原因。首要原因是它在國際上的戰略位置，巴勒斯坦地處亞、非、歐三大洲的咽喉要道，自古即爲兵家必爭之地。

同時，它西沿地中海，東臨阿拉伯沙漠，還是南北駝商的必經之地。正是通過這條商路，兩大文明區域——南端的古埃及和北端的「肥沃新月形地帶」（Fertile Crescent）之腹地（在這裡，幼發拉底河、底格里斯河先後哺育了創造出光輝文明的蘇美人、阿卡德人、巴比倫人、亞述人和亞美尼亞人。）——的商業貿易和文化交流才得以溝通。

惟其如此，巴勒斯坦才一次又一次慘遭戰禍的劫掠；居於此地的希伯來人才不得不周旋於諸大帝國之間，時而向此方輸誠，時而向彼方納貢，時而被這國征服，時而又被那國占領。特定的地理位置就是這樣影響了希伯來人的歷史，又輾轉激發了希伯來一神觀念的滋生和發展。

促進一神觀念發展的又一地理原因在於巴勒斯坦的本土。巴勒斯坦是地中海東岸的一塊狹長地帶，南北長一五〇英里，東西寬六十英里，總面積還沒有台灣大。

它的幅員雖不大，但氣候和地勢卻千差萬別。其地形上的最大特點是由地殼裂縫造成的約旦河谷地（The Jordan rift）。谷地平均寬十英里，其間有約旦河奔瀉而下。約旦河發源於白雪覆蓋的黑門山脈（Mt. Hermon），流入世界最低處——海拔負三九二米的死海。谷地以東地區稱外約旦，這裡高原起伏，宜於畜牧，不利農耕。谷地以西是中央山脈，山脈自北而南依次分爲加利利（Galilee）、以斯德倫谷地（Esdraelon Valley）、以法蓮山（Mt. Ephraim）和猶大山地（Judea）。

各區的經濟地理又風貌各異；中央山脈和地中海之間是海岸平原地帶，美麗而肥沃的沙侖平原（Sharon plain）即位於此。地中海沿岸有亞實基倫（Ashkelon）、約帕（Joppa）、多珥

（Dor）、亞柯（Acco）等港口，附近不少居民以漁業爲生。——以上只是巴勒斯坦地理和氣候的大致情況，若更細地劃分，巴勒斯坦甚至可分爲約四十個自然區。

這樣一種地理條件給希伯來人的政治生活造成了什麼影響呢？正如阿巴．埃班所說：「這個支離破碎、自相矛盾的地方根本不適合中央集權，反而促使了部落的分裂。」這「適於發展部落制度……不同部落的分立願望恰好反映了高原居民和平原居民之間的矛盾。」

因而，要戰勝部落制度，建立統一的中央集權，就必須依靠強有力的思想武器。希伯來人的領袖們從宗教中找到了這個武器——就是對「唯一眞神」亞衛的尊崇。大衛將約櫃運往耶路撒冷，所羅門建起雄偉的亞衛聖殿，約西亞廢除各地的神廟、清除所有異神偶像……都是借助於強化一神信仰，以達到消除部落分裂、鞏固中央集權的目的。

四、「早熟的兒童」：人文因素

我們已粗略地回顧了中東上古的文化遺產、希伯來人的悲劇性歷史和巴勒斯坦的地理條件在猶太教一神觀念的形成過程中所發揮的作用。這些作用如此重要，以致離開它們，亞衛神話的面目便難以設想。然而，又必須看到，上述諸點畢竟只是希伯來一神觀念形成過程中的外部條件，而外部條件只有作用於人腦，才能轉變爲意識、思想或觀念。因此，進一步了解希伯來民族本身的特徵，無疑是非常必要的。

馬克思在論述藝術發展與社會發展的不平衡關係時，曾將希臘人稱爲「正常的兒童」；同時又說，「在歷史上的人類童年時代……有粗野的兒童，有早熟的兒童。」雖未指明何者是「粗野的兒童」，何者又是「早熟的兒童」，但我們有理由認爲，希伯來人便屬於「早熟的兒童」。

當希臘人還在天眞地講述著奧林匹斯衆神的美麗傳說時，希伯來人已懷著沉重的歷史感，率先感悟出更高層次的一神論，並將「一神」引進現實生活，將其視爲災難中的精神靠山。與希臘神話相比，很明顯，希伯來神話少有浪漫氣息而多具實用性、功利性味道。這正顯示了希伯來人的早熟。至於早熟的原因，則在於過多的磨難——一個人如此，一個民族也如此。

就一神觀念的形成和發展來說，希伯來人的早熟表現爲：強烈的文化自主意識、執著的探索精神和闡揚一神學說時的極大獻身熱情。

孕育、降生於中東上古文化母腹中的希伯來文化，雖不可避免地帶有母體的血統，但卻並非母體的簡單重複，而有著鮮明、強烈的自主意識。從歷史條件與地理環境的必然要求出發，希伯來人一面選擇、接受、改造並發揚光大了兩河流域與埃及的「一神」萌芽，一面又以長達千餘年的持續努力，擯棄、清掃了勢若汪洋大海的多神傳統。

在這一漫長過程中，他們並不一概排斥異族文化，而是消化、吸收其有用之處，「爲我所用」。除對上古一神萌芽的揚棄外，波斯時期，他們將瑣羅亞斯德教的天使系統部分地納入亞衛神話，即又一例證。

在尋求民族文化的自主道路、批判地借鑒前代文化和外來文化的進程中，希伯來人表現出鍥而不捨的探索精神。

時代的要求是什麼?希伯來民族應如何處理自己的內外事務?人的價值何在?世人應怎樣活

著？……這些宏觀性的重大問題，都被他們轉換成神學議題而一一反覆探究：亞衛的本性和意志是什麼？亞衛對希伯來民族有何要求？亞衛如何看待世人？亞衛對人們有哪些教誨？……

亞衛從部族神、民族神、國家神發展爲世界神，從戰神轉化爲道德神，就清晰地印下了他們上下求索的足跡。約伯在三位朋友的輪番圍攻中不但始終固守己見，而且多次欲與上帝直接論辯——這，則可視爲希伯來人執著探索精神的一個縮影。

在闡釋、傳播一神學說時，歷代優秀的希伯來思想家和社會活動家們都傾注了極大的獻身熱情，其中尤以先知們爲最。這些先知以「亞衛的使者」自謂，以「傳達神論」爲己任，在民族危亡的多事之秋，四處奔走呼號，無所畏懼地宣講對時局與出路的眞知灼見。

由於他們大多「不說吉語，單說凶言。」（《列王紀》（上））故常常遭到當權者、上層祭司及其追隨者的蔑視、仇恨和迫害。他們有的被咒罵、譏笑，有的被誹謗、控告，有的受到監禁和凌辱，有的連家人與朋友也冷眼相待，但先知們並不因此而退縮。爲了民族和同胞們的利益，他們將個人得失置之度外：有人終生未娶，有人甚至慘遭殺身之禍。

據猶太傳說，以賽亞因斥責瑪拿西的罪惡而被鋸死，耶利米也在埃及被人用亂石砸死……直到數百年後，耶穌還爲此嘘唏不已：「耶路撒冷啊！耶路撒冷啊！你常殺害先知，又用石頭打死那奉差遣到你這裡來的人。……」（《馬太福音》）

事實上，正是有了這些頑強不屈、富於獻身精神的先知們，希伯來一神觀念才得以持續不斷地發展、深化、貫徹和推行。

結束語

在長達千餘年中陸續形成的希伯來文學遺產中，上帝形象經歷了曲折而豐富的演變過程，表現出鮮明而濃郁的民族特質。這一結論的具體內容已散見於前文的各個部分，這裡不擬再次覆述。在全文結束之前，我們僅就有關上帝形象的其它若干問題略加議論。

1 上帝形象的認識價值

本文上、下兩篇的核心論點可歸納爲一句話：上帝形象是希伯來民族歷程與民族精神的凝聚點。既是如此，這一形象對了解希伯來人的歷史進程與民族精神便具備了重大的認識價值。從它由部族神、民族神、國家神發展爲世界神，從戰神演變爲道德神的過程中，我們可間接觀察到希伯來歷史變遷的基本軌跡；而由它的表層、淺層和深層特徵，又可從一個角度相當全面地把握希伯來社會的一般特點、希伯來文化的總體特色和希伯來精神的本質風貌。

馬克思說：「宗教本身是沒有內容的，它的根源不是在天上，而是在人間。」上帝形象與希伯來歷史的關係，爲這一論斷提供了一個雄辯的注腳。

鑒於希伯來文學不僅描述本民族的歷史，還廣泛涉及整個中東世界的大背景，上帝形象又成爲認識古代中東各國社會面貌的一個重要觀測點。

2 上帝形象的功能評價

上帝的功能，即其發揮的社會作用，原是一個極其複雜的文化現象，遠非三言兩語所能概括。但因此問題與全文關係密切，這裡仍應擇要而述之。

從歷史的觀點看，毋庸諱言，一神觀念對希伯來人確曾發揮過不少積極作用。在民族內部，它是加強人與人之間的倫理聯繫、改善人際關係、強化各部族間的民族認同感的重要媒介；在國際事務中，它是促使希伯來人消除內部隔閡、實現團結統一、達到聯合抗敵目的的精神旗幟。一神思想之所以能在希伯來人中形成並得以高度發展，最終原因就在於它適應了歷史的必然要求，並對當時的社會生活發生了多方面的促進作用。

但上帝觀念畢竟是以虛妄、顛倒的形式表現出的意識形態，是「那些還沒有獲得自己，或是再度喪失了自己的人的自我意識和自我感覺。」因而又不可避免地具有種種消極作用。如，引導人們皈依虛幻的神靈，必會扭曲人的自然本性和自主意識；強調亞衛是與希伯來人「立約」之神，則導致他們狹隘的民族主義觀念時常惡性膨脹，等等。

在承認亞衛形象在歷史上曾發生過某些進步作用的同時，又必須清醒地看到，對於後世，尤其當今社會，它也產生了不少消極作用。因此，注重抵制宗教毒素的侵襲，是一條欣賞聖經文學時必循的重要原則。

3 上帝形象的文學地位

在世界神話寶庫中，希伯來上帝占有一席不容忽略的重要地位。他在諸多方面都表現出與衆不同的獨特個性，是上古神祇畫廊中活生生的「這一個」。

從神話體系的構成看，亞衛的故事是最早出現的完整的一神神話；從神界角色的關係看，它是絕少見到的「神人之話」；從神話的規模看，它所涉及的篇幅居各國神話之首；從神話內容覆蓋的時間跨度看，它也居於世界神話的前列。

就神祇自身的特點而言，亞衛形象經歷了遠勝於其它諸神的嬗變，性格特徵也更爲豐富而複雜；就神祇與歷史的關係說，亞衛形象較其它諸神更富宗教崇拜對象的性質，並與一個民族的興衰發生了無可比擬的密切聯繫。

至於神祇對後世文化所發生的作用，亞衛形象更是直接孕育了基督教的三位一體上帝和伊斯蘭教的眞主安拉，而這兩大宗教迄今還極爲深刻地影響著當今的世界——並且是無與倫比的。

綜上諸點，我們完全有理由說，希伯來上帝形象可當之無愧地居於人類所創造的最卓越的神祇形象之列，並必將與古希臘等各民族最優秀的神祇形象比肩而立具有永恆的魅力！

（全書終）

國家圖書館出版品預行編目資料

聖經文學花園，林郁 主編 -- 初版 --
新北市：新視野 New Vision, 2021.07
面；　公分 --
ISBN　978-986-06503-2-7（平裝）
1.聖經研究

241.01　　110007225

聖經文學花園

主　　編　林郁
企　　劃　林郁工作室
出　　版　新視野 New Vision
電話：(02) 8666-5711
傳真：(02) 8666-5833
E-mail：service@xcsbook.com.tw

印前作業　菩薩蠻數位文化有限公司
印　　刷　福霖印刷有限公司

總 經 銷　聯合發行股份有限公司
新北市新店區寶橋路 235 巷 6 弄 6 號 2F
電話 02-2917-8022
傳真 02-2915-6275

初　　版　2021 年 09 月